普通高等教育“十四五”规划教材

U0811807

普通高等教育『十四五』规划教材

播音与主持艺术专业核心教材

综艺娱乐节目主持概论

孙亚茹　于宝莹 ◎ 编著

ZONGYI YULE JIEMU ZHUCHI GAILUN

CUCP

中国传媒大学出版社·北京

孙亚茹，齐齐哈尔大学播音与主持艺术系教授，黑龙江省艺术联考评委，省级普通话水平测试员。主讲“节目主持艺术”“综艺节目主持概论”“节目主持技能训练”“节目主持精品鉴赏”等多门专业课，多次主持教育部、省、市级项目，发表专业文章30余篇。获黑龙江省第十七届社会科学优秀成果奖佳作奖、2016年度黑龙江省优秀艺术科研成果一等奖、齐齐哈尔大学教学优质奖等多项科研和教学奖励。

于宝莹，齐齐哈尔大学文学与历史文化学院（新闻传播学院）广播电视学系副教授。主讲“广播电视节目策划”“电视剪辑”等多门专业课，主持和参与完成多项省市级科研项目，多次获得各级教学奖励。

目 录

前 言

近年来，综艺娱乐节目发展如火如荼，不断推陈出新，它们占据了各电视台的黄金时间，成为继电视剧之后全国各大卫视抢夺收视率的重要武器。业界对于综艺娱乐节目主持人的需求十分强烈，如何培养优秀的综艺娱乐节目主持人成为播音主持艺术教学者和研究者关注的问题。

《综艺娱乐节目主持概论》简要分析了综艺娱乐节目的概念和分类、产生和发展、特点和功能以及综艺娱乐节目的策划艺术，重点阐述了综艺娱乐节目主持人的素质要求、风格特征、主要作用、有声语言艺术和态势语言艺术，还探索了网络综艺娱乐节目的主持艺术，展望了综艺娱乐节目的未来发展，并提供了部分经典综艺娱乐节目鉴赏。

在媒介融合的背景下，综艺娱乐节目和节目主持人呈现出一些新的特点，就此，本书着重做了以下探讨：

一是，网络综艺娱乐节目制作与传播特点的研究。从网络综艺娱乐节目出现的背景入手，深入分析网络综艺娱乐节目的传播特点。

二是，网络综艺娱乐节目主持人的角色定位和语言特色。在考量网络综艺娱乐节目受众需求的基础上，探讨网络综艺娱乐节目主持人的角色定位和语言特色，力求实现传播效果的最优化。

三是，对综艺娱乐节目的文化功能和综艺娱乐节目主持人文化责任的相关思考。明确综艺娱乐节目主持人应承担文化服务和文化传承的责任。

四是，深入思考"泛主持"现象的产生、类型、特征及优缺点，分析其对专业主持人的挑战，总结专业主持人的应对办法。

除此之外,本书举例力求将经典与流行相结合。除保留播音主持史上个别经典案例外,还列举了一些新颖时尚、时代感强的案例,使读者易于产生共鸣。

在教学过程中,我们建议充分调动学生的主观能动性,确保学生的教学主体地位。可以开展以下教学环节:学生讲课,主动学习;课堂辩论,寓教于乐;经典热点,讨论评说;观看视频,即兴评述;经典节目,比较鉴赏;学术启蒙,教学相长等。

由于作者水平和经验有限,所选材料也难免挂一漏万,不当之处在所难免,欢迎批评指正,帮助我们不断提高。

孙亚茹

2021 年 5 月于鹤城

第一章　综艺娱乐节目概说

要点提示:

厘清综艺娱乐节目的概念,明确综艺娱乐节目的分类方式,掌握综艺娱乐节目的特征,把握综艺娱乐节目的社会功能以及节目目前的发展状况。

随着互联网和数字技术的不断发展,媒体传播环境发生巨大变化,媒介生态环境发生深刻变革。在新的媒体环境下,综艺娱乐节目面临多方面的挑战。综艺娱乐节目作为现代社会主流节目类型之一,正在多层面、多角度地呈现融合趋势,借助互联网构建综艺新生态,不断提升研发能力,创新节目形态,打造强势 IP,实现长远发展。在新时期,综艺娱乐节目应更好地发挥社会功能,潜移默化地影响受众;进一步在媒介融合中互联互通,在多维媒体空间里充分发挥新媒体技术力量,生产出更多优质原创节目,打造精品综艺品牌。

第一节　综艺娱乐节目的概念及分类

一、综艺娱乐节目的概念

我国多位学者对电视综艺节目做了界定。例如,《广播电视辞典》这样定义电视综艺节目:集音乐、歌舞、小品、戏曲、杂技等多种文艺形式于一体,在一定时间长度内按照特定的主题或线索,采用主持人现场串联、字幕串联、现场采访等方式,运用视听语言将现场演出用电视化手段与传播的时效性、新闻的纪实性、文学艺术的表现性融为一体，具有娱乐、趣味、知识、宣传、审美相结合的特点。①

高鑫教授对电视综艺节目的界定是：充分调动电子的技术手段，对各种文艺样式进行二度创作，既保留原有文艺形态的艺术价值，又充分发挥电子创作的特殊艺术功能，给观众提供文艺娱乐和审美享受的电视节目形态。②

近几年，电视综艺节目中的娱乐形式和娱乐手段越来越丰富，从传统表演类节目到游戏娱乐类节目，从益智冲关类节目到才艺选秀类节目，电视综艺节目的娱乐功能更为凸显，所以这类节目又被命名为电视综艺娱乐节目。

胡智锋教授在《电视节目策划学》一书中对电视综艺娱乐节目做了如下界定：电视综艺娱乐节目是以娱乐大众为目的，运用各种电视化手段，对各种文艺样式以及可提供娱乐的相关内容进行二度加工与创作，并以晚会、栏目或活动的方式予以屏幕化表现的节目形态。③

那么，在媒介形态多样化的当下，综艺娱乐节目的定义是：以娱乐大众为目的，运用各种视听手段，对各种文艺样式以及可提供娱乐的相关内容进行二度加工与创作，并以晚会、栏目或活动的方式予以屏幕化表现的节目形态。它既包括电视综艺娱乐节目，也包括网络自制综艺娱乐节目。

二、综艺娱乐节目的分类

由于综艺娱乐节目内容庞杂，分类方式不同，分类结果也会不同：从播出形式来看，可以分为现场直播式、实况录像式和录像合成制作式；从结构形态来看，可以分为集锦式、杂志式、专题式和开放式；从节目播出时间来看，可以分为周播节目、季播节目、节庆晚会等。本书根据节目内容和形式大致将综艺娱乐节目划分为以下类型。

（一）娱乐资讯类

娱乐资讯类节目在各级电视台普遍存在，内容以报道近期或当日发生在明星演艺圈、大众娱乐圈的新闻资讯为生，具体呈现方式为“演播室的主持人播报+现场报道”。这类节目一般情况下使用一个或多个主持人完成串场，以外景主持和外拍画面作为节

---

① 赵玉明，王福顺.广播电视辞典[M].北京：北京广播学院出版社，1999：133.

② 高鑫.电视艺术学[M].北京：北京师范大学出版社，1998：382.

③ 胡智锋.电视节目策划学[M].上海：复旦大学出版社，2012：93.

目的主要内容。其具备新闻节目的性质，同时播报方式、节目风格轻松、自如、活泼。[①] 这类节目始于1996年出现的《中国娱乐报道》(《娱乐现场》前身，光线娱乐制作，已停播)，目前仍然有《每日文娱播报》(北京卫视)、《中国电影报道》(中央电视台电影频道)、《娱乐乐翻天》(东南卫视)等活跃在荧屏上。据统计，美国的ABC、CBS、NBC、CNN等每天都有半小时左右的娱乐资讯报道，欧洲多数国家的电视台也有专门的娱乐资讯类节目。

娱乐资讯类节目报道娱乐圈的新闻以满足观众对娱乐的需求，在新闻素材选取上注重明星效应，内容上强调娱乐性，既包括电影、电视、音乐、舞蹈、戏剧等从业人员和机构的动态以及文化艺术教育、国际文化娱乐业动态，又包含娱乐界人士的趣闻、秘闻。在娱乐资讯类节目中，文化娱乐作品及其活动一般占据较大报道比重，因此报道会将活动现场具体情况做较长时间的展示，同时会加入后台花絮、现场反应、明星介绍等。例如，2000年5月，电影《花样年华》上映，当时的娱乐资讯类节目《娱乐人物周刊》首先对电影上映的相关新闻进行报道，并且在电影首映现场采访了导演王家卫、主演梁朝伟和张曼玉，紧接着安排了“中场TV秀”。当观众的注意力完全被报道吸引时，报道随即进入“明星到场”单元，在节目演播室现场采访该片的男主角梁朝伟，通过网友网络提问以及现场观众提问，充分满足了观众对这部影片的娱乐需求。

（二）娱乐谈话类

娱乐谈话是一种热闹好看的谈话节目或有内涵的综艺节目，娱乐性是它的第一要求，而谈话中所表达出来的信息量又使它具有较丰富的内涵，从而易于被高端受众接受。从形态上看，它结合了谈话和综艺两种节目的特质。[②] 有些娱乐谈话类节目的内容具有娱乐性质，例如《非常静距离》(安徽卫视)、《艺术人生》(中央电视台综艺频道，2017年12月30日停播)、《鲁豫有约》(东南卫视)等，这些娱乐谈话类节目多以娱乐圈内艺人作为嘉宾，围绕娱乐圈中的热点事件展开讨论。有些娱乐谈话类节目的形式具有娱乐性质，例如《东方夜谭》(东方卫视，2006年8月停播)、《锵锵三人行》(凤凰卫视，2017年9月17日停播)等，这些娱乐谈话类节目的娱乐内容并不是很多，但会让观众觉得好笑、好玩，其最终节目诉求和娱乐节目的娱乐诉求相同。

在西方国家，谈话节目被称为Talk Show，我国港台地区媒体引进这一节目样式时

---

① 胡智锋.电视节目策划学[M].上海：复旦大学出版社，2012：94-95.

② 宗匠.电视娱乐节目：理念、设计与制作[M].北京：中国广播电视出版社，2003：16.

将它称为“脱口秀”,脱口而出、即兴发挥是“脱口秀”节目的主要特征。与西方国家相比,中国的电视谈话节目更强调节目的“谈话”性质,它的目的是为人们提供一个沟通的场所,通过主持人、嘉宾以及现场观众在演播室的谈话,引起全社会对某些问题的关注与讨论。近几年,中国的电视谈话节目从只注重内容逐渐转向内容和形式相结合,在节目形式上呈现出娱乐化趋势,这说明中国的电视谈话节目正在经历一次转型。

(三)游戏类

游戏类节目,即以才艺表演、杂耍、滑稽表演(包括戏拟)等为主要表现手段的综艺节目。[①] 目前在“游戏”的冠冕之下,这一类型节目又演化出多种子类型节目,它们之间既有区别又有联系,这里主要介绍益智游戏类、综艺游戏类两类节目。

1.益智游戏类

益智游戏类节目在国外被称为 Game Show 或 Quiz Show,指在一定规则下,参赛选手为得到某种奖励而参与的智力游戏节目。节目的参赛选手大多是普通百姓,通常情况下由节目组制定游戏规则,通过主持人和参赛选手一问一答的形式进行比赛,获胜者赢取奖品或奖金。

在中国,益智游戏类节目是最早出现的游戏类节目。早在 1981 年 7 月,赵忠祥和一位中学老师在中央电视台共同主持一档《北京市中学生智力竞赛》节目,面向全国播放;1985 年,电影演员王姬和总政话剧团导演金翼在北京电视台主持《家庭百秒知识竞赛》节目,节目组设置奖品以奖励获胜者,这两档节目可以说是中国益智游戏类节目的前身。真正在全国范围内掀起益智游戏类节目高潮的是中央电视台制作的《幸运 52》和《开心辞典》。现如今,益智游戏类节目发展迅速,已经被证实是一种极具市场潜力的节目形态,并在发展的过程中不断改进,成为具有中国特色的本土化节目类型。

发源于 20 世纪三四十年代电台智力测验节目的益智游戏类节目,是美国商业电视非常重要的类型化节目,具有代表性的节目是《幸运轮》。《幸运轮》于 1975 年 1 月由美国全国广播公司制作播出,节目执行制片人哈里·弗里德曼是一位制作益智游戏类节目的高手,曾经四次获得美国电视艾美奖。节目的蓝本是古老的儿童游戏“行刑者”,轮盘是节目当中最重要的道具,也是节目品牌的典型标志。《幸运轮》不靠明星,

---

① 宗匠.电视娱乐节目:理念、设计与制作[M].北京:中国广播电视出版社,2003:67-68.

没有花哨的场景和炫目的特技，凭借简单的游戏规则和较高的参与度，日复一日地吸引着美国本土和海外的观众收看。

2.综艺游戏类

综艺游戏类节目是大众参与的、以游戏形式为核心的娱乐节目。它是娱乐节目中数量最多、类型最丰富、普及性最广的一种节目，在世界各国都有着较大的市场。① 综艺游戏类节目由综艺和游戏两大基本要素构成，在节目的整体结构中，二者所占分量、所发挥的作用都不尽相同。

过去，我国的综艺游戏类节目对音乐、杂技、曲艺等多种艺术形式进行了融合和展示，观众在收看这些节目的过程中，不仅能够得到快乐，还能够获得艺术类知识。而节目中偶尔增加的游戏环节，会让节目的氛围保持在比较活跃的状态。但是，随着综艺娱乐节目的发展，观众的需求发生了改变，很多艺术欣赏类节目的收视率逐渐下滑，为了重新获得观众的认可，节目中的游戏、竞技和益智元素比重大幅增长。随着游戏元素成为节目内容的主要构成和其他元素的重要载体，综艺游戏类节目逐渐从综艺节目母体中脱离出来，成为与母体并列的节目类型。例如，浙江卫视的《王牌对王牌》，每期节目围绕一个主题，由王牌家族队与攻擂嘉宾队展开 PK，通过才艺比拼、游戏竞技，决出“王牌中的王牌”。其节目形式与电视晚会的节目形式大体相同，攻擂嘉宾队主要由明星演员组成，沈涛作为节目主持人进行游戏环节串场，两队人员在各游戏中以轻松、热闹、搞笑的形式营造快乐愉悦的节目氛围。其中，王牌家族队的沈腾包袱不断，和贾玲完美配合带给观众欢乐。2021 年 1 月 29 日，《王牌对王牌》第六季节目开始播出。

中国综艺游戏类节目的产生，是电视娱乐本性回归的结果。在 20 世纪 80 年代前期与中期，电视节目的娱乐化倾向并不明显，能够发挥娱乐功能的主要有电影和电视剧，此时电视文艺晚会节目开始出现并且逐渐普及，进而发展成固定的节目类型。直到 20 世纪 90 年代，综艺游戏类节目才开始崭露头角，北京电视台的《开心娱乐城》和上海东方电视台的《快乐大转盘》等节目出现。这两家电视台开中国综艺游戏类节目之先河，在当时带动了一批省市电视台综艺游戏类节目的开播，形成了一个不小的高潮。1997 年前后，受港台地区电视娱乐节目的影响，以湖南卫视的《快乐大本营》、中央电视台的《欢乐总动员》等节目为代表的全新姿态的综艺游戏类节目产生。在当

① 覃晓燕.电视栏目策划[M].北京：北京师范大学出版社，2014：133.

时，综艺游戏类节目不但迅速抢占了每个周末的黄金时段，还取代了原有综艺节目在我国综艺娱乐电视界的龙头地位，更引发了电视综艺娱乐节目的某些根本性变化。

（四）表演类

20世纪80年代，表演类节目是我国电视节目的主流。在这个阶段，各种艺术同台呈现，各种艺术形式不断融合，“综艺”的理念也由此出现。20世纪80年代后期，每逢周末，各大卫视均奉献出各种晚会节目，甚至由此发展出晚会型栏目，例如《综艺大观》。20世纪90年代之后，表演类节目逐渐细分，“分艺”成为主流，电视上开始出现很多单形式的表演类节目，例如歌曲表演类的《音画时尚》，相声表演类的《周末喜相逢》，舞蹈表演类的《舞蹈世界》，喜剧表演类的《梦想剧场》等。20世纪90年代到21世纪初，我国表演类节目的空间逐渐被游戏类节目及真人秀挤占。

（五）文化类

自2014年10月习近平总书记在文艺工作座谈会上强调“必须把创作生产优秀作品作为文艺工作的中心环节，努力创作生产更多传播当代中国价值观念、体现中华文化精神、反映中国人审美追求，思想性、艺术性、观赏性有机统一的优秀作品……”以来，中央电视台推出了《汉字听写大会》《中国成语大会》《朗读者》等一系列文化类原创电视节目，特别是《中国诗词大会》，收视率居高不下，好评如潮。《中国诗词大会》在真正实现了一场全民性诗词狂欢、丰富了人“诗意地栖居”的精神向度的同时，促进了中华优秀传统文化的弘扬，在传播主流价值观方面起到了一定的积极作用，称得上是当代中国原创综艺节目的一个经典力作。2018年伊始，文化类节目继续获得繁荣发展，在《国家宝藏》以“文化的重锤”敲击观众心灵之后，一档与《国家宝藏》一脉相承的原创文化类节目《经典咏流传》进入人们的视野。该节目积极响应落实十九大报告“推动中华优秀传统文化创造性转化、创新性发展”的精神，通过“和诗以歌”的方式将经典诗词配以流行音乐进行再创造，将音乐作为文化传承的载体，使经典诗词重新焕发光彩。

除中央电视台外，其他地方电视台在文化类节目方面也作出了尝试，如河南卫视的《梨园春》、河北卫视的《中华好诗词》、黑龙江卫视的《见字如面》等。《儿行千里》是由湖南卫视推出的一档原创家风类文化节目，旨在传播中华民族的优良传统，将父母与儿女相隔千里的牵挂串联起来，展现家国情怀，弘扬属于这个时代的中国好家风。这档“没有明星、不撕不炒”“不靠煽情靠走心”的节目不管在微博、微信还是知乎上都得到了广大受众的一致好评，豆瓣上的网友毫不吝啬地为其打出了9.1分的高分。由此可见，承担着传承中华传统文化责任的文化类节目无疑有着更加强劲的发展势头。

（六）真人秀类

所谓真人秀节目，就是指由普通人而非扮演者，在规定情境中按照制定的游戏规则展现完整的表演过程，展示自我个性，并被纪录或者制作播出的节目。① 真人秀节目让选手在规定的情境和预设的规则中真实地生活，选手的活动在摄像机的窥视下，一览无余。它注重对事件过程的展示，关注这一过程中可能发生的一切事件，记录人们在经历这些事件、面对困难、化解矛盾时的不同态度和方式。②

真人秀节目类型繁多，似乎很难找到一种统一的标准对其进行划分。在欧美国家，最经常提到的真人秀类型有：

（1）游戏纪录片（Gamedoc），如《生存者》（*Survivor*）、《老大哥》（*Big Brother*）、《恐怖元素》（*Fear Factor*）等；

（2）约会节目（Dating Program），如《贾富翁》（*Joe Millionaire*）、《与陌生人约会》（*Blind Date*）等；

（3）交换/生活类节目（Makeover/Lifestyle Program），如《不合适的穿着》（*What Not to Wear*）、《婚礼故事》（*A Wedding Story*）、《极端的改变》（*Extreme Makeover*）等；

（4）纪录肥皂剧（Docusoap），如《真实的世界》（*The Real World*）、《高中重聚》（*High School Reunion*）、《女性联谊生活》（*Sorority Life*）等；

（5）才能竞赛（Talent Contest），如《美国偶像》（*American Idol*）等；

（6）法庭节目（Court Program），如《朱蒂法官》（*Judge Judy*）、《电视法庭》（*Court TV*）等；

（7）真实情景剧（Reality Sitcoms），如《我的生活像一出戏》（*My Life as a Sitcom*）等；

（8）名人变异（Celebrity Variations），如《装进盒子里的名人》（*Celebrity Boxing*）等。

参照这些不同的划分，根据不同节目的内容和形式上的差异，结合真人秀节目的发展，大致将真人秀节目分为九种类型：

（1）生存挑战型，如《生存者》（*Survivor*，CBS）、《生存大挑战》（广东电视台）；

---

① 谢耘耕，陈虹.真人秀节目：理论、形态和创新［M］.上海：复旦大学出版社，2009：1.

② 谢耘耕，陈虹.真人秀节目：理论、形态和创新［M］.上海：复旦大学出版社，2009：113.

（2）人际考验型，如《老大哥》（*Big Brother*，Endemol）、《完美假期》（湖南经济电视台）；

（3）表演选秀型，如《美国偶像》（*American Idol*，FOX）、《超级女声》（湖南电视台）；

（4）职业应试型，如《学徒》（*Apprentice*，NBC）、《绝对挑战》（中央电视台）；

（5）身份置换型，如《简单生活》（*Simple Life*，FOX）、《变形计》（湖南电视台）；

（6）益智闯关型，如《谁想成为百万富翁》（*Who Want to be Millionaire*，ABC）、《开心辞典》（中央电视台）；

（7）游戏比赛型，如《恐怖元素》（*Fear Factor*，WB）、《王牌对王牌》（浙江卫视）；

（8）异性约会型，如《换妻》（*Wife Swap*，ABC）；

（9）生活技艺型，如《不合适的穿着》（*What Not to Wear*，TLC），《城市大赢家》（中央电视台）。①

“真”是真人秀类节目的特色，它的手段是纪实的，比赛场景设置是仿真的，规则是公平的，选手面对各种场景的反应是真实的。如果没有“真”，那就成了一个戏剧性的节目，完全无法跟电视剧展开竞争。“人”是真人秀类节目的核心，在节目中展现参与者的性格魅力和人格力量是一档真人秀类节目的终极目标。如果节目过度娱乐化而忽略了这一点，就难免落俗而无法在观众心中留下深刻的印象，更不可能引起观众的共鸣。“秀”指节目的表现形式和手段，有着预定情景和规划的虚拟游戏空间是整档节目的叙事框架，所有的“真实”都在这一框架内进行述说和架构。如果情境和规则制定得不够完善或与人们的正常思维模式不符，就会导致节目缺乏真实性。因此，这三个环节是丝丝入扣、紧密关联的。不难看出，“人”是真人秀类节目的核心要素，节目要通过“秀”将人性的光辉和参与者的魅力真实地反映出来，站在时代的制高点上，弘扬社会优秀文化。

虽然真人秀类节目的整个过程都体现真人真事，但它是一种基于真实的节目，是一种经过设计的真实。首先，参与人员经过了精挑细选；其次，特定环境和人物状态使节目具有一定的刺激性，人与人之间的竞争也具有很强的娱乐性。真人秀类节目在西方的电视屏幕上创下了收视率和广告收入的新纪录，在我国也产生了广泛的影响。广东电视台于2000年推出的《生存大挑战》是我国本土最早的真人秀类节目。由于社

---

① 尹鸿，冉儒学，陆虹.娱乐旋风——认识电视真人秀[M].北京：中国广播电视出版社，2006：109-110.

会形态、价值观念和审美习惯等的不同,中国的真人秀类节目借鉴国外的节目形态,在加入中国元素之后才在本土亮相。如北京维汉文化传播有限公司制作的《走进香格里拉》就参考了《生存者》(*Survior*),上海电视台纪实频道和上海卫视联合制作的《走通黄浦江》、中央电视台的假日特别节目《欢乐英雄》、北京维汉文化传播有限公司与湖南经视联合制作的《完美假期》、浙江卫视推出的《夺宝奇兵》、贵州卫视摄制的《星期四大挑战》等,都融入了益智、竞技、综艺等多种元素,节目形态较国外的节目形态更加复杂。

季播真人秀在国内从无到有,实现了跨越式发展。节目在出现之初,观看的观众很少,但是经过多次尝试后,季播真人秀已经成为当前发展最快的真人秀节目类型,也是收视率最高的节目类型。相关数据显示,2013 年,在星级频道播出的真人秀突破 100 部,而到 2020 年,真人秀数量为 315 部。

真人秀类节目是我国电视节目中收视率最高的节目,季播的方式让观众的注意力高度集中,培养其观看习惯,在短时间内产生极大的品牌效益。我国综艺娱乐节目的角逐已经趋于白热化,“一年多季”成为节目组把握受众的重要方式,这种方式让节目的潜力被迅速消耗,导致节目持续性不高,品牌影响力减弱。对一年多季和一季多台等竭泽而渔模式进行清理后,每年播出的各种真人秀类节目依然不断增加,其中素人、明星及星素结合类真人秀节目都有所增长,但是明星类增幅最大。2016 年,星素结合的真人秀节目比重持续上升,素人类节目数量持续减少,节目主体进入新的发展期。

第二节 综艺娱乐节目的特征

自 1997 年 7 月 11 日湖南卫视《快乐大本营》开播以来,综艺娱乐节目在形式上发生了很大变革,传统的表演元素、戏曲元素、喜剧元素逐渐被其他新的样态所替代。不仅如此,综艺娱乐节目在文化内核方面还有这样的特征:彰显电视文化所透射的意义和价值,重构传统综艺教育、导向功能,对严肃审美基调进行革命性颠覆,对纯娱乐性实现极度推崇。

一、轻松愉悦的感观体验

许多综艺娱乐节目提供的是一些轻松、流畅的情节和令人兴奋而又眩晕的视听时空，是消除了时间感、历史意识、与现实生存的真实性联系的自我封闭的文本游戏。一些综艺娱乐节目的创作人员认为他们的节目依然具有寓教于乐的特征，我们透过表象可以看到，目前综艺娱乐节目的主持人、嘉宾、现场观众主要围绕游戏的进行、找乐的调侃态度来推进节目，玩乐占据节目的主体地位；节目抛弃了寓教于乐的传统模式，更倾向于给观众带来感官上的轻松愉悦。当然，也有一些节目注重发挥文化的认知功能、教育功能甚至审美功能。

二、互动性强的现场

综艺娱乐节目强调观众参与的同时强调互动，非常注重人际交流整体氛围的营造。根据收视调查，在电视艺术各门类中，综艺娱乐节目的受众人数最多，人群分布广泛，可谓雅俗共赏、老少咸宜。其在节目运作、栏目设置等环节上强调与观众的互动，现场保留了很多即兴生成的内容，特别是在直播类节目中，画面内容节奏和观众情绪共同构成一个交融一体的传播空间，台上台下“打成一片”。从传播角度而言，综艺娱乐节目进行的是一种多点对多点的群体式传播，讲求的是情感的互动和交流，提供的是群众性的娱乐活动，打造了一个可以充分拓展的时空。屏幕内观众的参与发展为屏幕外观众的参与，而观众的参与直接影响节目的质量，影响节目的存在价值。这样的节目让观众感觉不仅仅是在看电视，而且还和嘉宾以及场内的人一起活动，不仅调动了现场观众，活跃了现场的气氛，拉近了普通人与明星之间的距离，也调动了电视机前观众的情绪，缩短了电视与观众的距离。

三、类型化的制作模式

类型化的概念来源于类型电影（或称电影样式），是好莱坞技术主义电影在全盛时期所特有的一种影片创作方法，即一种艺术产品标准化的规范。在商业化的美国社会里，当一种类型电影受到观众的欢迎后，制片商就对这种类型不断复制。这种经过市场检验的类型电影可以最大限度地避免盲目创新带来的经济损失。

借用到电视媒介中，这种模式化的运作方法在综艺娱乐节目中也获得了成功。美国真人秀节目《幸存者》（*Survivor*）于 2000 年 5 月开始推出，在每周四晚上八点的黄金时段播出。节目开播第二周，其收视率就跃居当时全美黄金时段榜首，广告收入也随之大涨，最高价格达到每 30 秒 60 万美元，创下了单集广告收入 3600 万美元的天价。

最后一集大结局播出时,观众人数超过美国其他几大电视网观众总和,全美约有44%的家庭收看。

《幸存者》第一季的总收视率从美国四大电视网的最后一名一跃而上。因此,《幸存者》又接着从2001年1月至2005年9月,连续制作了第二季至第十一季节目,并打破了每年只推出一季新节目的惯例,在每年春、秋分别推出两季节目,尽管后来受到《美国偶像》的冲击,但还是取得了不错的成绩,这就是类型化电视节目的魅力。[①] 目前,我国的综艺娱乐节目多为买进原版节目版权进行本土化改造,比如,中央电视台的《城市之间》就是法国《城市之间》的中国版。

四、立体化的传播渠道

融媒背景下,综艺娱乐节目要突出重围,首先要在网络平台上掀起热潮,制造更多话题,受到更多关注。综艺娱乐节目能够结合各种媒体的特点和自身节目的特点,对节目内容进行展示和传播,根据受众的关注点,设置各种话题,在节目播出过程中与受众进行全面互动,让受众不仅能够观看节目,还能够参与节目,真正让节目以融合方式实现多元立体传播,迅速点燃观众热情。

湖南卫视的《爸爸去哪儿》第二季将微信、微博及手机游戏融合起来,吸引了大量观众的参与,一度形成风潮,产生了大量的周边衍生品。2014年之后,各大卫视纷纷试水综艺娱乐节目制作,《极限挑战》《我是歌手》《最强大脑》等节目陆续出现,这些节目在宣传过程中,也将各大门户网站、社交平台、新闻客户端等渠道融合起来,实现了传播和宣传的全覆盖。节目在开播前就预热,在播出期间制造大量的话题吸引受众参与,通过各种微博热搜引爆市场。例如,2019年湖南卫视推出的《歌手》引发音乐热潮,在卫视之外,芒果TV以独播方式吸收观众,观众可以在湖南卫视的两个平台自行选择,还能够通过微信等社交平台实时追踪节目进展,对比赛选手的信息进行了解,并参与各种互动。

2019年首个季度的数据表明,很多电视综艺娱乐节目组已经能够对社交媒体的营销技巧进行熟练应用,能够针对网友观看节目的主要动因进行议题的设置,通过引爆话题来提高收视率。品牌电视综艺节目通过话题掀起网络热议,这让电视综艺节目在融媒体时代实现了更好的竞争和传播。我国综艺娱乐节目融媒传播,是基于节目本

---

① 石长顺.电视栏目解析[M].武汉:华中科技大学出版社,2003:225.

身实施的媒介扩张传播,如果电视综艺节目本身的质量较好,那么经过立体化传播,可以与用户进行联动交互,从而牢牢抓住受众。

五、数据化的内容生产

媒体要不断发展,就要关注生产的内容,只有生产好的内容才能够在激烈的竞争中杀出重围。将数据驱动和消费驱动理念融合起来可以构建内容生产的全新模式,这一模式与信息内化传播的趋势相匹配,与用户的心理特征相符,加快了媒体生态领域的转型发展。通过双驱动理念的指导及数据技术的应用,我国电视产业在未来将获得更多的发展可能。

数据始终是综艺娱乐节目策划创作的关键。在节目策划之初,创作者需要结合海量的数据和资料来抓取受众喜好,然后有针对性地确定节目内容,这是节目制作的根本依据和指导。在预热环节,节目组需要通过大数据追踪用户行为,对用户的喜好和期望进行了解,然后选择适当的内容进行输出,并通过有技巧性和针对性的宣传,让传播效果得到真正实现;节目播出后,节目组需要基于大数据对用户偏好进行跟踪,并通过数据的变化来修正节目内容;节目播放后,节目组可以立足数据反馈对用户偏好进行抓取,通过平台功能对用户收视感受进行了解,然后对节目的内容和类型进行调整,让节目可以持续受到关注。比如湖南卫视的《爸爸去哪儿》节目,在播出一段时间后,节目组设置的各种话题就收集了大量的观众信息,分析发现观众最喜爱的是父子相处的内容。因此,节目在后期的剪辑中加大了亲子时间的比重,而在二次传播时也增加了父子相处内容,观众认可度迅速提升。

当前,很多综艺娱乐节目都与视频网站达成播放协议。立足真人账号体系和庞大的受众群体,腾讯 DMP 对用户设置了 4000 多种标签,并且通过统计用户浏览重点、时间、消费方向,对用户的需求进行识别、对用户进行产品和内容的精准推送,形成完整的营销链。

第三节　综艺娱乐节目的功能

观众个人的人生经验是很有限的,不可能接触社会生活的各个层面,因此需要借助其他途径来认识自己所处的社会。综艺娱乐节目作为观众了解自身无法接触到的社会的一个平台,具备多种社会功能。

一、文化传播功能

中华文化博大精深,挖掘中华文化,不仅能丰富我国综艺娱乐节目的文化内涵,把握节目的发展方向,而且能够向观众传播文化知识。[①] 文化是人类社会在适应和改造自然过程中不断积累的一切文明成果的总和。广义的文化指人类创造的一切物质产品和精神产品的总和。狭义的文化专指包括语言、文学、艺术及一切意识形态在内的精神产品。基于文化的定义,可以将综艺娱乐节目的文化传播功能分为广义和狭义两个层面,广义层面指弘扬中国传统文化,狭义层面指传播知识。

(一)弘扬中国传统文化

传统文化是中国人的根,媒体必须肩负起弘扬中国传统文化的社会职责。2008年8月,湖南电视台打造了一档大型礼仪公德谈话类节目《天天向上》,它打破了以往谈话类节目的固定模式,灵活地运用各种形式来传播中国的礼仪文化和公德知识,每一期节目都有一个文化传播主题,同时会邀请相应的嘉宾来到节目现场,对主题文化进行生动的讲解。节目特别推出了一个中国礼仪公开课的小环节,通过模拟古代私塾的形式,对中国饮食、交际等方面的传统礼仪文化进行正确全面的讲解。这种幽默复古的形式,使观众更愿意主动地去了解中国传统文化。

大型选秀类节目《红楼梦中人》以为电视剧《红楼梦》挑选演员为契机,将中国古典文化带进了观众的视野,带动80后、90后爱上了这个古典文化的瑰宝《红楼梦》,使"红楼文化"得以传承发展。电视戏曲选秀节目《梨园春》的开播,则让传统文化热、中国国粹戏曲热、汉服热等热潮悄然兴起,也让晦涩难懂的中国传统文化以通俗易懂的形式展现在观众面前。

(二)传播知识

在我国的综艺娱乐节目中,有很多节目是以传播知识为宗旨创办并发展的。益智类综艺娱乐节目的特点是极具知识性,它的内容基本上是一系列事先设计的知识问答,其中涉及政治、军事、经济、文化、体育、历史、教育、音乐等各方面的知识。许多节目的名字彰显其知识性,比如《开心辞典》中的"辞典",或者《幸运智多星》中的"智多

---

① 吴郁,李金荣,等.电视节目主持人的综合素质研究[M].北京:中国广播电视出版社,2007:45.

星”。在诸多益智类综艺娱乐节目中，观众通过参赛者的挑战与答题，扩充了自己的知识量，发现自身的不足从而更加渴望充实自己，有些网站也提供了《一站到底》等节目的题库，供大众学习。而且，综艺娱乐节目通过各式各样的创新形式，将本来呆板严肃的知识传播氛围变得灵活轻松，使传播效果事半功倍。游戏类综艺娱乐节目《快乐大本营》中的“科学实验站”环节，更是将一些常见的物理化学知识与游戏相结合，在出现神奇的游戏现象之后告诉嘉宾以及观众现象原理，让嘉宾和观众在游戏中发现科学的乐趣。

二、娱乐功能

在《现代汉语词典》中，“娱乐”一词的意思是使人快乐，消遣。可以说，只要可以使人得到快乐、助人消遣的事物，都可以划到娱乐范畴。人类的发展是从劳动开始的，而娱乐作为劳动后的休息和消遣，可以使人间歇地摆脱烦扰并恢复体力，从而更好地投入接下来的劳动。电视的出现与发展，让娱乐拥有了更加有效快捷的载体，目前我国综艺娱乐节目种类多样，功能俱全，但它们都拥有一个共同的社会功能——娱乐功能。

1990 年 4 月，《正大综艺》应运而生，它的出现并非偶然，是中国广播电视事业走向以娱乐为主的时代的开端。游戏类综艺娱乐节目的出现，使人们更加直接地感受到电视传递出的快乐。湖南电视台推出的游戏类综艺娱乐节目《快乐大本营》，以多种多样并且不断更新的游戏环节和快乐家族的搞笑主持，一直位居中国游戏类综艺娱乐节目收视率的前列，开播以来，为广大观众带来了无数欢乐。游戏类综艺娱乐节目中的娱乐功能主要体现在游戏环节的巧妙设计与应用，比如在《快乐大本营》“你画我猜”的游戏环节中，观众不仅可以感受到计时游戏的刺激，同时也会被嘉宾和主持人根据规定词语所画出的简笔画逗得捧腹大笑。

除了设置游戏环节，明星“爆料”也成为诸多综艺娱乐节目的娱乐方式。比如在《超级访问》等谈话类综艺娱乐节目中，主持人常常会为了增加节目的娱乐性，向嘉宾提出一些有趣的问题，比如遇到过什么“糗事”等，有时嘉宾也会主动向观众分享自己的“糗事”。这种分享快乐的方式不仅可以拉近明星与观众的距离，也可以使观众在一种轻松热闹的氛围中得到放松。

在中国的晚会类综艺娱乐节目中，相声、小品等语言类节目同样承担着娱乐功能，为中国电视娱乐事业作出了巨大的贡献，为一代又一代的观众带来了欢乐。在 2013

年与2014年中央电视台的春节联欢晚会中，著名表演艺术家蔡明在小品中塑造了一个“刀子嘴豆腐心”的老太太形象，引得观众笑声不断，她犀利的语言“你口味真重！”等，成为人们平时生活中调侃娱乐的流行语。随着现代生活节奏的加快，人们生活工作的压力也越来越大，综艺娱乐节目成为人们心理重压的宣泄口，成为调节生活的良药，而娱乐功能作为中国综艺娱乐节目的主要功能，在诸多社会功能中始终占据重要位置。

三、导向功能

电视媒体作为党和国家的喉舌，其社会功能理应包括引导社会舆论、引导正确价值观。每档综艺娱乐节目都有自己的文化、审美取向，这种取向也决定了节目对观众的引导方向。

（一）引导社会舆论

舆论是一种反映社会的意识形态，在经过电视媒体的整理加工和传播之后，可以凝聚成一股强大的精神力量。舆论可以反映国家的发展与人民的意志，同时也对国家和人民有着潜移默化的影响。谈话类综艺娱乐节目在兴起之后，成为电视媒体传播舆论的主要形式，将引导功能发挥到极致。通过主持人、受邀嘉宾与观众对一些热点事件的分析，悄然对社会产生影响，引导观众正确地审视新闻现象。当然，这种舆论引导的前提必须是与客观事实相符合，并且顺应新闻的传播规律。在2008年两会期间，“三农问题”成了中央领导及人民十分关注的问题，2008年3月15日的《小崔会客》邀请了三位农民工人大代表来到现场，表达了农民工对提高自身保障的迫切需求，观众也重新从农民工的角度了解了他们的生活现状，“三农问题”就这样被电视媒体变成了公众话题。另外还有诸如大学生就业、环保、医改等都经过综艺娱乐节目的传播，引起观众强烈的共鸣。

除了直接讨论当前热点话题，综艺娱乐节目也会通过调侃的方式涉及一些话题。如在2013年中央电视台春节联欢晚会的相声节目《这事儿不赖我》中，相声演员通过讲述从小到大的经历，映射了当今社会中的许多热点问题，比如就业、物价、堵车、房价等，无一不是广大老百姓所关心的。又如郭德纲在相声《败家子》中说：“我不光买表我还敢戴呢，不光敢戴我还敢露出来呢，不光敢露出来我还乐呢！”这一段话通过对微笑官员“表哥”的调侃，在娱乐大众的同时，利用了社会舆论对某些人与事进行了讽刺和批判。

(二)引导正确价值观

“传媒影响力的本质是什么？就是作为资讯传播渠道而对其受众的社会认知、社会判断、社会决策及相关的社会行为所打上的属于自己的那种‘渠道烙印’。”[①]综艺娱乐节目不仅可以发挥引导社会舆论的功能,也可以引导广大受众树立正确价值观,朝着真善美的方向发展。这种引导主要体现在对节目中人物事物的弘扬和学习。谈话类综艺娱乐节目《天下父母》围绕父慈子孝、弘扬孝道的中心而展开,其中为母捐肾的田世国也被评为当年感动中国人物之一。这些真实的案例在感动观众的同时,也将中华民族的孝道深深地植入观众内心,引导其树立正确的道德观与价值观,从而推动社会的和谐发展。

语言类综艺娱乐节目往往通过对一件小事的演绎,反映深刻的道理,让观众在获得娱乐的同时得到启发与引导。在2013年中央电视台春节联欢晚会的小品节目《想跳就跳》中,潘长江饰演的退休人员用积极的态度面对生活,引导退休的老年人多走出家门锻炼身体,多与他人沟通。这些节目内容十分贴近普通百姓的生活,真实地反映了生活中经常出现的一些问题,启发观众去寻找合适的处理方法,从而实现引导正确价值观的功能。

四、服务功能

中国电视节目最核心的作用就是为民众提供娱乐和服务。在改革开放政策持续深入的当下,广播电视服务属性日渐突出,综艺娱乐节目同样也应该遵循趋势,提高服务质量。

(一)提供机会与平台

媒体可以是一种传播载体,可以是一种沟通中介,也可以是一个展示平台。2004年以来,我国综艺娱乐节目走上了“平民路线”,曾经只能在电视上看明星的观众,如今也可以凭借自己的一技之长登上节目舞台。一系列“平民造星”的真人秀节目使电视媒体最大限度地发挥了服务功能,给广大受众提供了实现梦想的机会和展示自身才艺的平台。

《超级女声》通过海选和宣传,将“想唱就唱,唱得响亮”的口号传播到全国各地,

① 喻国明.关于传媒影响力的诠释——对传媒产业本质的一种探讨[J].国际新闻界,2003(2):5-10.

数万名洋溢着青春气息的少女纷纷登上舞台，在聚光灯下大胆地展示自己。之后，《星光大道》《非常 6+1》《我型我秀》《加油！好男儿》《中国达人秀》等选秀节目纷纷崛起，圆了许多普通人的明星梦。2005 年“超女”前三名——李宇春、周笔畅和张靓颖如今都已成为家喻户晓的人气歌手；从《星光大道》中走出的阿宝、李玉刚也成了著名的“草根”明星。

求职类综艺娱乐节目关注普通人的就业问题，为广大求职者提供一个寻求岗位、展示自我的舞台，也在求职者和用人单位之间搭起了一座沟通的桥梁。由江苏卫视和中国教育频道一频道联合打造的《职来职往》对参加节目的求职者没有明确要求，对其学历和身份等也没有过多限制，这使得节目更加契合当今的社会现状、更加全面地服务于民众。在天津卫视的大型职场真人秀类节目《非你莫属》中，职场达人尹峰以她敏锐的眼光和执着的人格魅力，为自身企业挖掘了许多人才，并且在无形之中提升了企业形象，带来了巨大的经济效益。

观众在观看求职类综艺娱乐节目的时候，也可以学到许多职场知识，为自身的职场道路累积经验。求职类综艺娱乐节目是一个令求职双方与电视观众互利共赢的节目，满足了三方的需求，大大发挥了综艺娱乐节目的服务功能。

（二）公益基金送爱心

每个人的心中都有公益，媒体的作用就是将每个人的公益之心聚合在一起并发扬传播出去。

随着中国公益事业的逐步壮大，综艺娱乐节目也肩负起了奉献爱心的责任，发挥着传播公益的功能。由腾讯视频、恒顿传媒、瀚纳影视联合出品，企鹅影视、恒顿传媒联合制作的关注认知障碍公益节目《忘不了餐厅》，于 2019 年 4 月 30 日起在腾讯播出，目前已经制作播出两季。节目由店长黄渤、副店长宋祖儿和助理张元坤，携手五位有认知障碍的老年服务生组成一个“忘不了家族”，在深圳共同经营一家餐厅，开启一场遗忘与守望的温暖碰撞。《忘不了餐厅》通过真实记录患认知障碍的老人与明星互动、与餐厅中的食客互动，让观众关注老年人群、关注认知障碍，也让老人能够走进人群、积极参加社会活动，在培养积极乐观的心态的同时也能缓解病情。节目区别于市场上大多数以全明星阵容为看点的真人秀，只为将爱与真实展现给观众，节目打破常规综艺节目的题材和制作方式，用纪录+综艺的方式聚焦被大众忽视的老年群体，以公益和科普传递爱的温度。在江苏卫视联合优米网共同打造的国内首档商业明星公益真人秀类节目《赢在中国蓝天碧水间》中，碧水队与蓝天队对抗挑战，为各自代表的环保项目“防治荒漠化与大气污染”和“水源地保护”赢得公益奖金，在为公益办实事的同时，号召全社会关注环境问题。

为了实时有效地发挥服务功能，有些综艺娱乐节目会特别以公益为主题。例如2019年，东方卫视播出《极限挑战》第五季，节目始终贯穿“长江行”这一大主题，循着长江不断展现众多社会横截面，并以生动鲜活的方式反映民生、民俗、民情。其中，第一期节目以垃圾分类为主题，对观众进行“垃圾分类就是一种新社会时尚”的价值观引导，具有较强的现实意义。综艺娱乐节目可以发挥更大的社会影响力，引导观众关注被忽略的社会议题，引领社会文明风尚。

综艺娱乐节目的娱乐功能让受众在劳累之后可以抛却烦恼开怀一笑，这一功能从受众的基本需求出发，激发了受众的收视热情。但是，综艺娱乐节目不只要实现娱乐功能，也要重视自身的社会功能，通过教育和娱乐相结合的方式进行传统文化的宣传、社会舆论的引导，更好地为普通民众、为社会提供服务。

我国综艺娱乐节目的发展，直接关系到我国社会精神文明的建设。目前，综艺娱乐节目的发展问题已经清晰地显现出来。首先，节目形式克隆成风，同质化严重；其次，节目内容过于低俗，文化内涵严重缺失；最后，信息环境趋于浮躁，功利色彩浓重。若想整改以上问题，首先要在节目形式上进行创新，使其适应本土化的发展；其次要坚持积极健康的价值取向，提高节目的文化品位；最后还要贴近百姓的生活，关注百姓的需求，从而更全面地服务大众。只有这样，才能更加有效地发挥我国综艺娱乐节目对社会的重要作用。

思考题

1.综艺娱乐节目按节目要素分类，包括哪些类型节目？

2.综艺娱乐节目的特征有哪些？如何理解综艺娱乐节目的“娱乐性”？

3.请简要评述综艺娱乐节目文化传播功能的价值体现，并举例说明。

4.以《开心辞典》和《谁能成为百万富翁》为例，比较中西方益智类综艺娱乐节目的不同点。

第二章　综艺娱乐节目策划艺术

要点提示：

掌握综艺娱乐节目的常规策划、综艺娱乐节目策划的新理念、综艺娱乐节目策划思路的转型，为主持人深刻理解综艺娱乐节目本质提供理论指导，充分发挥主持人的能动性，提高主持人对节目的整体把握能力。

自2015年国务院总理李克强提出“互联网+”概念后，各行业都在思考互联网时代的求新之道，广播电视行业也不例外。原国家新闻出版广电总局2015年公布的广播电视节目制作和播出情况显示，中央电视台综艺频道拔得头筹，浙江、湖南、东方、江苏等卫视排名均进入“前十”，呈现强综艺支撑强卫视的特点。2020年综艺行业蓬勃发展，一路向好，播出总量与热度均有提升。《2020腾讯娱乐白皮书》显示：2020年国内播出综艺206部，其中网综127部，卫视综艺79部，比起2019年有所上涨，其中新综艺达到130部。综艺娱乐节目的内容开发、生产方式、传播渠道、受众构成、盈利模式等已经发生革命性变化，视频网站与传统电视的关系正在逐步发生变化，受众与综艺娱乐节目内容的关系被重塑，综艺娱乐节目设计的新理念即“综艺娱乐节目的互联网思维”日益凸显。

第一节　综艺娱乐节目的常规策划

一、综艺娱乐节目的策划基础

（一）模式

一个成功的电视综艺娱乐节目一定有一个成熟的节目模式，而一种节目类型最终走向失败往往也是因为“模式”的老化。实际上，“模式”在本义上，是一种成熟的、经过考验和验证的，有稳定的内在规定性与外在指向性的标准样板，具有特定的规则和套路。“模式”的内在规定性由一系列的理念、程序、结构、规则等构成，是“模式”生发审美空间和艺术创造的内在张力；而其外在指向性由时代精神、价值取向、生活变迁等构成，是“模式”实现与时代同行、与社会同步的外在动力。“模式”的内在规定性与外在指向性共同规约着“模式”的生命动力。成功的节目模式，既遵循着既定模式的内在规定性，又随时调整模式的外在因素，以适应新的变化。①

从综艺娱乐节目制作的现实情况看，近十年来我国综艺娱乐节目的迅速发展与“海外模式的本土化改造”紧密关联，同时一线省级卫视研发原创综艺娱乐节目模式的能力不断提升，加之视频网站自制精品综艺娱乐节目的数量持续增加，可以说，综艺娱乐节目依然热度不减，作为主流节目类型深受受众的喜爱。欧美、日本、港台的节目模式依然值得参考借鉴，其策划的创意点值得我们学习和深入分析。

1.欧美模式

中国电视向欧美学习最多的综艺娱乐节目模式是真人秀。电视真人秀，作为动态的具有目的性的线性叙事模型，是对自愿参与者在规定情境中，为了预先给定的目的，按照特定规则所进行的竞争行为的记录和加工。② 国内火爆一时的湖南卫视制作的选秀类节目《超级女声》节目模式来源于英国的《流行偶像》。浙江卫视与星空传媒旗下的灿星制作联合强力打造的大型励志专业音乐评论节目《中国好声音》，节目模式来源于荷兰著名电视节目 *The Voice of Holland*。湖南卫视引进加拿大《舞蹈革命》节目模式进行本土化改造而推出《舞蹈风暴》这档竞技类综艺娱乐节目，其第二季节目中

---

① 胡智锋.电视节目策划学[M].上海：复旦大学出版社，2012：101.

② 尹鸿，陈虹，冉儒学.电视真人秀的节目元素分析[J].现代传播，2005(5)：53-58.

热爱舞台、坚守初心的舞蹈演员们的精彩表现深深打动了场内外的观众，豆瓣评分高达9.5分，获得国内口碑综艺榜第一名。

2.日本模式

20世纪50年代，电视在日本家庭中的普及为综艺娱乐节目的发展提供了很好的客观条件。日本严格的版权保护政策使得其综艺整体数量很多但没有出现大量同类型的节目，少数几档日本综艺成为我国台湾、香港电视台模仿的对象，尤其台湾在节目制作方面更是与其关系紧密。

1962年4月，台湾有关机构与多家日本公司合资成立台湾电视公司，受日本电视节目的影响，以歌舞为主的综艺娱乐节目成为台湾电视的重要节目模式。大陆也曾经以日本节目模式为蓝本制作电视综艺娱乐节目。例如，北京电视台益智类节目《梦想成真》是日本《幸福家庭计划》的中国版本，中央电视台的文化类节目《鉴宝》是日本《好运，宝物，大鉴定》的中国版本。

3.港台模式

我国台湾地区早期的综艺娱乐节目以歌舞为主，20世纪70年代，主持人张小燕凭借《综艺一百》节目成为“综艺大姐大”。该节目真正实现了以主持人为核心的运作方式，充分发挥主持人在节目中的优势，形成独特的主持风格。由于台湾一众主持人的不懈努力，台湾的电视综艺娱乐节目成为岛内民众和大陆观众的谈资。

大陆众多综艺娱乐节目借鉴欧美、日本、港台节目的模式，购买其节目版权，但我们也对原有节目模式进行本土化改造，在模仿的基础上根据目标受众的审美需求对节目进行创造性完善。香港亚视电视（亚洲电视数码传媒有限公司）以3000万港币向英国公司购得《百万富翁》总共48集的版权，中央电视台《幸运52》《开心辞典》节目都按版权法支付了使用*GOBINGO*版权的费用。浙江卫视《奔跑吧兄弟》引进韩国的*Running Man*版权，节目第一季的授权许可费用高达1.8亿人民币，除了购买节目模式，韩国版权方将节目脚本、流程等进行了全方位的授权，使得浙江卫视《奔跑吧兄弟》节目得以完整呈现。

（二）版块与环节的设置

一般大型综艺娱乐节目的时长都在60分钟以上，有的甚至长达120分钟或150分钟。基于这样的时长，节目必须设置足够的版块与环节，才能有效地搭建完整的框架。设计节目版块或者环节通常有以下几种方式。

1.并列型

并列型结构节目的每个单元称为版块。在每一期节目中,每个版块之间彼此独立,少有关联,娱乐资讯类、游戏娱乐类节目多属此类。这种版块设置的优点是方便观众收看,观众可全看,也可选择看其中一个版块,即使前一版块落下没看,也不耽误后一版块的观看。

2.层递型

层递型结构节目的每个单元称为环节。环节与环节之间前后承接,关系紧密,一般来说前一环节是后一环节的铺垫,益智类、真人秀类、情节类节目多采用这种结构。这种版块设置的优势在于:使整个节目前后连贯紧凑,一气呵成,自成一体,让观众有欲罢不能之感。浙江卫视《王牌对王牌》从第五季开始,每期节目围绕一个主题组建一支嘉宾队伍和王牌家族 PK,通过几个环节的 PK 最终决出获胜队伍。每个环节的结果都会影响最终结果,环环相扣,等到最后才能得出答案,巧妙设置悬念能够吸引观众从头看到尾。

3.混合型

还有一些节目在吸取上述两种版块设置的长处之后,打造出一种混合型结构,版块中有小环节,小环节之后还有大版块。这种版块设置一般在大型节目、大型活动中使用。江苏卫视的《非诚勿扰》每期节目有 5 位男嘉宾上场,在整个节目中属于并列关系,而每位男嘉宾都要经过 24 位女嘉宾的三轮判断,最后再进入权利反转的环节,内部又呈现为层递关系。正如苗棣教授所说,《非诚勿扰》每位男嘉宾都是一集“系列剧”,而 24 位女嘉宾又让节目成为“连续剧”,其意义亦是如此。

(三)元素

综艺娱乐节目策划是否周密,直接决定了节目是否“好看”,是否能够给观众带来新鲜感,是否能在众多节目中脱颖而出。尤其形成季播的综艺娱乐节目,必须持续创新,增加或者改变元素的使用是常用的办法,也非常考验策划功力。通常,一档综艺娱乐节目会选择一个主导元素。近些年,综艺娱乐节目竞争异常激烈,原创头部综艺引领节目潮流,将多种元素糅合在一档节目中可以获得好的节目效果。

1.表演元素

表演元素指节目中加入的专业演员的表演成分,如歌唱演员唱歌、相声演员说相声、小品演员演小品、舞蹈演员跳舞等。明星、演员在真人秀类节目兴起之前是综艺娱乐节目的绝对中心,现在,纯粹的表演也是综艺娱乐节目不可或缺的元素。

在娱乐谈话类节目中戏拟性表演是重要的表演元素。这种戏拟既有主持人伴随谈话内容而作出的对应性表演动作和延伸性表演动作——将谈话内容从语言表达变为形体表达,或者对谈话内容进行推理,将推理结果用表演传达出来;也有主持人对嘉宾的模仿和伴随性表演动作——将嘉宾的相应动作进行夸张、歪曲;还有主持人或嘉宾的自主性表演动作——根据谈话进程随时生发的滑稽表演。无论什么样的表演,最关键的是要强调戏拟,而不是正统的表演。要"演什么不像什么",才能达到幽默效果。

2.游戏元素

出现在电视上供观众娱乐的综艺娱乐节目,在本质上都是一场事先安排好的游戏。

游戏包括作为整个节目框架的整体游戏规则和作为节目构成部分的局部游戏形式。一般来说,整体游戏规则本身并不直接搞笑,但其中已经暗含了搞笑的可能性,而局部游戏形式则肯定是有趣的和能产生笑料的。不管是整体规则还是局部形式,游戏的设置可以说是没有任何限制的,它们所涉及的内容和它们之间的组织连缀方式都是没有一定之规的。从内容上来说,游戏可以是传统方式的表演,也可以是对大牌明星的模仿和对某个专业领域竞技规则的戏拟,甚至可以涉及饮食、旅游、购物、求职、冒险、古董等专业领域。①

3.益智元素

目前我国益智类综艺娱乐节目的策划扎根于中国优秀传统文化,秉承文化传承的使命和艺术精神,以独特的文化养成模式、多样的题目类型激发文化认同、搭建多元媒体平台、创新节目模式,实现传统益智节目的品牌构建。从宗旨来看,益智类综艺娱乐节目以推动中华传统文化为基点,采用闯关模式,融合当代文化元素,解读题目背后的文化内涵,承载着弘扬中华优秀传统文化的初心。选手在遵守节目规则的前提下,层层闯关,最终表现优异者赢得冠军。参赛选手可以一对一问答,可以抢答,也可以与其他选手搭档共同完成某个环节。对于节目来说,强化竞争性,增强比赛的紧张感,游戏

① 宗匠.电视娱乐节目:理念、设计与制作[M].北京:中国广播电视出版社,2003:67-68.

规则的设定是关键。

4.竞技元素

竞技类综艺娱乐节目中会出现多个选手或嘉宾，节目要通过规则的设置尽可能使他们进入一个竞技闯关的状态当中，在分出高下的竞技过程中呈现生动、有个性的个人形象，形成人物关系，这些都会成为节目的悬念与看点。户外真人秀节目多数要经过多轮的竞技比拼淘汰选手，最终决出优胜者。电视活动、竞选大赛都会设计充分的竞技元素，确保每轮有淘汰，轮轮有悬念。

5.婚恋元素

2010 年江苏卫视《非诚勿扰》的播出，开启了我国婚恋类综艺节目集中创作的序幕，直到 2019 年，以《心动的信号》第二季为代表的婚恋类综艺娱乐节目从节目样式、拍摄方式、嘉宾设置等方面进行全面创新，使早期主要存在于演播室的婚恋类节目样式发生巨大变化，素人嘉宾+明星点评的形式更贴近自然本真的状态。爱情、婚恋大多是个人的私密问题，媒体公开这种私密问题就会涉及伦理底线问题，婚恋类节目关键在于给未婚男女提供一个平等的公共交流平台，给参与者一种宽松而又和谐的言论空间，给当下浮躁的社会带来一份难得的美好与真实。

6.纪实元素

纪实作为一种元素，已经成为很多节目的常用手段，如晚会中使用新闻片段作为煽情点。这种元素在综艺娱乐节目中形成了独特的叙事结构和表现方法，以跟拍为主要手段的纪实更是成为节目的主体。

湖南卫视综艺娱乐节目《爸爸去哪儿》进行了一种尝试与突破——以真实记录代替了“秀”，让观众感受到更多的真实。尽管这些爸爸都是深谙表演规则与技巧的明星，但是在节目中，我们看到的是他们在与孩子相处的过程中，如何更好地回归父亲角色。而这个过程所需要的，是父亲与孩子之间真实的情感交流。

7.脱口秀

脱口秀是采用辩论、谈话或叙述等方式围绕一个或多个话题进行的带有一定幽默性的语言展示类节目。这是一种比较传统但常用常新的娱乐元素。脱口秀进入品牌个人秀阶段后，呈现者根据自身在节目中的形象、经历等设置表演内容、包装、风格等，这对呈现者的知名度、个人能力等有较高的要求。中国女脱口秀演员杨笠在《脱口秀大会》第五季中有精彩的表现,她的话语以及对性别平等话题的讨论不断登上热搜,微博上带有#杨笠#标签的帖子的阅读量已经突破6亿,她本人的粉丝数量也已超过132万。

8.真人秀

这是一种历史最短但发展迅速的娱乐元素,现在已经渗透到各种各样的节目之中。它集中了纪录片的纪实手法、电视剧的故事性,对最原始的人性和个人隐私予以公开展示,从而极大地满足了观众的窥视欲望。

综艺娱乐节目设计策划的关键之一,是把以上这些娱乐元素恰如其分地组合到一起,并通过不同的版块、环节来承载和表现这些娱乐元素,最终形成一个浑然一体的节目模式。

二、综艺娱乐节目的策划要点

随着中国电视产业的发展,综艺娱乐节目日益成为行业竞争的一张王牌。2012年浙江卫视从荷兰引进的《中国好声音》创造了收视高潮,使中国电视学习或者引进国外的优秀电视节目模式并且加入本土化的元素,创造出符合中国观众价值观的节目。多季王牌综艺娱乐节目强势“吸睛”,商业模式实现升级,真人秀节目成为中央电视台及各大省市卫视频道提升竞争力的主要节目形态。艺恩视频智库数据显示,2020年季播综艺节目总数量与2019年相比增长70个,增长部分主要集中在季播网综节目。随着网生内容不断向精品化、圈层化方向发展,用户触媒习惯变化及平台竞争愈发激烈,季播网综数量大幅增长,与2019年相比增幅超30%,其表现也越发亮眼,在播映指数TOP10的季播综艺节目中,季播网综占比达7成。

头部综艺娱乐节目的题材包括竞技、音乐、美食、喜剧、游戏、明星、旅游七类。综艺娱乐节目能够满足大众以娱乐为主要诉求的文化消费需求,与此同时,建设社会主义文化强国的大政方针和目标要求赋予了其弘扬主流文化、引领价值观念的使命和责任。党的十九大报告明确提出了新时代坚持和发展中国特色社会主义的基本方略,要求必须坚持马克思主义,牢固树立共产主义远大理想和中国特色社会主义共同理想,培育和践行社会主义核心价值观,不断增强意识形态领域主导权和话语权,推动中华优秀传统文化创造性转化、创新性发展,继承革命文化,发展社会主义先进文化,不忘本来、吸收外来、面向未来,更好构筑中国精神、中国价值、中国力量,为人民提供精神指引。

浙江卫视金牌制作团队“吴彤团队”原创的《我就是演员》《王牌对王牌》《天赐的声音》持续在荧屏热播，在2020年抗击新冠肺炎疫情的特殊情况下，通过团队的努力，《王牌对王牌》第五季如约与观众见面。节目从策划到录制操作难度非常大，王牌家族为了能给观众带去欢笑和抚慰，在保证安全的前提下克服困难坚持到杭州进行节目录制，使得主题为“致敬时代王牌”的抗疫节目顺利上演，6位曾经饰演过医生或出演过医疗剧的演员与100位医护人员家属进行了一次特别的“云录制”，向大众传递精神关怀和鼓舞力量。除此之外，浙江卫视还推出了抗击疫情特别节目《我们宅一起》，通过“云录制”的方式，引领和提振积极向上的国民情绪；破局音乐版图，打造以“声音凝聚力量，音乐抚慰心灵”为口号的全新原创音乐节目《天赐的声音》，带给观众声音的力量。2017年10月28日浙江卫视推出的“星素结合”真人秀节目《演员的诞生》强调“用角色打动人心”，专注于演员表演技艺的展示和比拼，在带给观众艺术享受的同时，也承担着更重要的责任，那就是让普通观众掌握对演艺明星进行评判的理性依据，懂得鉴赏什么样的表演才是专业的、什么样的演员才是值得尊敬的。这对影视行业乃至整个社会形成劳动光荣的风尚和精益求精的风气，促进文化事业繁荣发展，都会起到正向的推动作用。

综艺娱乐节目形态比较复杂，而且在不断变化和发展中，我们不能将综艺娱乐节目视为某一种固定的节目样式而限制策划的思路。综艺娱乐节目最根本的特征在于虚拟规则中人性的真实展现。

我们在策划综艺娱乐节目时，应考虑以下一些要点。

(一)节目策划背景

国情特点是策划综艺娱乐节目首要考虑的问题，我国与西方国家社会制度不同，文化背景、价值体系、生活方式不同，这些都决定了我国综艺娱乐节目内容与西方国家节目中的许多内容有较大差异。

“寓教于乐”是中国电视的文化传统。东西方思想上的差异导致同样的节目内容会产生不同的反应。例如，中国电视观众对国外观众所欣赏的节目中选手之间的钩心斗角不太喜欢，希望在电视节目中看到人类真善美的一面，这也是屏幕上表现人物真挚情感的谈话类节目、表现人物博学多才的益智类节目比较受欢迎的原因。与此同时，我国现阶段的受众还无法将打上“真实”标签的真人秀节目与一般的纪实节目区别开来并将之视为一种娱乐形态，所以我国真人秀节目往往会与国外同类节目有很大差异。

鉴于现有的社会状况，国家有关部门也对电视综艺娱乐节目进行了控制和引导。比如对奖金的额度以及奖励的形式都有限制，对于某些表现内容和游戏规则也有要求。节目策划人只有掌握了这些情况，才可能知道节目中哪些可以做，哪些不可以做。①

因此，我国综艺娱乐节目有自身的特点，如内容设计尽管也有奖励，但更多以体验为主。当个体体验扩大为群体体验时，节目就可以通过对参与者心理状况的深入挖掘和表现，形成与受众的广泛互动。这样的定位使真人秀节目的发展空间更广更大，在人们日常生活的期待、改变、困惑中寻找创作的灵感。

(二)规则的设置

综艺娱乐节目中的竞技类真人秀节目与其他游戏竞赛类节目相比，最为独特的便是通过规则的设置、赛制的设计，集中展现丰富的人性。在竞技类真人秀节目中，赛制作为节目的主体贯穿整个赛季，赛制包括海选、组队赛、队内 PK、队外 PK、复活赛、半决赛、决赛等。选手通过比赛层层晋级，其间的残酷性、激烈性是相当有看点的。《中国好声音》等一系列节目都属于大型选秀类竞技真人秀音乐节目。

以浙江卫视《梦想的声音》为例，节目弱化了竞争，突出了梦想，这也决定了节目的走向和风格：弱化了竞技环节，规则相对简单，倾向于人性化的设置。为了增加节目看点，导演会强化 PK 的元素，素人歌手通过一次竞演完成所有的竞技环节，基本能达成最后的演唱愿望。观众能够看到更多的怀有梦想的人在舞台上进行展示，而不仅仅是同样的一群人在舞台上进行无限轮次的表演。到了《梦想的声音》第二季，节目为选手提供梦想的升级，有专业音乐制作人为选手量身打造原创专辑，和第一季相比这对平台的要求有所提高。

《梦想的声音》节目策划有两个独特的制定：一是专业性制定，二是娱乐性制定，其中都包含了规则设置的呈现。首先，专业性制定。在综艺娱乐节目中，音乐类的节目最为观众所熟悉，同类型的好看的节目非常多，要想在《中国好声音》《我是歌手》这些已经形成品牌效应的节目中脱颖而出，《梦想的声音》必须做到“人无我有，人有我优”。因为前期播出的音乐类节目已经将观众的审美水平提升至一定高度，要想做到既让观众感到专业，同时又不艰涩难懂，节目组需要从三个方面入手。专业性体现之一：过三关。第一关是观众关，全场超过一半的观众认可，素人歌手才能和观众、评委

① 游洁.电视策划教程[M].北京：中国传媒大学出版社，2007：300.

见面;第二关是专业歌手评委关,当素人歌手和评委见面后,要通过三位评委的认可,并且向其他梦想专家推荐其挑战对象,素人歌手才有机会和嘉宾进行 PK;第三关是梦想观察团关,梦想观察团中专业音乐创作人对素人歌手的要求比专业歌手评委的更高,考察素人歌手的综合能力更多。节目为了保证专业性,在规则设置上层层升级,每一环节都有各自的任务和功能。专业性体现之二:歌手的演唱水平和创作水平。明星歌手和素人歌手拿到竞演曲目之后,携专业团队量身打造,团队的默契程度、专业性和服务性与其他音乐类节目相比优势显而易见。专业歌手的演唱水平、改编能力也为节目提供了可看性和变化性。专业性体现之三:歌手的表演。节目中歌手的现场表演效果属于演唱会级别,歌曲的改编和歌手的服装、化妆、造型等都非常吸引观众。如专业歌手张惠妹在表演梅艳芳的歌曲《放开你的头脑》时,身穿白衣,手握权杖,舞台魅力十足,这种专业的表演会让观众深深地沉浸其中。

其次,娱乐性制定。《梦想的声音》的娱乐性是从炫酷的舞美、嘉宾心理、选歌方式、公平法则和人性化设置五个方面呈现的。娱乐性呈现之一:极具科技感的舞美空间设置。节目空间包括表演区、副表演区、评判区、观察区和观众区,所有区域都体现了宇宙概念,非常符合年轻观众的审美标准。另外,场内移动的屏幕可以实现震撼人心的视觉效果,每一次屏幕的合并说明推荐了一位演唱嘉宾,将规则视觉化是非常新颖的设计,也增加了比赛的激烈程度。娱乐性呈现之二:嘉宾心理的展现。素人歌手演唱水平高超,观众可以看到明星歌手在遇到强劲对手时候的心理活动,这是非常有意思的。娱乐性呈现之三:“惊曲榜”的设定和选歌的方式。“惊曲榜”是由网民投票产生的,在 12 期节目当中每期选歌环节的规则都不一样,嘉宾无法抓住选歌规律,很容易选到不适合自己风格的歌曲,这种效果会让观众产生强烈的期待感。娱乐性呈现之四:限时改编歌曲。节目组为明星歌手制定三个小时内完成歌曲改编表演的规则,能够实现素人歌手和明星歌手 PK 时的公平性。娱乐性呈现之五:规则的人性化制定。综艺娱乐节目的规则要根据节目定位来制定,因为《梦想的声音》以梦想为定位,在规则之外有人性化的设置,会让观众感觉节目很温暖,比如有的素人歌手没有通过最终考核,但是评委为了帮助素人歌手实现梦想,会使用手里的梦想通行证让素人歌手直通演唱会,帮助他们实现梦想。设置特权规则的前提是节目一定要有特别明晰的定位,如此才不会让观众感觉有失公平。

竞技类综艺娱乐节目规则的设置还要能够制造一定的悬念。可以在节目过程中和结尾分别设置阶段性悬念和终极悬念，但是规则制造的悬念不能太离谱，要使节目具有可控性和可比性，要保证PK双方力量不能太过悬殊，尽量通过规则的设置保证比赛的公平性。

（三）纪实元素的运用

综艺娱乐节目中的真人秀节目形态以纪实方式取胜。真人秀节目通过借鉴纪录片领域常用的拍摄技巧和叙事手法，运用纪实性长镜头真实地将节目内容呈现在观众面前。此类节目中“人”是表现的核心，节目策划要通过设计规则和场景，制定初步脚本对人物和进程进行控制，调动人物表演、掌握人物心理调整技巧，懂得和运用制作技巧实现节目的观赏性和娱乐性。国外的真人秀节目特别注重细节的策划和捕捉，人物的微笑或者肢体动作都可以暴露最隐秘的心理，这也是真人秀的看点。那么，就可以在矛盾集中、人物众多的场景当中采用多机位拍摄，每位摄像师分工明确，以便获取后期剪辑需要的镜头。例如，在美国全国广播公司制作的《学徒》节目中，大老板唐纳德将参赛者带到了一家广告公司，当他与广告公司的负责人讲解任务时，七组参赛者或者神情专注，或者兴高采烈，或者踌躇满志，一个原本简单的过场段落因为插入参赛者的反应镜头而显得有声有色。

2018年9月25日，由腾讯视频出品的明星真人秀《奇遇人生》和观众见面，节目采用“纪录片+综艺真人秀”的形式，邀请阿雅作为固定主持人，为嘉宾定制独特的人生探索之旅，让观众了解嘉宾的过往。《奇遇人生》的导演赵琦在采访中点明了节目的本质：“你不能把它归类为纪录片，因为它先期有了一个条件的设置，就是把谁带到什么地方去碰见谁……我们在控制这个大的故事方向，所以我们把它叫成真人秀。”《奇遇人生》采用纪实拍摄手法，每一帧画面如同纪录片一样精美，节目组根据嘉宾的个性和形象在世界范围内挑选最适合故事发生的场景，捕捉嘉宾的真实反应进而组织成一个完整的故事。《奇遇人生》采用了非冲突情节设计的叙事策略，导演在每期节目当中利用情绪和环境因素来代替剧情走向，用嘉宾和主持人在途中意外发生的事件来激发嘉宾真情实感的流露。比如在第一季第五期《重获新生》节目中，嘉宾朴树在发现导演的实际拍摄意图和他参加节目的初衷不相符，他的情绪积累到一定程度的时候和节目组“开怼”，后期剪辑将这个过程直接展现出来，没有做任何修饰。这种还原嘉宾最真实的想法和状态，没有台本设计和干预的拍摄手法，将嘉宾与环境、内心的冲突进行纪录，最大程度还原真实，观众可以完整感受到节目内容的呈现，看到清晰的人物关系以及事件走向。《奇遇人生》结局的随意性是另一个明显的纪实特征,常规综艺节目的叙事模式为“悬念—冲突—结局”,但该节目没有刻意追求特定的高潮和结果,而是关注过程中嘉宾的感悟、焦虑、矛盾的呈现,观众在看节目的过程中会感同身受,进而对节目的主题进行理解。在第一季的第二期节目中,嘉宾春夏和阿雅一路追踪龙卷风未果,镜头记录她们一次次满怀希望却又期待落空的过程。这期节目时长为一小时,一直到 54 分钟的时候她们都没有看到龙卷风,这种状况不是人为控制和安排的,也正是这种真实意外的发生才会给观众留下深刻印象以引发思考,展现出纪实真人秀节目的魅力。

国内另一档综艺娱乐节目《我是歌手》,舞台下共有 13 个固定机位、1 个摇臂和 1 个轨道,其中 12 个固定机位都是对着观众席的,加上观众席中的 3 个机位,共有 15 个机位对着观众,几乎可以拍到每个观众的表情和动作。每期 90 分钟的节目,是从 38 台机器拍摄的 400 多个小时的素材中剪辑出来的。此前大火的《中国好声音》,则动用了 26 个机位拍摄选手、评委和观众,每期节目由 2000 多个小时的素材剪辑而成。为了捕捉最真实的瞬间,真人秀节目还常常采用长焦镜头、DV 摄像机甚至针孔摄像头,有的拍摄片段甚至对选手是保密的。

综艺娱乐节目纪实元素的运用,还表现在策划人物方面:既要表现选手之所为,还要让观众知其所思。很多时候,人物的思想是不能完全通过言行体现出来的,这时就要通过面对镜头直接陈述的方式进行表达。但类似的做法不是在拍摄现场临时决定的,而应该在策划方案中有所体现。如果将人物访谈与事件的进展交叉剪辑,就可以产生很好的效果,这种手法在国内外的节目中被广泛运用,比如将某一人物叙述行动时的心理的语言配以他行动的画面,就会产生一种近似内心独白的戏剧效果。综艺娱乐节目的纪实理念是以真实性为根据,运用纪实手法展现节目过程中的真实。在如今泛娱乐化的市场背景下,有些节目为了追求高流量、高话题度,“秀”的比重大幅提升。纪实元素的添加可以强化综艺娱乐节目的纪实理念,可以反映嘉宾在节目中细腻的心理变化,可以帮助节目在叙事重点与非重点的分配之间找到一个平衡点。

第二节　综艺娱乐节目策划的新理念

随着新媒体的蓬勃发展,综艺娱乐节目制作环境以及条件发生了很大变化,由于受众分流和广告分散的影响，节目形式以及内容生产迎来了全新的制作模式和理念。在融媒时代，综艺娱乐节目策划必须将互联网思维贯穿始终，运用新媒体运营方式，不断提升综艺娱乐节目的原创能力，创新节目元素与模式，突出嘉宾个人魅力，持续吸引受众。

一、题材选择的新趋势

在当今智能融媒体、新媒体视频时代中，综艺娱乐节目产业分工的进一步细化，使得综艺娱乐节目在题材选择方面呈现出新的发展趋势。

综艺娱乐节目产业细分的第一个层面体现在节目形成了四级传播渠道联动机制。第一级：电视屏幕主要负责生产头部内容，利用超级宣传推广平台做一些精品创作工厂；第二级：微信微博互联网平台成为综艺娱乐节目宣传以及注意力竞争的战场；第三级：各大视频网站通过购买、自制等途径获得优质内容；第四级：利用今日头条以及各大短视频平台实现大综艺娱乐节目之间的拆分和精准到达。在这四级传播渠道当中，电视和内容生产端是后续一切深度开发的基础，产业链的核心是生产能力。产业细分的第二个层面是户外真人秀回归棚内。这是因为观众的审美发生了变化，属于从户外移到户内的形式的创新。另外，之前赞助商认为户外真人秀和音乐类的综艺娱乐节目也许更容易吸引观众，随着市场的不断成熟，赞助商发现具有高品质的综艺娱乐节目有着庞大的垂直用户。因此，有些综艺娱乐节目开始回归棚内并且取得成功。所以，综艺娱乐节目的题材选择比模式选择更为重要。产业细分的第三个层面是文化类综艺娱乐节目的崛起。《朗读者》《国家宝藏》等多个爆款文化类综艺娱乐节目表现出大众审美在文学美学方面的回归，中央电视台在题材选择上紧紧抓住了大众审美趋势的变化从而获得成功。同时，这种趋势也反映出综艺娱乐节目在选题上呈现专业化、小众化、差异化的发展方向，使节目制作得以创新并且获得成功。比如，浙江卫视《演员的诞生》实现的是正剧老戏骨和年轻演员同台竞演，《朗读者》实现的是高雅艺术和综艺化表达方式的融合。

二、大数据在内容生产中的应用

大数据作为一种革新力量，已经不断参与综艺娱乐节目制作与播出的各个环节，并且对传媒行业发展产生了巨大影响。大数据在变革综艺娱乐节目内容生产，改变节目的生产形式方面承担着越来越重要的任务。随着综艺市场竞争的日趋激烈,一档综艺娱乐节目要想获得观众的持续关注,必须要有更多新的思路。在信息爆炸性增长的背景下,综艺娱乐节目可以借用大数据挖掘和撬动受众不断变化的收视需求,实现综艺内容的多样性,提升内容生产效率,改善用户体验等,为大明星、大制作、强者恒强的市场规律锦上添花。

在实际操作中,大数据可以对受众的媒介使用行为进行“数据化”处理,进而帮助策划者更加精准地把握市场状况,在策划阶段获取收视群体的偏好,从节目源头把握准确走向。以上海东方卫视推出的大型励志体验真人秀节目《极限挑战》为例,在第一季节目播出后,制作团队通过微博大数据,准确捕捉到观众对黄渤、孙红雷等六位明星“三精三傻”的评价,并且在第二季节目策划中加以巧妙设计,因此节目在第二季刚开播就创造了收视新高。大数据成为综艺、粉丝和制作团队之间的纽带。另外,大数据还可以为内容生产者提供海量的节目线索。以中央电视台推出的《等着我》为例,该节目没有其他类型综艺娱乐节目的炫酷舞美和热闹喧嚣,但它巧妙利用大数据,将电视、纸媒、广播、网络等连接在一起,组成具备国家力量的全媒体寻人平台。该平台除了对节目当中的案例进行传播、推广和报道外,还发布各类寻人启事。尽管最终只有 150 个最具代表性的寻人故事在节目中呈现,但是越来越多的寻人信息开始出现在《等着我》打造的大数据平台上,产生了很好的社会效果。此外,浙江卫视大型原创音乐评论节目《中国好声音》衍生出来的访谈节目《酷我真声音》也是根据大数据来挖掘关注度较高的学员,通过访谈让这些学员直接解答观众的疑问,极大满足了观众的好奇心,创下了收视佳绩。

互联网的迅猛发展为我们带来了诸多便利,大数据的兴起和运用使综艺娱乐节目在内容策划和生产方面产生诸多令观众满意的作品。综艺娱乐节目在对大数据的应用过程中,呈现出定位精准化、形式个性化、录制精致化特点,节目策划更贴近受众的偏好,节目发展有了新的视角与方向。虽然大数据技术不可能覆盖整个综艺产业,却让综艺娱乐节目的生产者们告别了传统的单方面制作模式,转变策划理念,融入互联网思维,从源头上把握观众的喜好,更好地迎合“互联网+综艺”这一大趋势。

三、剧情化模式的深度设置

我国最早的真人秀节目主要有户外挑战、竞技闯关、歌唱选秀三种类型。随着越来越多"现象级"真人秀节目的出现,一个全新的职业——综艺编剧开始被大众所关注,这一职业是伴随着韩国综艺娱乐节目的引进而出现在国内的。湖南卫视的《爸爸去哪儿》最早编排了剧情元素。四川卫视推出的体验式真人秀《咱们穿越吧》中,八位嘉宾"穿越"不同朝代,体验不同时代的民俗和风土人情,独特的故事和角色使节目的收视率不断上升。浙江卫视的户外竞技真人秀节目《奔跑吧兄弟》是国内综艺领域首个设置"编剧"职位的节目,也是第一个实行总编剧中心制的节目。随着真人秀节目的不断发展,竞争行为的简单记录和加工已经不能满足受众需求,他们希望看到故事的效果,东方卫视推出的互动励志体验式真人秀节目《极限挑战》被认为是真正意义上的剧情化故事走向推动节目发展,实现了"真实"与"表演"之间的平衡。

真人秀节目中剧情化设置的方式有利于巧妙推动节目的叙事进程,让参与者在真实与本真化表演之间实现一种平衡。剧情化的本质是叙事学方法在电视节目制作中的一种表现形式,由参与节目的角色、叙事情境、矛盾冲突和情感内核等因素有机构建而成。[①] 以《奔跑吧兄弟》为例,据该节目的综艺编剧介绍,他们的工作就是主题设置和游戏策划。每一期设定的主题、请哪些嘉宾、玩哪些游戏、需要哪些道具以及游戏的具体规则,都需要综艺编剧来策划完成。进入录制现场后,综艺编剧需要交代清楚游戏规则,但游戏怎么玩、输赢结果等完全是现场自然发生的。[②] 只有这样,才能最大限度地还原真人秀所谓的"真"。当然,在实际操作中,除基本的节目设置外,综艺编剧还要从互联网的海量信息中及时捕捉有用信息,同时结合艺人们在节目中展现出来的性格亮点,于后续节目设置中提供更多机会并对其进行强化。第一季《极限挑战》节目选取当下热点事件和社会话题,运用现实时空设置情境,让观众产生一种熟悉感,引发共鸣。例如,第一期节目以"时间都去哪儿了"为主题,借用美国著名导演安德鲁·尼克尔执导、2011 年上映的电影《时间规划局》为外壳,以嘉宾为了延续生命为主线,上演了一场另类的时间规划之战。第二期节目主题为"继承者之战",来源于当时热播的韩剧《继承者们》,六位嘉宾与韩剧中完全不同的继承者角色所带来的颠覆性表现,在这个情境中碰撞出了别样火花。除此之外,《极限挑战》的叙事情境还体现为开放式社会环境的运用。《极限挑战》节目中的情境设置是开放式的,选取的场景基本上是市民活动比较频繁的公共区域,比如外滩、步行街、商场、各大标志性建筑等,这些

① 胡蕾,胡蓓.剧情设置在《奔跑吧兄弟》中的运用[J].青年记者,2015(08):42-43.

② 《奔跑吧兄弟》总编剧揭秘综艺编剧法则[N/OL].新闻晨报,(2016-05-12)[2018-03-24].http://3g.ifeng.com/news/sharenews/f? aid=109121117&mid.

地点的选择使节目社会情境的开放和包容得以充分体现，并且推动了情节的多样化发展。《极限挑战》第二季第十一期节目主题为“漫步人生路”，极限六兄弟用一天的时间“过完”了一个平凡男人的一辈子。孙红雷身陷夫妻矛盾，黄渤夹在婆媳中间处处为难，黄磊作为“普通上班族”拎着早饭挤地铁……节目中“极限男人帮”的人生路走到“中年阶段”的情景，被观众广为热议，引发观众强烈共鸣。节目通过事件设置推动剧情发展，使明星嘉宾比拼智力与策略，为观众营造一场剧情综艺的头脑风暴。“极限男人帮”的实力演绎，使节目有了剧情和人物关系，通过对人物关系的多元化建构，塑造了鲜明的人物形象。随着观众欣赏节目的需求不断提升，一档综艺节目若想获得观众的青睐，在有好的节目模式的前提下，需要适度加入剧情的编排，但却不能有失真诚。因此，“编”而有“度”是综艺编剧们在设置剧情时必须注意的关键点。

四、数字技术提升受众体验感

除去节目本身制作精良外，运用数字技术打造全媒体平台，增强受众体验感和参与感，已成为各大卫视进行自我宣传、提升品牌价值和影响力的重要方法。[①] 目前，不少综艺娱乐节目已在策划中融入新技术，比如虚拟演播室、全息投影、虚拟现实（Virtual Reality，简称 VR）、网络直播等。这些数字技术在“互联网+综艺”的催化下，产生了许多更具科技感的玩法，极大地增强了受众的体验感。

2016 年可以说是虚拟现实元年，市场研究分析机构 SuperData 联合开发平台 Unity 发布的一份关于 2016 年虚拟现实市场的报告指出，虚拟现实市场在 2016 年总产值达 18 亿美元，而 VR 头显设备的总销量达到 630 万台。[②] 2016 年 3 月，李虎跃导演和合伙人王竞瑶邀请独立策划人薛宝海用 VR 技术打造综艺娱乐节目，经过一系列探讨，总策划薛宝海和导演商定，节目的氛围和气质要做成欧美大片的感觉，节目的定位、配乐、视觉效果、道具、剪辑都要高品质，在明确定位之后深耕内容，才能充分发挥 VR 技术的作用，带给观众极强的体验感。

湖南卫视音乐竞技类综艺娱乐节目《我是歌手》第四季，第一次使用 VR 技术全方位多角度进行记录。节目录制期间，节目组在舞台周围和歌手的房间内设置了 20 台

---

① 李冰.新媒体环境对电视节目制作与传播的影响[J].中国电视，2014(09)：17-19.

② 白皎伟，史佳烨.综艺界的 VR 挑战者——专访国内首个 VR 综艺节目《终极读心术》总策划薛宝海[J].数码影像时代，2017(02)：50-55.

全景机位以及电影级别专业摄影设备,拍摄捕捉现场氛围、舞台灯光音效等所有细节。在文博会芒果 TV《我是歌手》VR 专区展台,参观者带上 VR 眼镜按住鼠标或者使用手指轻轻拖动屏幕,便可以全角度了解舞台、歌手、观众以及现场布局等情况,有身临现场的视听感受。在大量硬件设备开始进入千家万户的时候,用 VR 看什么,变成了更为重要的问题。中央电视台大型科学挑战类真人秀《加油！向未来》的发布会现场,设置了 VR 技术体验区,凸显节目的科技感和科学性。据节目总导演王宁介绍,《加油！向未来》不只是在发布会上使用 VR 技术,整季节目都会制作成 VR 视频内容在平台上同步播出。而浙江卫视的《中国新歌声》也制作了裸眼 3D 版和 VR 版,同时开设了直播平台来增加互动。

可以说,VR 与直播已成为互联网与综艺深度合作最直接的产物。VR 技术营造的 360 度浸没感和直播技术带来的零时差交互体验,极大地满足了用户观看综艺娱乐节目的体验需求。正如策划人薛宝海所言:“VR 是一种新的技术、新的创作手法,但它不仅仅属于新的 VR 从业者,像我这样一个传统的媒体人,也应该加强 VR 的研究与实践,发挥专业所长,努力创作优质的 VR 内容。”①媒体人,更要敢于挑战。

第三节　综艺娱乐节目策划思路的转型

20 世纪 90 年代以来,我国电视综艺娱乐节目在节目理念、节目内容、操作模式和宣传模式等方面一直在进行着改变。在人们物质生活水平不断提高的同时,电视综艺娱乐节目也在不断更新换代,以满足观众越来越多样化的需求。② 随着新媒体的不断发展,各大视频网站推出多档原创综艺娱乐节目,传统电视综艺娱乐节目受到冲击,面临着前所未有的困境与挑战,综艺娱乐节目一直在寻求自身的突破。

一、从快综艺到慢综艺的迭代

快综艺是以竞技为主、快节奏的一类综艺娱乐节目,其特点是不断加快节目进程,以竞技、对抗为节目底色,同时节目通过设定种种选拔性环节对嘉宾进行各种维度的

① 白皎伟,史佳烨.综艺界的 VR 挑战者——专访国内首个 VR 综艺节目《终极读心术》总策划薛宝海[J].数码影像时代,2017(02):50-55.

② 胡智峰.电视节目策划学[M].上海:复旦大学出版社,2012:92.

区分,进而营造出竞争的紧迫感,配合后期快节奏的剪辑处理,使观众快速沉浸其中而无暇思考,最终获得一种紧张感宣泄之后的短暂平静。慢综艺则相反,抛却了对抗、竞技,离开了精心设计的游戏场景,留下来的是更具生活气息的家庭场景,无论是家人共进晚餐,还是数个好友完成农活,在这里,具体的情境和任务都成为虚景,关注的焦点重新放在了人身上,更加注重节目参与者在其中的内心体验。[①] 慢综艺的“慢”更多指向一种理念,其策划不仅体现在环节设定、实际空间、任务设置等层面,还要有机地营造节目整体的艺术形象,更多表现慢生活的文化价值和社会价值取向,而不能只把“慢”当作节目的标签。

湖南卫视、合心传媒倾力打造的《向往的生活》一经播出,收视率便占据全国同类综艺节目第一,节目建构了慢综艺的艺术空间,描绘了都市空间之外的村居生活的美好图景。节目策划中的塑造人物、设置场景、营造田园生活氛围都是非常成功的:黄磊搭着毛巾,汗如雨下地在灶台边挥舞着锅铲;彭昱畅坐在灶口生火扇风, 吹了一鼻子灰;何炅戴着草帽下地干活……每一个画面都能激发 80、90 后观众的思乡之情和对田园生活的向往。节目通过明星对不同地域农耕生产生活细节的完整展示,不仅构成域外人的差异性体验,更将明星的这种体验直观地分享给受众。在这样的场景设置下,观众可以感受不同地域四季的交叠更替,品味独特地道的美食,体会迥异的礼仪习俗。蘑菇屋家人以及客人需要共同努力劳动收获各种农作物和食材,与小 h(小狗)、小 o(小狗)、点点(山羊)等宠物一起经营温馨和谐的农家田园生活。慢综艺通常会准确定位主嘉宾以塑造人设,反城市、反竞争、反娱乐,立足于日常生活的普遍真实,从而突破当前快综艺节目所追求的竞争与冲突,使节目获得观众的喜爱。

随着工作压力越来越大、生活节奏越来越快,人们开始反思,生活是否有另外一种选择和可能性。由于现实生活中的人们有了这种需求和期待,综艺娱乐节目便创新表达方式和策划思路。从《快乐女声》《奔跑吧兄弟》到《花儿与少年》《向往的生活》《中餐厅》,观察类真人秀等慢综艺成为新的潮流,这类节目相对快综艺来说“更有回味的空间”。将明星放置到相对宽松的环境,让他们去旅行、学做菜、做农夫、修房子、开客栈……呈现出相对真实、自然的生活状态,能吸引观众的关注。2017 年 7 月,湖南卫视推出的明星经营体验节目《中餐厅》开播,节目主线是五位明星在国外或国内某城市经营一家中餐厅以宣扬和推广中华美食。《中餐厅》中的名星也是生活中的老友,

---

① 张峥,张金尧.想象与替代:对国内慢综艺热的冷思考[J].当代电视,2020(12):65-67.

朋友之间的相处之道和精心烹饪的中华美食都是节目不错的看点。慢综艺作为一种新兴的综艺娱乐节目形式,主打的是节目内涵和人文情怀,应在坚持初心的基础上不断创新,选取积极向上的主题,在策划中融入正能量,融入公益元素,直面当下观众关注的社会性问题,引起广泛思考。同时,节目策划还应注重节目主题的呈现方式,注重节目主嘉宾的人选,明确节目的最终目标,设定合情合理的行动线,使节目的一切顺理成章,经得起市场的考验,培养观众的观看忠诚度。

二、综艺娱乐节目老年题材的另辟蹊径

目前,国内综艺市场开始拓展老年题材节目,从选题策划、内容呈现、制播形式等方面全方位升级,在创作视角和理念方面更具问题意识。随着《花样实习生》《忘不了餐厅》相继开播,老年题材综艺娱乐节目开始进入观众视野。

于 2020 年 7 月 10 日播出的《花样实习生》,是由东方卫视、哔哩哔哩、文火传媒出品的职场代际观察类真人秀。节目中,蔡明、吕良伟、韩乔生三位艺术家以实习生的身份"触电"Z 世代的职场生活和职场人生,与 90 后朋友做同事,一起碰撞出一部"社畜"进化史。节目策划以三位艺术家和 90 后职场员工的角色碰撞为看点,既有戏剧性又有悬念。节目宗旨是关注两代人在职场中的交流碰撞,强调以艺术家为代表的 50 后、60 后积极乐观、敢于挑战未知的生活态度,这是"无畏年龄"的底气,也是"打破边界"的勇气。2019 年,东方卫视推出了首档关注认知障碍的纪录观察类真人秀节目《忘不了餐厅》,这是一档综艺感不强但非常具有正能量的节目,宗旨是唤起人们对认知障碍者这一特殊老年群体的关爱。《忘不了餐厅》在豆瓣的评分为 9.4,五星率 75. 2%,在腾讯视频的单期播放量最高达 8566.8 万次,微博上 #忘不了餐厅 # 话题阅读量超过 17.8 亿次、讨论量 47.7 万次,可见其受欢迎程度。①

在国际综艺节目市场,老年题材的综艺娱乐节目涌现出一些获得认可的节目模式,目前比较流行的大致分以下几类:

第一类是老年人的才艺展示类。这类节目邀请身怀绝技的老人登台表演,表演的内容是年轻人都难以完成的高难度项目,以此打破观众对于老年群体的固有印象,带给观众心灵上的震撼。例如英国曾于 2014 年推出一档主打代际才艺竞技的节目《老

① 李雅娴.我国媒体传播在人口老龄化问题中的作用——以《忘不了餐厅》为例[J].新闻研究导刊,2020(05):97-98.

当益壮》，节目中那些宝刀未老的老年人，往往把由明星组成的年轻人队伍“虐”得不轻。美国主流电视网于2017年推出的《小小大明星：永远年轻》则脱胎于曾在全球热播的少儿才艺展示类节目《小小大明星》，只不过这次把主角换成了老人家。每期节目邀请五位老人登台，展示他们所隐藏的天赋才艺，同样取得了不俗的收视效果。①

第二类节目则是从代际沟通、文化差异的角度出发，着重刻画老年人与当下社会的相处磨合，展现两代人价值观的碰撞。例如，韩国曾于2013年推出一档旅行类真人秀《花样爷爷》，在节目中，有着50多年演艺生涯、平均年龄高达76岁的演员们通过背包旅行的方式开启一段别开生面的趣味旅行。目前该节目模式已输出至美国、英国、法国、芬兰等10余个国家。2017年，荷兰也推出了一档高龄老人旅行真人秀《八十岁环游世界》，节目邀请五位从来没有离开过家乡的八旬老人结伴踏上环球之旅，体验异国文化，合力完成愿望清单。而2016年在英国播出的《现代社会奶奶进阶手册》则是一档旨在帮助老年人理解现代潮流生活、融入现代社会的节目。在节目中，老人们一次次地去体验年轻人的活力世界，造成强烈的戏剧反差，让节目不但充满趣味性，更引发人们的反思。

第三类节目选择了一个更加讨巧的路线，即展现人生进入老年阶段的这一过程。这些节目往往会运用一些科技手段或特效化妆手段，让中青年群体“穿越体验”老年生活。例如，荷兰一档谈话节目《我的生活》每期邀请一对名人情侣，借助科技预测和化妆技术，模拟出他们25年、50年后的容貌。通过容颜的老化展现岁月的无情变迁，给嘉宾带来强烈的视觉冲击和心理震撼，并在此状态下对其进行访谈，走入他们的内心世界。目前，该节目模式版权已售往俄罗斯、德国等10余个国家。无独有偶，2016年韩国MBC也推出一档主打“时间旅行”的综艺节目《未来日记》，在节目中，嘉宾被画上精致的老年妆容，搭乘“时光机”，按照“时间旅行”的方式体验一天未来的老年生活。这类社会实验性质的节目既给观众带来新鲜感，又有强烈的情感冲击力，赋予了老年题材综艺娱乐节目新的活力。

根据研究机构预测，中国老年人口消费潜力将从2014年的4万亿元猛增至2050年的106万亿元左右，占GDP比重也将从8%增长到33%左右。随着老年人消费能力的增强，“银发经济”蕴含巨大商机，而包括综艺娱乐节目在内的精神娱乐消费也将成为其中的重要组成部分。以老年人为主体，关注老年人生活状况，满足老年人精神需

① 胡明鑫.“夕阳”变“朝阳”：老年综艺节目市场发展管窥[J].电视研究，2019(08)：74-76.

求,需要综艺娱乐节目策划兼具人文关怀与社会效益。从国外的节目案例可以看出,老年题材本身有巨大潜力可以挖掘,一样会具有可看性和趣味性。总体而言,随着国内人口老龄化进程加快,老年群体消费力不断攀升,老年题材的综艺娱乐节目即将进入快速发展的时期。

一档成功的综艺娱乐节目,不仅要兼顾娱乐价值,还要在文化价值和社会价值上发挥影响力。综艺娱乐节目不应该只有热闹,还要在更高层次上弘扬主旋律和正能量。

思考题

1.策划综艺娱乐节目时需要考虑的元素有哪些,举例说明。

2.如何理解综艺娱乐节目策划中“编剧”的理念?

3.慢综艺创作思路的核心是什么?

第三章　综艺娱乐节目主持人素质要求

要点提示：

本章介绍综艺娱乐节目主持人应该具有的思想素质、文化素质、专业素质、身心素质等。其中，思想素质包括政治素质、职业精神和职业道德、人文素养等；文化素质包括教育背景和知识结构、生活阅历和学习能力等；专业素质包括语言素质、思维素质、亲和力、艺术修养等；身心素质包括身体素质和心理素质。希望本章内容能为综艺娱乐节目主持人的培养提供思路。

20世纪80年代初期，综艺娱乐节目在中国初露端倪。1990年3月14日，我国内地的第一档综艺节目——《综艺大观》(*Super Variety Show*)开播，自此，综艺娱乐节目主持人正式进入大众视野。随着我国广播电视事业的飞速发展，一批批具有独特魅力和个性风格的优秀主持人涌现，为主持人队伍不断注入新鲜血液，其中不乏李咏、王小丫、李佳明等优秀的综艺娱乐节目主持人。他们与节目相得益彰，不仅得到了业内人士的肯定，而且得到了观众的关注，逐渐成为家喻户晓的"名嘴"。在耀眼的光环下，我们应该清楚地认识到他们的成功绝对不是轻易得来的，而是建立在其自身所具有的综合素质和文化修养的基础之上的。

素养，即素质和修养，一般指人在质的方面的物质要素和精神要素的总和以及一个人在理论、知识、思想、政治、道德、艺术、技能等方面经过长期锻炼、积累所达到的一定水平。①

① 姚喜双.播音学概论[M].北京：北京广播学院出版社，1998：170.

近年来，人们生活节奏越来越快，心理压力也越来越大。综艺娱乐节目因可供观众消遣娱乐，受到人们的广泛关注，并取得了较快的发展。同时，这种发展也对综艺娱乐节目主持人提出了更高水平的要求。

第一节　思想素质

思想，即思维活动的结果，相当于理性认识，一般亦称为“观念”。它是指客观存在反映在人的意识中经过思维活动而产生的结果。具体到主持人的思想素质，则是指主持人的思想见解、思想意识、思想水平及思想境界。①

如今，综艺娱乐节目正大量占据电视的黄金时段，周末打开电视，几乎每个频道都有综艺娱乐节目在播放。正因如此，我们更不能因综艺娱乐节目较强的娱乐性而忽视其对主持人思想素质的要求。2014 年 10 月 15 日，习近平主席主持召开文艺座谈会并发表重要讲话。他指出，广大文艺工作者要高扬社会主义核心价值观的旗帜，把社会主义核心价值观生动活泼、活灵活现地体现在文艺创作之中，用栩栩如生的作品形象告诉人们什么是应该肯定和赞扬的，什么是必须反对和否定的，做到春风化雨、润物无声。只有具备良好思想素质的综艺娱乐节目主持人，才能把握正确的政治方向，自觉传达主流价值观。

一、政治素质

电视节目主持人服务于党领导下的有中国特色的社会主义电视事业，虽然主持人的传播有个性化特色，但是主持人工作的根本属性和“喉舌功能”不可有丝毫动摇。他们通过大众传播渠道担负着向社会与公众传播新闻信息、引导和坚持正确的舆论导向、提供社会娱乐与服务的任务。主持人的工作和新闻记者、播音员一样属于意识形态的范畴，这一点，应该引起主持人们的高度重视，任何随意的玩笑和不负责任的言行都会对社会和个人造成严重的危害。②

综艺娱乐节目主持人与其他类型节目主持人在素质要求上，既有共性，也有个性。思想素质是节目主持人共同的素质要求之一。播音员（主持人）每天都在宣传党的路

① 吴郁，等.电视节目主持人的综合素质研究[M].北京：中国广播电视出版社，2007：34.

② 吴郁，等.电视节目主持人的综合素质研究[M].北京：中国广播电视出版社，2007：34.

线、方针、政策,传达国内外发生的各种信息。播音(主持)创作是一项创造性的新闻实践活动。这就要求播音员(主持人)应具有较高的政治水平和思想修养,较强的政策观念和新闻敏感。[①] 否则就会迷失方向,出现各种错误。

2003 年 2 月 25 日,湖南人民广播电台经济频道《心灵之约》节目正在进行直播,主持人罗刚忽然接到一个电话谎称要谈“中日友好关系”,在约定的三分钟的时间里,这位自称“小原真太郎”的人却大发反华言论,直到三分钟以后,罗刚才进行反击。节目播出后,引发了听众尤其是青年听众强烈的愤怒情绪,主持人罗刚和导播因为工作出现严重错误,而被开除公职。

罗刚的错误在于没有及时挂断这个恶意电话,而产生这个错误的根源在于主持人思想素质不过硬,在这次事件中缺乏应有的政治敏感,喉舌意识和导向意识淡薄。

2006 年足球世界杯比赛期间,北京时间 6 月 27 日凌晨,在意大利同澳大利亚的 1/8 决赛中,足球解说员黄健翔出格的“激情”解说令人震惊,引起观众不满。当晚,张斌在《豪门盛筵》节目中宣读了黄健翔写给广大球迷的道歉信,他承认:“我的现场解说评论夹带了过多的个人情绪。今早一觉醒来,又重新看了录像带,再次感受到解说中确有失当和偏颇之处,给大家造成了不适和伤害,在此我向观众郑重道歉!”

政治素质决定着节目主持人的发展方向和职业生涯,是节目主持人立足的基本点,缺少了优秀的政治素质,即使其他方面表现出色,也不能成为一名合格的节目主持人。

那么,主持人如何才能具备优秀的政治素质呢?

第一,主持人必须时刻以党的路线、方针、政策为指导,并将其作为自己进行艺术创作的原则和依凭;培养崇高的政治觉悟和坚定的政治立场,与党中央在政策上保持高度一致,把党和人民的利益放在第一位,把党的意志作为自己的最高意志,力图圆满地完成国家交给的传播任务。

第二,主持人应该具备较高的政治理论水平,用马克思列宁主义、毛泽东思想、邓小平理论、“三个代表”重要思想、科学发展观、习近平新时代中国特色社会主义思想

① 张颂.中国播音学[M].北京:北京广播学院出版社,2003:39.

武装自身头脑,指导自身实践,提高自身认识问题、分析问题、解决问题的能力,争取在实践中少走弯路,成为一名思想成熟的媒体工作者。

第三,节目主持人还应当树立起全心全意为人民服务的观念,这也是作为媒体工作者应尽的责任和义务。确立了正确的观念,综艺娱乐节目主持人才能切实保证为受众提供更好的服务,扮演好党的使者以及受众益友的双重角色。

二、职业精神和职业道德

职业精神,包括对职业责任和职业使命的认识与理解,也包括对职业观念、职业态度、职业情感、职业作风的认识与理解。具体地讲,主持人的职业精神和职业道德体现在真正树立起忠于党和人民的意识,坚持党性原则,坚持正确的导向,坚持实事求是的精神,努力做到敬业奉献、诚实公正、清正廉洁、团结协作、严守法纪,自觉维护党的新闻工作的崇高社会声誉和主持人的良好社会形象。

职业道德是一种主要针对职业行为的道德原则和规范。它通常通过人们在职业活动中处理各种职业关系时所表现出来的职业观念、职业态度、职业情感、职业作风以及它们的社会效果反映和体现出来。它是以职业责任为核心的一个综合价值体系,是主持人在职业活动中应当遵守的行为和道德规则。①

2004 年 12 月颁布的《中国广播电视播音员主持人职业道德准则》要求:广播电视播音员主持人应保持谦虚谨慎的良好品格,自觉追求德艺双馨;在工作和生活中保持良好的仪表和文明举止,自尊自爱,树立良好形象,维护媒体公信力;规范使用语言文字,维护国家语言文字的纯洁。同时规定,播音员主持人不得将自己的名字、声音、形象用于任何带有商业目的的文章、图片及音像制品中。

主持人是一档节目的灵魂。作为节目各个环节的协调者,主持人应是先进文化的传播者、媒体意志的体现者、国家政策方针的拥护者。主持人一定要具备良好的职业精神和职业道德,才能更好地引导观众的思想与社会主流价值观相吻合。

三、人文素养

人文素养是思想素质的文化内核,主要指除专业知识与技能之外的其他文化修养

① 吴郁,等.电视节目主持人的综合素质研究[M].北京:中国广播电视出版社,2007:36.

与素质。它是一个人全面素质的综合表现。

主持人在主持节目时一定要对嘉宾和观众展现出自己的人文关怀。这里的人文关怀指的是主持人通过自身的气质、修养、品格、话语让嘉宾感受到主持人的亲和力，从而缓解嘉宾在节目中的不安情绪，以便能和嘉宾更好地交流，给受众带来真正的启迪和欢乐。

中央电视台综艺娱乐节目主持人董卿就在节目《中国诗词大会》中展现了她对嘉宾的人文关怀。

董　卿:宋词原本的面貌，应该是阳春白雪、风花雪月。但是到了辛弃疾的手里，却更添了一份闲情逸致。这里没有酒店有茅店，没有菊花有稻花，没有歌声有蛙声，仕途失意的诗人，却创造了最美好的乡村意境。那么接下来，让我们再一次走进《中国诗词大会》，再一次去感受古人那畅达的人生情怀。

黄明霞:我是一名癌症患者，去年(2016)六十八天(我)做了两次手术，经历了十次化疗，五十次放疗。之后的日子，头发掉到一根都没有了，而且体重增加了三十斤，那样的一种经历，真的是不能用语言可以表达的，那应该是我这辈子最难过的日子吧。我妈快七十岁了，那时我女儿才只有十四岁，日子非常难过。在医院吊化疗的瓶子，从早上八点吊到晚上八点，一吊就是一天。当时有一位语文老师也在医院，她特别喜欢诗词，我跟她说好了，说两个人都好了之后，一起去参加诗词类的节目，可结果她没能挺过治疗，去年过世了。所以我对我自己说，这个节目我无论如何也要来。因为虽说她人不在了，我们的承诺依然还存在。再一个，我女儿当时只有十四岁，我不可能以一种特别颓废、今生就此了结的心态来对待她。我很想给女儿留下一种:癌症并没有什么，我可以面对(的精神)，让她在未来的日子，也可以面对这一切。

董　卿:我们诗词大会，考题当中所涉及的这些我们所热爱的和所推崇的大诗人，哪一个没有经历过忧患和苦难。黄明霞在百人团当中非常普通，普通到快结束了，我今天才偶尔地、无意当中请她发言，却带来了如此感人至深的一段故事。她可能不像我们的很多年轻人，见识广阔,阅历丰富,思维活跃,受过高等的教育,她就是这么普通,普普通通的一个女儿,普普通通的一个母亲,但是她依然战胜了自己人生的苦难,重新又站起来,并且能够坐在我们今天的赛场上,与你们一起同场竞技,认认真真地回答每一道题目,就算你自始至终都不可能站到这里(擂主争夺的舞台),你在我心里也赢了,你是人生的赢家,向你致敬!

董卿用质朴而又真诚的话语展现了她对黄明霞的肯定以及赞赏,她在舞台上向黄明霞鞠的一躬更能够表现出她对黄明霞的尊敬。作为一名主持人,她在节目中展现出的人文关怀,使参赛选手得到了心灵的慰藉,也更好地向节目现场以及电视机前的受众阐释了"智慧源于勤奋,伟大出自平凡"的道理。

无独有偶,中央电视台综艺节目主持人撒贝宁在《开讲啦》中也用自己独特的方式鼓励青年人不要放弃自己的理想。

胡凤娇:冯总(冯仑)你好,我现在的理想真的很简单,就是一家人开开心心、快快乐乐、健健康康地坐在一起。我觉得真实的、实在的幸福是最重要的。我觉得我可能是本场最现实的一个反面教材。

撒贝宁:我必须要告诉你,你刚才说你是本场最现实的一个反面教材,其实恰恰错了。你以为你的理想是很容易实现的、很没有什么分量的吗?不是。和家里人开开心心地在一起过每一天,也许是这个世界上很难很难实现的理想。我做法制节目见过那么多的事情,见过那么多已经成功得在别人看来什么都拥有的人,但是他恰恰没有办法去拥有或者说他永远也追求不到你所说的那种理想。所以坚持它,别放弃!

撒贝宁通过自己的话语表现出对青年代表胡凤娇观点的肯定,肯定了和家人开心快乐地在一起本身就是一种很好的理想,并不是所有人都能够实现青年代表所说的那种理想。一档节目的文化传播正需要这种温暖人心的力量,撒贝宁在节目中的语言处处闪烁着人文关怀的光芒。

节目主持人是大众传播者,是以社会公众形象出现大家面前的。所以一个综艺娱乐节目主持人一定要具有人文关怀,能够以亲切、真诚、友好、平等的态度面对每一位嘉宾和受众。只有满足受众的人文关怀需求，才能真正让受众对主持人产生亲切感、信赖感、依赖感，才能够拉近主持人与受众的距离，让受众认同主持人的社会形象，从而获得更好的传播效果。

第二节　文化素质

文化是人类社会在适应自然和改造自然的过程中不断积累的一切文明成果的总和。所谓文化素质，顾名思义就是人们对这些文明成果的掌握程度以及由此而产生的心态。①

综艺娱乐节目涉及的内容十分广泛，要求综艺娱乐节目主持人必须具备丰富的文化知识和生活阅历。只有打下坚实的基础，才能够在实践之路上应对更多的困难和挑战。对于党的喉舌、人们的重要信息获取渠道——广播电视媒体以及节目主持人来说，不断学习、与时俱进是十分必要的。面对内涵丰富的综艺娱乐节目，主持人应该主动了解、掌握广博的信息和资讯，不断地沉淀与积累自身的文化底蕴，不断增强自己的文化功力，不断提高自己的文化水平。这不仅仅是客观形势的要求，也是整个主持人队伍对自身的要求。

一、教育背景和知识结构

中央电视台节目主持人倪萍曾说过："二十几块钱买个啥？买个吃的一会儿就吃完了，买本书吃一辈子。好的书下一辈子又接着吃。"②一名优秀的综艺娱乐节目主持人，只有不断学习，充实自己，让自己拥有更好的教育背景和知识结构，才能让观众信任你，听你所言。

从我国电视节目主持人的整体教育背景来看，目前绝大多数主持人都接受过正规的高等教育。由于历史原因，我们的主持人队伍中虽然还有一些没有真正上过大学、学历不高的主持人，但现在一些用人单位都把具有本科以上学历作为招收和录用新生代主持人的一项基本标准。如中央电视台人事办负责录用和管理主持人的相关人员表示，在当前的情况下，中央电视台要求主持人的学历在大学本科以上。香港电视广

① 吴郁，等.电视节目主持人的综合素质研究[M].北京：中国广播电视出版社，2007：45.

② 倪萍. 姥姥语录[M]. 北京：中华书局，2011：152.

播卫星有限公司总经理梁志文也表示："聘用主持人的最起码的条件一般是要有大学毕业的水平。"[①]这都足以说明业界对于主持人综合素质中教育背景和知识结构的重视。

主持人的教育背景与知识结构影响着其对节目的掌控把握能力以及传播知识的程度。在《中国诗词大会》节目中，主持人董卿就展现出较高的知识水平，让参赛选手、嘉宾以及观众都大为称赞。

> 在《中国诗词大会》第二季第六场，百人团中一位儿童用清亮的童声唱起《春夜喜雨》，旁边慈爱的父亲轻声应和，整个场景充满温暖而朴实的爱。董卿被这一幕感动，眼里闪着泪花，随口念出了叶赛宁的《我记得》："当时的我是何等的温柔，我把花瓣洒在你的发间，当你离开，我的心不会变凉，想起你，就如同读到最心爱的文字，那般欢畅。"

有人质疑董卿在节目中说的话都是节目组提前设计、写好给她的。面对这样的质疑，专门负责写串词的现场导演王珊直接否定，就连节目请到的评委也在不断地夸赞董卿的学识。假设换一个学识平平的主持人，这档节目恐怕难以获得如此多的肯定和称赞。这说明，主持人拥有良好的教育背景和合理的知识结构才能被大家所认可和接受。

二、生活阅历和学习能力

《辞海》对生活阅历的解释是：一个人在生活过程中所有经历的总称以及由经历获得的社会经验。生活阅历直接影响一个人对事件的处理方式。一个优秀的主持人对节目中突发事件的处理方式，和他的生活阅历息息相关。

学习，按照心理学的解释，是"个体经验获得的过程和结果"，而能力在心理学上则被解释为"顺利完成某项活动的条件"[②]。因此，所谓的学习能力，就是个体在获得经验和知识时表现出来的差别。

主持人是一档节目的灵魂人物，在节目中起到带动性作用。主持人一定要多深入生活，不断丰富自己的生活阅历。主持人具有丰富的生活阅历，才能在节目中更好地

---

① 吴郁，等.电视节目主持人的综合素质研究[M].北京：中国广播电视出版社，2007：46.

② 彼得罗夫斯基，等.心理学辞典[M].上海：东方出版社，1997.

掌控全局,调动现场气氛,处理突发事件时也会更加得心应手。

如果一名节目主持人缺乏生活阅历,就会出现词不达意,或是对嘉宾及观众的话理解不深、听不懂的现象。如果是访谈类节目,就会产生主持人无法与嘉宾交流,嘉宾也不愿意倾诉的状况;如果是大型直播节目,就会出现主持人面对突发事件手足无措的状况。

现如今,活跃在我国电视荧屏上的很多优秀主持人都有着丰富的生活阅历和较强的学习能力,他们知识广博,睿智深沉,综合素质高。如孟非在成为主持人之前就有着丰富的生活经历。

为了生活,孟非不间断地打些短工:送水、拉广告、做保安……后来听一个朋友说开超市挺挣钱的,孟非就到处借钱,开起了小型超市。但由于对这一领域并不熟悉,小超市最终还是于1994年初被迫关门。血本无归的孟非心情沮丧,他觉得仿佛走进了人生的死胡同。该怎么办呢?是坐以待毙还是奋起自救?倔强的孟非选择了后者。他又一次开始到处寻找招工信息,他相信,一定能找到自己的天地!1994年2月,孟非从报纸上看到一则消息:江苏电视台文艺部体育组招一名接待员。孟非眼前一亮,自从在报社的印刷厂工作之后,他一直对媒体心向往之。虽然他知道,接待员的工作最多只是端茶倒水,接接电话,可他还是去报了名。这一次,孟非打工的经历帮了他,身体强壮能吃苦的他很快被录用了,从此成了电视台里的一名临时工。

孟非一直都是个倔强的人,每走一条路,他都不轻言放弃。从1998年开始,他先后换了不少岗位,还做过一档不成熟的谈话节目的编导……这些,为他以后的成功打下了基础。2002年1月,江苏电视台为了提高收视率,决定改《南京新闻》为新闻直播节目,起名为《南京零距离》,时间为一个小时,宗旨是“为平民百姓服务”。一切准备就绪,主持人的选择就摆到了台面上:是沿用原来庄重型的主持人还是重新选择主持人?台领导在这个问题上举棋不定。最后,大家一致决定打破资历、学历限制,在全社会进行公开竞选。孟非用他多年来的经验分析:平民节目,当然要求主持人有平民特色;不一定长得帅,关键是要有底层生活的经验,说百姓关心的话题……而这方面,放眼全台,有谁比自己更有优势?他敏锐地感觉到:机会来了!这将是他从幕后转向台前的一个机会。可是，自己的普通话能过关吗？孟非只犹豫了一分钟就作出了决定：普通话可以学习模仿，那些苦难的经历却是他难得的宝贵财富，是模仿不来的。人生能有几回搏？此时不搏，更待何时？孟非搏对了！面试那天，孟非用诙谐的语调平静地讲述了自己多次打工的艰难经历，尤其讨论了关于打工者的生命、尊严与价值的问题。他胸有成竹地提出了自己做"平民化主持人"的崭新设想，并表示会尽量弥补自己的不足。孟非的一席话抓住了台领导的意图，他们敏锐地意识到孟非的气质与这档节目非常适合。

第一次上电视，孟非是穿着最平常的衣服去演播室的。在一个小时的新闻直播节目中，他手上只有一张新闻串联单，所播内容都是三个小时之内发生的事情，更没有提示器。这么多新闻怎么串起来呢？孟非思考再三，作出一个大胆的决定。他放松了心情，采取一种谁都想不到的方式播起了新闻：他即兴发挥，像拉家常一样把平时的思考和经历变成幽默、精到的即兴点评，串起了节目。台领导和同事们看得心里七上八下：这能行吗？谁也没料到，《南京零距离》由于定位准确，播出第一期就获得了意想不到的效果。观众纷纷感叹从未见过这么有个性的主持人。

丰富的生活阅历让孟非第一次主持节目就能够获得观众的支持与喜爱，让观众赞叹地说"从未见过这么有个性的主持人"。也正是这档节目奠定了孟非的主持基调。

汪涵丰富的主持经历和生活阅历，也使他完美地处理了大型直播类节目中选手突然退赛的事故，并且获得了大家的称赞。

在《我是歌手》第三季的总决赛，汪涵面对孙楠突然退赛，发表了以下言论：

接下来我要说的这段话有可能只代表我个人的观点，而不代表湖南卫视的立场。

我从二十一岁进入湖南广电，所以我觉得自己身上的很多优点和很多缺点似乎都打上了湖南广电的烙印，包括所谓"没事儿不惹事儿，事儿来了也不要怕事儿"。对于一个节目主持人（而言），在这么大一场直播当中，一个顶尖级的歌手、一个顶梁柱一样的歌手，突然间宣布退出接下来的比赛，我想我应该是“摊上事儿”了，甚至是“摊上大事儿”了。

但是说实话，我的内心一点儿都不害怕，因为一个成功的节目有两个密不可分的主体，除了这个舞台上的七位歌手之外，还有电视机前的亿万观众和现场这么多的观众。我之所以不害怕，是因为你们还真诚地、踏踏实实地坐在我的面前，我还可以从各位期待的眼神当中读到你们对接下来每一位要上场的歌手、他们即将演唱歌曲的那一份期许；我还可以从各位的姿态当中感受到你们内心的那种力量。这个力量足够给楠哥，给红姐，给 The One，给李健，给维维，给黄丽玲，给所有的歌手，给彦斌，已经准备好了，会有千万个掌声要送给他们。楠哥，不信，你听。这是我要说的第一层意思。

第二层意思我想表达的是，我虽然不同意楠哥的一些观点，但是我誓死捍卫您说话的权利。所以刚才我由话筒听到那一段的时候，我并没有试图打断您要说的话，虽然我可以这么做。其实每一位歌手来到这个舞台，他都有权利选择我来或者是不来。

当然，您自然也有权利选择在您认为对的时刻，依着自己认为对的那个心情作出你要离开的这个决定，所以我相信我们应该尊重一个成熟男人在这一刻作出的决定。

试想，如果换成一位缺乏生活阅历和工作经验的主持人，面对突如其来的情况，很可能难以应对而使这场直播变成“大型直播事故”。

当然，主持人在拥有丰富生活阅历的同时也要不断提高自己的学习能力。随着信息时代电视传媒行业的发展，以及国民整体文化水平、思想层次的提高，受众已经不再满足于主持人所传播的单一信息和知识。不同于其他社会角色，节目主持人作为公众人物，承担着大众传播功能，他们每天都要出现在电视荧屏上，并且向受众传递信息、知识和欢乐。节目主持人作为先进文化的传播者，要想拥有长久的职业生涯，就一定要有较强的学习能力，能够通过平时的学习和积累，紧跟时代潮流，与时俱进，走在观众的前面。据不完全统计，20 世纪 90 年代以来，我国的综艺娱乐节目主持人出书热一直未见消退，这些作品在一定程度上反映了我国综艺娱乐节目主持人群体的生活阅历和学习经历。

表 3-1　我国部分知名综艺娱乐节目主持人出书情况汇总(按时间顺序)

主持人	书名	出版时间	出版社
赵忠祥	《岁月随想》	1995 年 12 月	上海人民出版社
倪萍	《日子》	1997 年 6 月	作家出版社
何炅	《炅炅有神——我是这样长大的》	1998 年 10 月	海南出版社
赵忠祥	《岁月情缘》	1999 年 11 月	作家出版社
李思思	《未名湖畔的玫瑰》	2007 年 1 月	作家出版社
杨澜	《杨澜访谈录》	2007 年 3 月	新星出版社
赵忠祥	《岁月缤纷》	2007 年 8 月	百花文艺出版社
李咏	《咏远有李》	2009 年 11 月	长江文艺出版社
汪涵	《有味》	2010 年 1 月	广西师范大学出版社
杨澜、朱冰	《一问一世界》	2011 年 4 月	江苏人民出版社
朱军	《我的零点时刻》	2011 年 12 月	江苏人民出版社
倪萍	《倪萍画日子》	2012 年 5 月	人民教育出版社
杨澜、朱冰	《幸福要回答》	2013 年 1 月	江苏文艺出版社
倪萍	《姥姥语录(典藏本)》	2013 年 5 月	中华书局
金星	《金星——掷地有声》	2013 年 8 月	浦睿文化·湖南人民出版社
李锐	《别拿村长不当干部》	2014 年 8 月	长江文艺出版社
杨澜	《杨澜访谈录(系列)》	2011—2015 年	译林出版社
赵忠祥	《岁月回眸》	2016 年 4 月	中国工人出版社
李思思	《有点意思》	2016 年 8 月	中信出版社

主持人的学习能力,主要体现在平时能够大量积累与节目相关的信息(政治领域、经济领域、文化领域、军事领域、科技领域、历史领域、哲学领域等),并且能够自主将所了解的知识进行总结;在主持节目的过程中将嘉宾和被采访者所说的话进行整理升华,再转述给观众。

汪涵在没有成为一名主持人之前,经历过两次休学。对于休学经历,汪涵在书中说道:“两年的休学时间并非毫无所获,我接触了五花八门的东西。我接触了中医,还涉猎了各类书籍。随手拿起一本书,我就会仔细翻读。最重要的是,病休给了我观察和思考人生的机会。”汪涵并没有虚度休学时光,而是在医院中不断学习积累,提升自己,广泛涉猎知识,为他之后的主持生涯奠定了良好的学识基础。

要想成为一名优秀的综艺娱乐节目主持人,就要拥有丰富的生活阅历以及较强的学习能力,这些都对主持好一档节目发挥着至关重要的作用。主持人要时刻将理论与实践相结合,经典与时尚相结合,外在美与内在美相结合,主持与自身经历相结合,不断地学习、积累知识,参加社会活动来增加自己的文化底蕴和生活阅历。主持人只有拥有丰富的生活阅历以及较强的学习能力,才会使嘉宾愿意与其沟通,受众愿意收看和收听,才能够真正得到观众的喜爱与支持。

节目主持人是一个神圣而又庄严的职业,主持人的言谈举止会在镜头和话筒前被无限放大。所以,要想成为一名优秀的综艺娱乐节目主持人,就必须不断提高自己的思想文化素质,“想观众所想,听观众所听”,内外兼修,并且时刻谨记自己的身份及所担负的社会责任;向受众传递信息和欢乐。

第三节 专业素质

人的专业素质或职业素质,是人们对于从事某项工作和开展某项活动所需要能力或品质的具备程度以及由此产生的心态,它所反映的实际上是人的文化类别。[①] 从电视综艺娱乐节目主持人的独特性来看,其对从业者所提出的专业素质要求至少应该包括这样几个方面。

一、语言素质

如今,主持人作为一种与大众联系密切的职业,社会影响日益增大。主持人语音不标准,甚至南腔北调,已逐渐显现出弊端,亟待整顿。主持人应同播音员一样,自觉树立语言规范意识——字音准确、吐字清晰、气息流畅,使语言的表现力更富有情感性和丰富性。主持人规范的吐字发音是受众乐于接受的,是社会语言使用的典范。

(一)说普通话

普通话是以北京语音为标准音,以北方话为基础方言,以典范的现代白话文著作为语法规范的现代汉民族共同语。2001 年起施行的第九届全国人民代表大会常务委员会第十八次会议通过的《中华人民共和国国家通用语言文字法》第十二条规定“广播电台、电视台以普通话为基本的播音用语”;第十九条规定“以普通话作为工作语言的播音员、节目主持人和影视话剧演员、教师、国家机关人员的普通话水平,应当分别

① 吴郁,等.电视节目主持人的综合素质研究[M].北京:中国广播电视出版社,2007:50.

达到国家规定的等级标准;对尚未达到国家规定普通话等级标准的,分个别情况进行培训"①。正是因为有了这个规定,各级电台、电视台在录用播音员、主持人的时候,要求播音员、主持人必须持有相关部门颁发的普通话"一级乙等"以上的证书,否则就不能走上主持人的工作岗位。

媒体是一个国家、一个地区的文化标识,播音员和节目主持人的语音是媒体的声音形象,在全国人民中发挥着榜样和示范作用,起到潜移默化地引导受众正确使用规范语言的作用。媒体的代言人——主持人一旦出现语音、词汇和语法错误等语言失范问题,不仅会对受众产生误导,而且会严重损害媒体在受众心目中规范使用语言的榜样形象以及长期以来形成的公众权威。

(二)出色的语言表达能力

言为心声,文如其人。一个人的语言表达是其个人气质、思想感情、生活阅历以及美学理念等综合因素的外现和延伸。主持艺术实质上就是一门语言表达艺术,出色而准确的口头表达是综艺娱乐节目主持人最基本也是最重要的能力之一。

当今世界上很多著名主持人都具有出众的语言表达能力。美国著名节目主持人爱德华·默罗在大学期间就以擅长演讲和辩论而闻名。他思维敏捷,具有很强的现场口头采访和即兴议论的能力,他的口语广播一度成为美国广播的楷模。"他那为人熟悉的深沉而又富有说服力的声音,像他严肃的神情和庄重的举止一样,增强了节目的感染力。"②而美国三大广播公司的三位明星主持丹·拉瑟、汤姆·布罗考、彼得·詹宁斯都以出色的语言表达能力、擅长现场报道和即兴发挥而闻名于世。如丹·拉瑟主持节目时总是神情自若、沉着冷静,善于使用简洁明快的语言传情达意,表达生动流畅,因为对重大新闻事件的出色报道而受到人们的好评和喜爱③。

毫无疑问,出色的语言表达能力不仅是综艺娱乐节目主持人所应具备的专业素质,更是其进行大众传播的主要手段,也是构成其个性魅力的重要因素。因此,不断增强自己的语言表达能力,是每个综艺娱乐节目主持人的不懈追求。

(三)感染力

大众传播中的感染指传播者通过语言或行为使别人认同其所传播的思想和感情,

---

① 全国人大教科文卫委员会教育室,教育部语言文字应用管理司.中华人民共和国国家通用语言文字法学习读本[M].北京:语文出版社,2001:6-7.

② 埃默里.美国新闻史[M].苏金琥,译.北京:新华出版社,1982:546.

③ 王群,曹可凡.广播电视主持艺术[M].上海:上海外语教育出版社,2006:113.

并引起受传播者思想和感情的共鸣。感染是主持人创作过程的最后一环。一个成功的综艺娱乐节目主持人,是善于营造适合他表达的氛围,善于营造一种吸引受众的"场"的。我们常常会遇到这样的现象:受众被某个节目吸引,往往先被主持人主持的外部形式吸引,这样的主持人就是具有感染力的主持人①。

著名主持人倪萍就极具感染力。

在《综艺大观》100期特别节目中,倪萍说:"我们节目做得好是我们应该做的,没有做好是不可原谅的,因为我们毕竟占用着大家的周末黄金时间。在这里我想对所有观众表示深深的谢意,因为我们一切都是为了您,我们不能没有您!"说到这里,台下掌声雷动……

对于感染力,很多著名的主持人也深有体会,如白岩松就发现:"人们只有感受到了你的真情,才会被你的语言内容真正打动。"②水均益也明确表示:"我们所说的口语化绝非指淡而无味,对于主持语言我们要求,第一平常但不能平淡,要精彩;第二平常要有内容,每一句话力争做到言之有物、言之有趣、言之有益。"③综艺娱乐节目主持人更应该善于通过声情并茂的语言渲染气氛,调动观众的积极性。

二、思维素质

节目主持人的语言和行为都与思维有着密切的联系。一名综艺娱乐节目主持人只有具备了良好的思维素质,才能够充分展现自身的才华和魅力,赢得观众的青睐和好评。

(一)敏锐的发现力

著名节目主持人敬一丹就是以敏于观察、以细节取胜而闻名的,她曾经这样说:"能够注意到细节可以看出一个人的感受能力,尤其对于一个女主持人来说更是这样。女主持人如果放弃了对细节的发现和运用,就没有把女性的优势运用好。一般来说,男主持人比较理性,谈话偏重于力度、较现代……过去我没有意识到这个问题,认为这好像只是一种认识事物和表达观点的习惯,现在我开始慢慢把这种自然的表现转

① 陈虹.节目主持人概论[M].北京:高等教育出版社,2013:118.
② 白岩松.我们能走多远[J].现代传播,1996(01):39-45.
③ 水均益,赵俐.个性展现的基础[J].现代传播,1995(04):56-61.

变为一种自觉的、有意识的追求了，开始注意运用女性的敏感、对细节的感受等因素，来有分寸地进行情感抒发，让它成为我的一种表达方式。”①

综艺娱乐节目主持人更应该对人物的音容笑貌、衣着打扮、行为举止等外在特征进行准确、细致的观察，这样才能恰如其分地传神传情，取得较好的传播效果。正是因为具备了敏锐的发现力，那些优秀的综艺娱乐节目主持人才表现出了独特的魅力，并最终赢得了观众的喜爱。

(二) 灵活的应变力

节目现场的瞬息万变要求主持人必须具备灵活的应变力，这种快速灵敏的应变能力是长期磨炼、厚积薄发的修养和能力的体现，也是节目主持人智慧、才华的闪现，可以化险为夷、化平淡为新奇，为节目增添亮点。

《实话实说》做了一期题为《童言无忌》的谈话节目，孩子们很兴奋，注意力很难集中，更不用说按节目的设想谈谈自己过节的愿望。然而，就是这样一个让主持人和策划人觉得最不像节目的节目，却受到了观众们的喜爱。究其原因，就是这期节目真实地表现出了孩子们天真烂漫的情感，是主持人在现场即兴不时引起的兴奋点，让孩子们真正做到了童言无忌，畅所欲言，笑声不断。②

灵活的应变力需要主持人长期不断地培养和积累。因此，在平时的工作、学习和生活中，主持人要充分利用一切机会有意识地进行思维训练，掌握快速思维、非常规思维以及创造性组合技巧，增强思维应变能力。

(三) 不竭的创新力

创新是一个民族进步的灵魂，是国家兴旺发达的不竭动力。创新力，也叫创造力。对于节目主持人来说，创新思维始终是其魅力的源泉，可以使其永葆青春活力和个性风采，也是一名优秀节目主持人不可缺少的一种专业素质。

节目主持人不竭的创新力贵在新鲜、独特，忌雷同和一般化。

在第十届金鹰节的颁奖盛典上，汪涵、何炅、华少、撒贝宁“四大名嘴”齐

① 郝朴宁，李坚，张齐.冲刺主持人[M].昆明：云南大学出版社，2001：61.
② 陆锡初.节目主持人概论[M].北京：中国广播电视出版社，2006：296.

聚一堂。舞台上有四个盒子，每个主持人要选择一个盒子，同时要根据这盒子下面的物品，临场发挥说一段跟金鹰节相关的话。撒贝宁拿到的是一只鸭子，他说，鸭子长大后，展开双翅就变成了金鹰。华少拿到的是一颗仙人掌，他说，电视人的精神就像仙人掌一样坚韧不拔。何炅拿到的是筷子，他说，电视人就该像筷子一样团结。而汪涵的盒子下面却什么都没有，但是他发挥自身不竭的创新力，引用《道德经》里的名言“有是万物之所始，无是万物之所母”，告诫所有的电视人要把这十届金鹰节的成果和骄傲都放在心里，才能去迎接往后在大屏幕、小屏幕、新媒体上的种种困难和挑战。在这个例子中，何炅、汪涵、撒贝宁、华少都发挥了创新思维，另辟蹊径，向观众展现了主持人的风采和语言魅力。可见，不竭的创新力对于综艺娱乐节目主持人来说十分重要。

综艺娱乐节目主持人不竭的创新力不仅表现在主持节目时的临场发挥、灵机一动，更表现在不断地适应新变化、新要求。所以，综艺娱乐节目主持人必须具备不竭的创新力，这样才能够让节目和自己永葆青春。

三、亲和力

所谓亲和力，就是主持人身上总体散发出的令人愿意接近、不使人感到紧张和距离、易让人产生信赖感的特殊品质。亲和力主要包含三个方面：一是可亲近的对人态度传导出的吸引力，即主持人言谈举止、待人接物中自然流淌出来的内心的真诚及对观众的尊重，其中包括主持人性格中的随和、包容和乐群；二是可信赖的对事态度所致的凝聚力，即主持人在节目中表达出来的是非判断、情感倾向，与观众即社会公共价值判断的一致性程度；三是可接受的主持能力（艺术）产生的感染力，即主持人传播方式、传播话语为观众所喜闻乐见。总之，主持人在传播过程中对人、对事态度及主持能力（艺术）这三方面的吸引力、凝聚力、感染力的契合程度越高，其亲和力就越强。①

倪萍就是一位极具亲和力的主持人。

在《等着我》节目中，求助嘉宾小郑是个 21 岁的青年，从小在孤儿院长大，现在是一名装空调的工人。他怀疑自己因病被亲生父母抛弃，便抱着一

① 吴郁.当代广播电视播音主持[M].上海：复旦大学出版社，2005：85.

大摞奖状上台,想要向亲生父母证明自己不比别人家的孩子差。

面对这样一位紧张又敏感的青年,倪萍用一种幽默的方式拉近与小郑的距离并缓解他的恐慌,她首先问:"手里拿的这一大摞是什么?"在知道是奖状之后,倪萍仔细翻看并且热情称赞了小郑,然后又拿起奖状向现场的观众展示,并幽默地说:"给大家看一看,你们都没有吧?"她意在告诉大家小郑很优秀,通过这样的方式来维护嘉宾的自尊心。

在之后的谈话过程中,倪萍又与小郑聊起了他的收入,小郑说起奖金总是比别人拿得多,因为自己没有家,所以经常请全公司人吃饭,倪萍对小郑的能力给予了热情赞扬,又开玩笑问道:"拿这么多钱怎么不请我吃饭?"小郑回答之前不认识你。倪萍又接着说:"现在来北京认识我了呀,打算请我吃饭吗?带钱了吗?"小郑说带钱了,打算请倪萍老师吃饭,倪萍又笑着说:"可是你找到爸妈了,就会把钱都交给他们了,就没钱请我吃饭了。"小郑被逗乐了,说:"糖葫芦总是买得起的。"

在这段节目中,倪萍通过称赞、套近乎、开玩笑等技巧维护了嘉宾的自尊心,使整个谈话氛围变得轻松,让嘉宾更适应谈话的气氛,同时也让观众感受到了倪萍身上所散发出来的真实可感的亲和力。

四、艺术修养

节目主持融合了播音学、新闻学、语言学、美学、艺术学等学科特点,主持人只有具备了良好的艺术修养之后才能将自己所获得的艺术享受传达给受众。由于艺术的相通性,主持人还能够通过自身艺术感悟能力的提高,触类旁通,进一步深化自己在有声语言艺术领域的造诣。

朱迅是一个多才多艺的主持人,她曾在1988年参演了田壮壮导演的电影《摇滚青年》,在其中饰演"小小"。在1989年至1995年间,她主演了中央电视台的电视剧《生命中的好日子》《梦回青岛》《寻梦在边缘》《的哥》《上海人在东京》等。同时,她也曾涉足戏曲领域,在《梨园闯关我挂帅》节目中,画上油彩唱戏,化身铁镜公主,为大家表演了一曲经典京剧《四郎探母》。

著名节目主持人李咏的相声、李思思的舞蹈,都令观众叹为观止。青年主持人尼格买提是维吾尔族人,同样能歌善舞。

2021 年,中央电视台综艺频道播出了一档主播新媒体才艺秀——《央young之夏》,节目通过"直播+短视频"的方式,展现出主持人除职业身份之外的耀眼才华。在《央 young 之夏》里,尼格买提、撒贝宁、朱迅共同表演了歌舞剧《花儿为什么这样红》。尼格买提饰演的帕尔哈提对朱迅饰演的朱古丽深情告白,紧接着,伴随着歌曲《花儿为什么这样红》,两人悠然起舞。在舞蹈过程中,尼格买提把朱迅抱住,让朱迅来了个空中翻身,最后尼格买提手持鲜花,单膝跪地,用深情告白的姿势结尾。在表演结束之后,尼格买提才告诉大家,朱迅空中翻身的动作非常危险,他们都是在瞒着家人的情况下练习的。

无论在《舞林大会》,还是在《跨界歌王》,我们都能看到综艺娱乐节目主持人的精彩才艺展示。那么,综艺娱乐节目主持人与艺术修养之间有何关系呢?

首先,综艺娱乐节目主持人离不开艺术修养,艺术修养高不仅可以提高主持艺术的品位、档次,增强美感,而且可以丰富主持人节目的文化内涵。主持人的声音美、语言美、画面美、造型艺术美与广博的艺术修养融为一体,则可以让受众加倍享受到美感,并引起受众心灵上的共鸣。总之,综艺娱乐节目主持人拥有艺术修养必然会增添综艺娱乐节目主持的魅力。

其次,主持人发现美、创造美是其艺术修养的重要组成部分,主持人在主持过程中的表现形式是瞬息万变的、全方位的,给人的印象是主体化的。①

在生活中,美无所不在。热爱美、追求美、珍惜美、欣赏美、创造美是人的天性……作为社会公众人物,电视节目主持人如果缺乏基本的美学素养,不懂美,不向往和追求美,不会欣赏和创造美,那么就很难说他是一个精神素质健全、个性完美的、全面发展的人,更无须说做一个称职的节目主持人,成为电视艺术的传播者了。②

第四节　身心素质

在人的诸多素质中,身体素质和心理素质是最基本的要素,其中身体素质又可谓基本中的基本。如果把人的综合素质比作一座宏伟的大厦,那么人的身体素质就是这

---

① 陆锡初.节目主持人概论[M].北京:中国广播电视出版社,2006:350.

② 杨莅.电视节目主持人的美学追求[M].北京:中国国际广播出版社,2003.

一大厦的基石,因为没有健全的体魄和良好的身体素质,没有健康的人格和良好的心理素质,人也就失去了成就事业的最起码的条件。①

一、身体素质

综艺娱乐节目主持人熬夜备稿或者通宵录制的情况非常常见,所以一名优秀的主持人一定要保证自己有良好的身体素质。

中央电视台的“拼命一姐”董卿,凭借着自身良好的身体素质,活跃在观众的视野中。

每年要主持120场左右,让她成为央视的“拼命一姐”。作为台里工作量最大的主持人,每一期节目,她都投入了异常多的时间和精力。在录制2011年公安部春晚时,现场有公安系统的六位英模给大家拜年,董卿觉得应该对每一个人都有介绍。为了这几句话的介绍,她花了两个晚上浏览了上万字的个人材料,然后提炼成最精简的话把他们介绍给观众。虽然她知道这些准备有可能在后期制作时被导演删减,但董卿还是坚持自己的做法:“主持人的职责就在于传递有效的信息和有价值的情感。”再累,她也要强迫自己从沙发上站起来,坐到电脑前面去。做完功课,再睡下去就踏实了。

“我必须对得起观众。能站在这里,让那么多人听你说话,没有权力喊累。很多主持人在舞台上似乎非常流畅,但说的话都没什么营养。”

她知道,从年龄、精力来说,自己正处于一个主持人的黄金状态。难得在家的时候,她也是坐在电视机前学习,为好看的电视节目鼓掌……②

浙江卫视著名综艺娱乐节目主持人胡乔华,也就是因超快语速被誉为“中国好舌头”的华少,也有很好的身体素质。

主持人华少连续录制《中国好声音》14个小时。

一切要从2014年7月20日上午说起。

上午11:30　站4个小时,出镜1分钟

正式开录Host Link是11点半,华少早上9点半就从杭州开车来到嘉

① 吴郁,等.电视节目主持人的综合素质研究[M].北京:中国广播电视出版社,2007:66.

② 马晴.董卿:主持春晚 吃苦也值[J].兰台内外,2011(03):61-62.

兴。录一个学员的 Host Link 大约是 20 分钟。在这之前,华少要花十几分钟跟带该学员的导演了解情况。也就是说,一个学员录好 Host Link 的时间是半小时以上。

下午 2:48　18 秒广告,录了 10 遍

在嘉兴体育学院体育馆的入口处,华少还要录一条有外景的口播广告。一段 18 秒的广告口播,总共换了两个场景,录了 10 遍。其中只有一遍是华少自己 NG 的。

下午 4:33　来到 Family Room,为参赛选手加油鼓气

下午场录 8 个学员,短的 20 分钟,长的 40 分钟。每个学员和家属的个性都不一样,华少会逐一安慰、鼓励、加油、打气,送走一组,立马转换情绪迎接下一组。

晚上 7:00 晚餐,半个咸鸭蛋

晚上 10:03 18 个学员,18 种挡位

华少再一次走进 Family Room 进行录制。

在录制时他还要敏锐地抓住家属和学员交流中的“新闻点”。例如,齐秦给一个 24 岁的学员做点评:“哦,24 岁啊,这是刚刚开始要受折磨的年纪。”华少马上问这位学员的妈妈:“他谈过恋爱吗? 没谈过,所以都是靠想象在唱情歌。”

还有一位女学员,台风很酷,她爸爸在她飙高音时大喊一声:“加油!儿子!”

这句话马上被华少捕捉了,等这位女学员到 Family Room 后,他适时地采访学员,延伸了学员的成长故事……

一天 18 个人,对每个人华少都在尽量安慰、鼓励、理解、挖掘。尽管他知道,这些对话很有可能被节目组剪掉。事实上,在 Family Room 站 6 个小时,真正在节目里播出的镜头加起来不会超过 1 分钟。

凌晨 2:04

最后一条广告口播录完,华少已经累得趴在桌上。[①]

---

① 揭华少录好声音:18 秒广告录 10 遍 晚餐半个鸭蛋[EB/OL].(2014-08-03)[2017-04-03].http://www.zjstv.com/zdoud/703128.html.

这就是中国一线综艺娱乐节目主持人的工作状态。可见,一个综艺娱乐节目主持人,如果没有强健的体魄,根本无法适应这样高强度的录制节奏。

二、心理素质

综艺娱乐节目主持人的素质构成体系中有四大基本要素,即思想素质、文化素质、专业素质、身心素质。其中,过硬的专业素质和思想素质是成为一名优秀综艺娱乐节目主持人的保证,而良好的身心素质(身体素质和心理素质)则是成为一名优秀综艺娱乐节目主持人的基础。

(一)主持人心理素质的内涵

心理素质指人们的心理活动的能力,人在心理活动中所具有的特征性现象称为心理现象。它是人们时刻都在产生着的,它存在于人的一切活动之中。① 现在,"越来越多的学者认为心理素质是指以先天的禀赋为基础,在环境和教育影响下形成并发展起来的稳定的心理品质"②。所以说,主持人的心理素质是不断发现和发展的、动态养成的。

(二)心理素质对主持人的影响

第一,主持人心理素质的培养是提高其他素质的前提和基础。

主持人的综合素质即思想素质、文化素质、专业素质、身心素质。然而,无论是哪种素质的培养与提高,都离不开心理素质的加强。

第二,主持人心理素质的好坏直接关系着节目传播效果的好坏。

第三,探讨主持人应具有的心理素质是传播实践的迫切要求。③

(三)主持人应该具有良好的心理素质

一名综艺娱乐节目主持人如果没有良好的心理素质和现场应变能力,很有可能在面对突发事故时手足无措,使现场出现冷场等尴尬失控的局面,甚至出现大型的直播事故。主持人只有拥有较强的心理素质,并且在主持节目的过程中不断地加强自己的心理素质,才能将节目更好地展示给观众。

---

① 余小梅.主持人心理素质[M].武汉:华中科技大学出版社,2006:11.

② 邢邦志.心理素质的养成与训练[M].上海:复旦大学出版社,2002:5.

③ 余小梅.主持人心理素质[M].武汉:华中科技大学出版社,2006:12.

主持人杨澜在主持一场综艺晚会时,介绍完即将上演的节目将要退场却不慎摔倒,全场一阵混乱,但是杨澜却做到了临危不乱,她轻松地调侃道:"这可真算得上是人有失足,马有失蹄啊,我刚才上演的这出狮子滚绣球的节目还算精彩吧,看来我们这次晚会的舞台可不是那么好下的,但台上的节目一定会精彩的。不信,你们瞧接下来的节目,他们来了。"全场为此报以热烈掌声。

电视综艺节目,尤其是综艺晚会类的直播节目,区别于传统录播节目的地方就在于它具有极其强烈的现场感,现场随时都会发生难以预测的事件,这对主持人的现场应变能力提出了更高的要求。主持人不仅要把节目主持好,还要将现场把控好。因此,主持人面对突发事件一定要机敏,做出灵活的反应,才能使节目顺利地进行下去。① 中央电视台春节联欢晚会,是我国每年规模较大、收视率较高的大型直播晚会。在这样的大型节目中,一不小心就会出现现场调控不清、节目超时的状况,这时,就需要主持人用冷静的头脑迅速反应进行处理。

2021 年春晚,在距离零点还有三分钟时,任鲁豫带领主持人们开始了第一轮祝福。但第一轮祝福语讲完,离零点还剩一分三十六秒,所以紧接着,任鲁豫、李思思、尼格买提三人又依次拿起话筒,开始了第二轮的祝福。第二轮的祝福相比第一轮更加激昂,甚至尼格买提在说完之后左手高举,整个会场掌声一片。可是,三人说罢,离零点还剩一分十二秒,除去十秒的倒计时,主持人们还需要坚持一分零二秒,这时,站在所有主持人中央的任鲁豫毅然拿起话筒:

"亲爱的朋友们,2021 年农历新年的钟声马上就要敲响了,我们将迎来的是辛丑牛年,新的一年让我们发扬三牛精神,九牛爬坡个个出力形成奋斗合力……"

"亲爱的朋友们,辞旧迎新的时刻,让我们深深地祝福,祝福伟大的祖国风调雨顺、国泰民安、万民康健!"

两段祝福说毕,离零点还有三十秒。此时,其他主持人都没有发声,任鲁豫再一次拿起话筒,开始了第三段救场。

---

① 刘健.综艺节目主持人形象塑造研究——以朱军为例[D].吉林:黑龙江大学,2014:9.

"农历新年的钟声马上就要敲响了,现场的朋友们大声地告诉我,你们准备好了吗?让我们一起迎接这个美好的春天,来了,倒计时,10、9、8、7、6、5……"

终于,在倒数声中,新的一年来了,分毫不差地来了!

任鲁豫自1997年开始担任河南电视台《河南新闻联播》节目主持人,同时还担任河南电视台节庆晚会的主持人,2002年经过选拔正式进入中央电视台,已经主持过无数次的大型直播综艺晚会。不论是春节联欢晚会、跨年晚会还是扶贫公益晚会,他都用自己过硬的专业素质与极强的控场能力交上了一份份令人满意的答卷。

机智救场的情况,在著名主持人董卿身上也出现过多次。

在沪上的某个活动现场,主角萧蔷让众人苦等20多分钟,为了圆场,主持人董卿"被迫"现场放歌。

在浦东召开的某活动现场,眼看已到了嘉宾萧蔷出场的时刻,却不见美人踪影。长达20多分钟的等待就此上演,其间董卿多次半开玩笑说:"她怎么还不来,到底是不是住这个酒店?还是在来的路上?"迟迟未见萧蔷的身影,观众显然有些不耐烦,将注意力转移到现场主持人董卿身上。"董卿,你唱一个吧。"一听这话,董卿立刻机智回应:"不行的,主持人是说得比唱得要好听。如果今天我唱了,明天各大报纸会说'董卿说不好,只能现场卖唱了'。"台下观众也"不甘示弱":"没关系,你比萧蔷名气还大呢。""那这样,我给大家出一道脑筋急转弯,答对了我就唱。"无奈之下,董卿只得现场出题,笑问大家"林黛玉是怎么死的?""摔死的。"台下数人异口同声回答,眼看已经没法推托,董卿只能清唱《但愿人长久》,虽然不是专业歌手,但她的歌声也让在场观众欢呼不已。有了董卿的救场,萧蔷的迟到风波才得以平息。董卿现场调侃说,是萧蔷给了她唱歌的机会。面对意外情况,主持人就要与现场观众周旋拖延时间,除了唱歌,还有做游戏、猜谜语、脑筋急转弯等互动方法。

此次活动的救场,也被评为董卿最有才华的一次救场。董卿在面对活动主角萧蔷迟到时,以强大的心理素质和机敏的反应,既没有让现场冷场,也向大家展示了她不凡的才华。

节目主持人作为一名公众人物，几乎每天都会出现在观众的视野当中。这也要求每一位主持人都必须拥有良好的身心素质，即主持人能够保持强健的体魄，并且能够适应高强度工作及熬夜状态；在主持节目时能对外界环境以及自身情绪进行掌控和把握，能承受和调节较大的心理压力。

从综艺娱乐节目主持人的素质构成体系来看，基本的四大构成要素——思想素质、文化素质、专业素质、身心素质，缺一不可，这四种素质决定着主持人未来的走向。

这四种素质呈现出一种塔状结构关系，其中既有处在底层、决定主持人能否进入该行业的一般性素质，如主持人的身心素质等；也有处在较高层次、决定主持人优劣的特殊素质和重要素质，如主持人的专业素质、文化素质等；更有统领全局，决定一个主持人最终能走多远、能达到何种高度的核心素质，如思想（人格）素质等。[①] 正如白岩松所说："主持人拼到最后拼的是人格。""对于任何一个主持人来说，只有先拥有一个大写而丰满的人，才能派生出一个被观众认可的主持人形象。"[②]

思考题

1.区别于其他节目类型主持人，综艺娱乐节目主持人需要具备怎样独特的素质和能力？

2.综艺娱乐节目主持人应具备的各种素质是什么关系？

---

① 吴郁，等.电视节目主持人的综合素质研究[M].北京：中国广播电视出版社，2007：76.

② 白岩松.我们能走多远[J].现代传播，1996(01)：39-45.

第四章　综艺娱乐节目主持的风格艺术

要点提示：

本章介绍综艺娱乐节目主持人的风格特征、风格类型、风格形成以及风格的塑造。其中，综艺娱乐节目主持人的风格特征包括独特性、稳定性、多样性、大众性、表演性；风格类型包括情感型、机智型、幽默型、活泼型；影响风格形成的因素有外观形象因素、性格因素、语言表达因素；风格塑造的基础包括文化底蕴的积累、艺术修养的积淀、专业功底的支撑、幽默感的培养、工作经验的总结，风格塑造的途径包括提升个人综合技能素养、强化主持风格品牌建设、充实主持人的内在积累。

主持人在节目中或灵活多变，或谈吐幽默，或气质不凡，在不知不觉间，走进了千家万户，叩开无数受众的心扉，是独特的风格赋予他们无穷的魅力。什么是风格？什么又是主持人的风格呢？《现代汉语词典》这样定义“风格”：一个时代，一个民族，一个流派或一个人的作品所表现的主要思想特点和艺术特点。由此可见，广播电视节目主持人的风格也就是主持人在主持广播电视节目的活动中所表现出来的主导思想和艺术特点。风格是一种创造，是主客观条件的完美结合，风格成为主持人在节目中所必须追求的一种境界。

主持人风格是主持人在长期实践中通过创造性劳动所形成的独特个性特征，它综合体现了主持人的素养、品行、能力和业务水平等，体现着主持人独具魅力的个性，是节目主持人创作的最高境界。受众通过观看主持人主持节目时展现的不同风格进行辨识，与节目形成最佳的交流。一次成功的传播实践不仅是主持人以个性化的风格传播节目内容的结果，也是受众自觉或不自觉地调动各种心理功能积极配合的审美结果。在这个过程中，风格能使受众的接收心理中可能出现的纷乱因素得到整合，使接收过程中的美感意识得以统一、深化，使受众对节目产生鲜明整体的感受。节目主持人风格的形成也是主持人节目走向成熟的标志，是打造名牌栏目的重要元素。一些节目长盛不衰，除了节目本身的基础外，主持人风格这棵常青树的支撑也是一个重要因素。因此，一位想要在主持人领域占有一席之地的主持人，必须力求建立自己的风格。主持人风格的塑造并不是一件一蹴而就的事，它需要经历一个从模仿到创新的艰难过程。但是，不要忘记，每个主持人都有追求这个理想化境界的多元化的内在依据：个人特有的气质、性格、阅历、文化背景、经验、兴趣爱好、特长及发声生理等禀赋条件。通过合理的自我设计、有效的培养途径，发挥已有的素质和艺术潜能，每个节目主持人都可以拥有与众不同的风格。

赵淑萍在《电视新闻节目主持艺术》一书将主持风格定义为："主持风格作为一种表现形态，有如人的总的风貌一样，是主持人整体上所呈现出来的代表性特点，是主持人主观方面的特点和节目的客观特征相统一造成的独特面目。主持人在电视屏幕上展示的风格，是在他所特有的思想情感、个人气质、生活经验、审美理想规定的范围内，由他所深刻感受、体验引发的创作冲动促成的。主持人在主持节目时，不论自觉与否，总会表现自己的精神面貌，对现实的独特的感受、认识及特有的文化素养。"①这一定义主要说明主持风格属于主持艺术的范畴，是一种表现形态，是一种总体风貌，并且产生于主持实践，其表现形态受主持人的思想情感、个人气质、生活经验、审美理想制约，并应与节目客观特征相符合。

第一节　主持风格的特征

所谓特征，就是某一事物特点的征象、标志。特征是对事物进行区别的依据。主持人的风格是多样的，但这并不是对风格稳定性的否定。不管主持人的风格怎么转换、如何多样，最终还是无法脱离自身的创作个性、生活时代和民族特征这些因素的制约而独立存在。一种比较成熟的个人风格，既有稳定、主导的一面，又有灵活多样的一面。风格的稳定与多样是一个事物的不同侧面，二者是矛盾的统一体。

---

① 赵淑萍.电视新闻节目主持艺术[M].北京：北京广播学院出版社，1997：27.

一、独特性

正如俄国著名文艺理论家别林斯基在《艺术论》中所说："在真正的艺术作品里，没有哪一个形象重复另一个形象。"①独树一帜、与众不同，这就是风格的独特性。美国节目主持人元老、哥伦比亚广播公司(CBS)的爱德华·默罗在主持节目时总是叼着烟斗，这成为他独特的风格。后来，美国全国广播公司(NBC)节目主持人亨特利模仿爱德华·默罗，在主持节目时也叼个烟斗，但这就不是亨特利的风格了。一段时间后，亨特利也意识到这样的模仿最终不过是"默罗第二"，于是他丢掉烟斗，开始追求自己的风格，以自己特有的"安详的长者"形象与另一位主持人的幽默形成对比，成了全国有名的双档晚间新闻节目主持人。

独特性是主持人风格的生命，也是主持人风格的本质特征。不同的主持人，具有不同的外在形象、性格气质、学识修养和生活经历等，主持人作为主持风格的表现主体，其独特性决定了主持风格表现的独特性。从主观上来讲，主持人在主持节目时，总会不自觉地表现出自己的精神面貌、对现实的独特感受与认识，同时，主持人所具有的文化素养、心理状态等也会影响其个性特征表现；从客观上来说，主持风格的体现并非任意的，而是主持人在主持节目过程中对客观现实的真实反应，不能脱离节目内容和类型的范围，具有独特创意的节目也能体现主持风格的独特性。赵淑萍教授认为："节目主持人风格的本质特征，是主持人总体上呈现出来的代表性特点，是主持人主观方面的特点和客观特征相统一构成的独特面目。"②可见，独特的主持风格既是主持人个人的创造性表现，也是节目内容和客观现实共同造就的独特表现。

主持风格的独特性表现在以下几个方面：

一是独特的内容处理。不同的主持人对节目内容的处理方式也不一样，从开场白的设计到节目的衔接以及最后的结语，都能体现其独创性。例如，有的主持人善于先述后评，有的长于先评后述；有的擅长变难为易、平铺直叙，有的善于理论推演、逻辑分明。二是独特的主持方法。主持方法的多样性、灵活性和独创性，既包括主持人对现有主持方法的娴熟使用，又包括对新型主持方法的创造。有的主持人通过自嘲增加幽默色彩，有的通过表演提高节目的表现力。正是通过主持方法的不断创新，不少主持

① 曹可凡，王群.谈话节目主持艺术[M].上海：上海社会科学院出版社，2002：169.

② 赵淑萍.电视节目主持[M].北京：北京师范大学出版社，1999：125.

人逐步形成了自己的风格。三是独特的表达方式。主持人的表达方式,可分为有声语言表达和无声语言表达。每个主持人的个性差异决定了其语言的音色、语调、语气、节奏的差异,甚至造成常用语汇、语法、修辞等方面的区别。有的主持人语言层次分明、说理透彻,富有说服力;有的语言生动形象、幽默诙谐,富有感染力;有的语言辞藻华丽、庄重典雅,凸显优雅感;有的语言朴实无华、质朴平白,凸显亲和力。同时,主持人的表情、手势、眼神、着装等都打上了个性特征的印记,综合起来形成其独特的主持风格。四是独特的节目创意。不同的节目创意,使得节目的内涵和形式不一样,主持人的风格表现也不一样。例如,有的节目创意新颖,主持人主持风格前卫、大胆,能吸引观众的注意力;有的节目内涵深刻,主持人主持风格稳重、知性,能启迪观众;有的节目互动性强,主持人主持风格活泼、动感,能吸引观众的参与。可见,节目创意的独特性也使得主持人的主持风格具有独特性。

二、稳定性

风格实际上是各种特征在表现上的不断重复,并且具有相对稳定性。正如丹纳所说:“人人知道一个艺术家的许多不同的作品都是亲属,好像一父所生的几个女儿,彼此有明显的相像之处。你们也知道每个艺术家都有他的风格,见之于他所有的作品……他有他风格的效果,他的句法,他的字汇。”①布封也说:“知识、事实与发现都很容易脱离作品而转到别人手里。它们经过更巧妙的手笔一写,甚至会比原作还要出色些。这些东西都是身外之物,风格却就是本人。因此,风格不能脱离作品,又不能转借,也不能变换。”②

从风格的稳定性可以看出,主持人的主持风格不仅仅体现在一次节目、一篇稿件或一个时期的节目主持过程之中,而是贯穿于其整个主持艺术创作生涯。主持风格具有一贯性,主持人的特色在同一主客观因素影响下,在同类的一系列主持活动中有规律地持续出现,只有达到相对稳定时,才会形成一种独立的主持风格。因此,主持风格还具有稳定性特征。主持风格形成之后,不会轻易改变,这也是创作个性在创作实践中连续不断地叠加的结果。也就是说,主持风格是某些特点的一贯表现,呈稳定状态,成为辨认每个主持人特征的基础和前提。主持风格是不容易被复制的,主持人不能脱

---

① 丹纳.艺术哲学[M].傅雷,译.南京:江苏凤凰文艺出版社,2012:10.

② 布封.论风格[M].上海:译文出版社,1959:35.

离适合自己个性的节目。主持风格的稳定性有利于聚拢受众,受众期待主持人的主持方式既要不断创新,又要相对稳定。主持人主持风格若变化多端,会使受众应接不暇,还会在无形中流失一部分核心受众。当然,主持风格的稳定,并不意味着主持人可以因循守旧,在追求主持艺术的道路上故步自封、停滞不前,而应随着社会时代的变化、媒体传播环境的变化来适应、调整和创新,显示出生命力和发展性。

稳定性是主持风格成熟的标志,表明主持风格的表现是一贯的,而非游移不定的、一时的。它是节目主持人在较长时间的实践过程中所形成的一种主持习惯,是伴随着节目主持人在节目中的成长而逐渐形成的。它有一个从最初的体验和感受,逐渐积累,由量变到质变,由幼稚到成熟的过程。当然,风格的稳定性是相对的,并不要求风格的凝固,否定一切变化和改造,但是如果一个主持人对同一节目的主持一天一个样,总是变来变去,缺乏一定的稳定性,那也不能说他的主持有风格。

三、多样性

艺术源于客观现实,艺术风格的多样性特征,是由艺术创作本身的规律所决定的。客观世界丰富多彩,主持风格作为反映客观世界现象的一种艺术形式,本身具有多样性;节目类型的丰富多彩和受众对艺术的审美需求的多种多样,催生了不同的主持样态;主持人的生活经历、思想情感、审美追求、创造才能的千差万别,使得主持风格的表现形式多种多样。就主持人个体而言,主持风格的多侧面发展也是很有必要的。可见,主持人在主要塑造某种主持风格的前提下,还可以根据栏目和媒体的风格定位,进行多侧面的发展和创新,在稳定中求变化,丰富主持风格的内涵,保证主持风格在不同时期的适应性和生命力。

四、大众性

综艺娱乐节目的内容丰富多彩,涵盖多种艺术样式,有舞蹈、歌曲、相声、小品、戏曲等;表现形式丰富,可以时空转换,可以现场和场外结合、声画并茂,可以通过服装、化妆、道具、音响、灯光等多种艺术手段强化艺术效果;主持形式灵活,可以在台上也可以在台下,可以室内主持也可以室外主持;播出方式较多,可以录播,可以插播,可以直播,也可以多家电视台联动播出等。可见,采制灵活、内容丰富的综艺娱乐节目在它的发展演变过程中,由于社会观念和观众审美心理的变化和透射,在制作理念、节目风格、播出样式上必然呈现出不同的面貌和特征。收视调查数据表明，在各类电视节目中，综艺娱乐节目的收视率相较于新闻类节目更好，收视人群分布更为广泛，这也是综艺娱乐节目大众化的一种体现。总体来看，综艺娱乐节目主持人的主持风格依据节目形态的改变出现差异，逐渐朝着大众化、明星化的方向发展，因此得以吸引不同类型受众的注意力。

20 世纪 90 年代中期，中国大众文化全面崛起。大众文化是以大众传播媒介为手段，按商品市场规律去运作的、旨在使普通市民获得感性愉悦的体验过程，包括通俗诗、通俗报刊、畅销书、流行音乐、电视剧、电影和广告等形态。借助大众传播媒介的广泛影响力，电视文化成为逐渐融入人们生活之中的日常文化形态。正是在这样的文化境遇中，中国电视文化从对高雅艺术的"顶礼膜拜"走向平民化和商业化，这从综艺娱乐节目的变化中可见一斑。早期综艺娱乐节目的传播理念是"你传我受"，主持人在这类节目中具有一定的权威，但缺少必要的互动，其主要工作是一种仪式化的串联。随着综艺娱乐节目娱乐功能的大量开发，节目开始凸显大众化定位。例如，《快乐大本营》就以"生产快乐"为目标，借鉴了脱胎于日本的港台地区节目的成功经验，对港台地区节目《非常男女》《我猜我猜我猜猜》《非常关系》进行成功改造，以标志性口号"快乐大本营，天天好心情"开启每期节目，很快吸引众多观众，在开播之初便创下 33%的收视率。以它为代表的一批综艺娱乐节目以"娱乐大众"为目的，基本上走的是"明星+游戏"的路线，此时的明星不再像前期综艺节目、大型晚会中那样"高高在上"，而是走到观众中间来，甚至和观众一起做游戏。尽管这些综艺娱乐节目仍然以明星和明星化的主持人为核心，但开始重视观众的参与，主持人也以表演的方式，作为一个"玩伴"带动现场气氛，灵活地采访明星，推动节目进程，使得节目更趋大众化。

五、表演性

随着综艺娱乐节目类型化的发展，节目样态丰富多元，题材包罗万象，定位日益大众化，具备"丰富多彩、娱乐大众、热烈欢快、自由灵活、雅俗共赏"的风格特征；综艺娱乐节目主持人也开始凸显表演性，不断增强自身的吸引力，以适应节目的发展和风格特色。

从我国综艺娱乐节目的发展趋势来看，综艺娱乐节目大众化的定位、市场化的运作，使得主持人在节目中的功能和作用发生变化。主持人从早期简单地以主持词"串联”节目,日益发展成以各种形式的“表演”融入节目,从而有效地推动节目的进程。如今的综艺娱乐节目主持人,能说会唱会跳,善于表现自己的才艺和个性,机敏灵活、时尚前卫、幽默风趣,并且通过节目的包装日益明星化,在节目中尽情展现个人风格。从各类综艺娱乐节目主持人及其群体风格来看,主持风格越来越凸显表演性,这种变化主要受到节目类型的发展和受众心理需求的影响,是增强传播效果的一种有效途径。随着人们生活节奏的加快,主持人也需要满足观众对于娱乐、宣泄、放松等方面的心理需求,以缓解其在工作、生活中的种种压力,主持人将表演融入主持,可以使节目节奏加快,内容更有看头,最大限度地影响观众的情绪,满足观众的感官需求,增加现场感和亲和力,提高受众的忠诚度。

例如,《快乐大本营》中的谢娜,经常在节目中拿自己“开涮”,她在节目中常常增加一些现场表演,使节目活泼搞笑,既拉近了与观众的距离,也增强了节目的可看性,谢娜也树立起她“无厘头”的“娜式风格”,轻松幽默、百变搞笑。又如《天天向上》节目打造的以汪涵为首的主持群,通过灵活的主持方式展现节目内容,介绍娱乐人物和各类资讯,主持人积极参与表演,有效带动节目现场气氛,烘托节目主题,推动节目进程。

主持风格是主持人风格和节目风格的有机结合,是增强传播效果的一种途径,是传播艺术的综合体现。对于传播主体而言,主持风格是诠释主持人特质的重要手段,是主持人在外在形象、个性语言、性格气质、生活实践、心理特征等方面呈现出来的具有统一内涵、相对稳定又独具个性的艺术特色;对传播客体而言,主持风格是综艺娱乐节目人格化传播的重要形式,是增强节目和主持人的可识别性、帮助受众接收信息以及规范主持人传播行为的有效方式,也是衡量节目质量的重要标准之一。从整体上确立具有时代特色并为广大观众接受的风格类型,在此基础上形成占主导地位的风格流派、打造具有全国乃至世界影响力的电视节目主持人,需要树立创新意识,继续向品牌化、专业化、人文化方向塑造主持风格。

第二节 主持风格的类型

主持人由于主持经验、交际范围、知识结构、文化修养、生活经历等各不相同,因此对于事物的认识也会有个体性、经验性的差异,甚至是本质上的差异。心理学家研究显示，个性对某项具体的实践活动存在着明显的影响，在专业知识同等水平的情况下，个性会使得其风格各异。由于自然特质和修养品位的不同，综艺娱乐节目主持人的主持风格多种多样。例如，中央电视台的朱迅以爽朗自然、真诚热情而受到观众的喜爱，尼格买提以幽默机智、平易近人的风格而受到观众的追捧；湖南卫视的何炅以睿智、亲和、朝气蓬勃而受到广大青年朋友的欢迎。不同特点的主持人所表现出来的主持风格不一样，相同的主持人在不同的节目中也可能呈现出不一样的风格类型。

一、情感型

情感型的主持人富有想象力和创造性，通常比较敏感且感性，情感丰富，善于表达、传递情感，表情生动，语言煽情。情感型的主持人对受众的情感和情绪影响最大。受众在观看电视节目时，希望在快节奏的生活中找到情感慰藉，听到令人心动的话语或故事，而真正能够打动人心的，无疑就是情感。情感型的主持人通常善于进入角色，能够在不同的场合传递情感，感动受众。在中央电视台的众多主持人当中，董卿的主持风格独树一帜，其语言表达居于口语化与精英化之间，观众对董卿的评价是亲切、自然、娓娓道来。近年来，她在文化类综艺娱乐节目中展现出自己的特质，在主持节目时能和观众建立良好的情感交流渠道。

《中国诗词大会》第三季第一场，董卿在开场白中说：

> 《中国诗词大会》从2016年播出之后就引发了全社会对中国传统文化的热爱和追随。文化兴，国运兴；文化强，民族强。

“热爱”和“追随”是我们现在一直提倡的文化自信，董卿用十二个字——“文化兴，国运兴；文化强，民族强”指出文化兴之后我们的民族才会更强大，才能踏上新的征程。董卿的这段开场白紧紧扣住了时代主旋律——新时代、新征程。可以看出，董卿怀着激动的心情带着对节目的良好希冀，将个人的情感和公众对文化复兴的激情融合得巧妙得当，有极强的代入感。在这场节目中，有一位选手身患胃癌，他在挑战结束后发表感言的时候，对女儿说了一段话，他希望明年还能带着女儿一起来参加《中国诗词大会》。面对此情此景，在座的嘉宾、现场观众和电视机前的观众百感交集，董卿作为节目主持人，说了这样一段话：

> 我们经常会把一些突如其来的、无法控制的、左右我们的力量称为命运，

可命运到底是什么？其实，命运可能就是上苍对我们的意志、勇气的一种考验。我记得有一位西方的哲人说过，命运无法妨碍我们去欢笑，即便它在胁迫我，我也要笑着面对它。很感谢你今天来到我们节目当中，让我们看到了一个扼住命运咽喉的生活的强者。我们也把刚才你的那道考题的那句诗送给你，“但愿人长久，千里共婵娟”。我们在这里等着你，期望明年再见到你。

这段话包含三个方面的内容。第一个方面，董卿以自问自答的方式对命运是什么作出阐释——“命运可能是上苍对我们意志、勇气的一种考验”，表达了对这位选手的崇敬之情；第二个方面，董卿引用一句西方哲学家的名言——“命运无法妨碍我们去欢笑，即便它在胁迫我，我也要笑着面对它”，表达了对这位选手的祝愿，希望他能够笑着面对生活；第三个方面，董卿在进行人文关怀之后把话题引回诗词大会这个主题上，把选手回答的诗句送给他，祝愿他还能参加《中国诗词大会》。董卿的这段话体现了主持人的人文关怀精神，使节目增添了浓浓的温情。其实，内心充满激情却在外部声音形式上加以控制的表达，最具感人的力量。综艺娱乐节目主持人对于情感的表达，需要在实践中反复揣摩，目的是把所经历的事情和深切的感受告诉大家，通过声音形式透射出内心情感，使传受双方产生共鸣。

二、机智型

有些综艺娱乐节目为了获得逼真、热烈的艺术效果，采用录播加直播的形式。然而，尽管事先有过多次彩排，直播中也有风险存在，如技术故障、表演失误、突然忘词、节目时间过短或过长等，这时最需要主持人的应急控场能力。而娱乐游戏或益智节目互动内容多，万一临场脱口而出的话语有不恰当之处，也需要主持人机敏而巧妙地处置。因此，主持人的应急控场，表现为临场的随机应变，能够“力挽狂澜”，能够机智巧妙地救场补台，使节目得以顺利进行。湖南卫视综艺娱乐节目主持人何炅以“高情商”著称，他在多档综艺娱乐节目中表现出敏锐迅速的反应能力以及收放自如的控场能力，通过机智的话语巧妙化解节目中的尴尬。

谢娜：那个时候荧屏上流行那种主持方式是很做作的，我都觉得我一辈子都当不了主持人。（谢娜评价老一辈主持人的主持方式做作）

何炅：也不是做作，那时候是比较规范。

在这期节目中,谢娜在对老一辈主持人的主持方式发表评价的时候,没有注意到用词的不恰当,因为“做作”为贬义词,有贬损第三方的嫌疑。此时,主持人何炅采取的策略是替换词语表达,将“做作”二字换成“规范”,同时也提醒谢娜,用词不准确会伤害到其他人的感情。

优秀的综艺娱乐节目主持人在面对意料之外的情况时,总是能从体谅对方、为他人解围的角度,巧妙地转移观众的注意力,或索性点明自己的失误,自我解嘲。但是,有些主持人不是在低水平的层面上俗不可耐地插科打诨,就是说出一些很不得体的贻笑大方的话,或者故作幽默、不伦不类。比如在一次综艺晚会上,一个上海小姑娘做“滑轮低身过竿”冲击吉尼斯纪录的现场表演,结果滑了三次都没能成功,场面有些尴尬,谁料主持人“哪壶不开提哪壶”,走上前问道:“你三次都没能钻过去一定很难过吧?”当时小姑娘眼泪都流下来了,主持人这样的提问真让人觉得“残忍”。巧妙、得体、令人叹服的机智语言,可以体现主持人的文化积累、情趣品位以及善解人意、宽厚豁达的胸怀。

主持人精彩得体的随机应变确实能够不露痕迹地避开险情,扭转局势,这是综艺娱乐节目主持艺术中不可或缺的重要内容。首先,主持人在瞬间产生的灵活思维、丰富联想以及快速组织语言的能力,全来自平日的学习、积累和实践中的苦练。其次,优秀的综艺娱乐节目主持人向来都积极主动地参与节目前期与各路主创人员的磨合,与相关人物的直接交谈,掌握感性的第一手材料,绝不简单机械地依赖现成的串联台本,因此,他们在意外情况发生时的随机应变能够紧扣主题,应变的话语也能有品位、有格调,准确、到位而有力。最后,优秀的综艺娱乐节目主持人的主持状态应该是感情充沛,理智清醒,积极、自信、兴奋、从容的。“积极”来自职业热情;“自信”来自充分准备;“兴奋”意味着保持一定的紧张度,主持人的思维、情感都处在一种积极的工作状态中;“从容”意味着松弛,只有适度松弛,思维和感受才能灵敏,观察才会细致,注意力的分配才能恰当,因而能在出现意想不到的情况时,迅速作出反应,依据平时的储备、节目的主旨、具体的情况,有话可说,说合适的话。

三、幽默型

受众都喜欢具有幽默感的主持人,因为幽默能够活跃现场气氛,增加节目的可看性,而且能缓解现场嘉宾和观众的紧张情绪。幽默,是人际交往中的润滑剂、缓冲剂、黏合剂，它像一座桥梁，拉近了人与人之间的距离，使陌生的心灵变得亲近。幽默的主持人，能以恰当的方式沟通感情，融洽气氛；以轻松的形式化解矛盾和尴尬，使人们置身于既轻松有趣，又能领悟哲理的环境当中。实践证明，在“群言式”“互动式”节目中，幽默是主持人追求和倡导的一种品格。

《天天向上》是湖南卫视推出的综艺娱乐脱口秀节目，它以传承中华礼仪文化和倡导社会公德为主旨，每期邀请演艺明星和社会各界知名人士作为嘉宾参与访谈和表演。节目氛围欢快轻松幽默，从开播以来就获得高收视率，深受观众喜爱。2019 年 5 月 26 日播出的《天天向上》主题为推广粤菜，节目邀请到李湘、张柏芝、陈意涵三位嘉宾。开场的时候主持人汪涵问嘉宾喜不喜欢吃粤菜，喜欢吃其中的哪儿道菜，在和张柏芝交流的过程中有这样一段对话：

张柏芝：我喜欢蔬菜，因为我天生喜欢吃素。

李　湘：小的时候，爸爸妈妈给你吃肉，你应该也不知道吧。

张柏芝：我妈妈打到我不行。

汪　涵：爸爸妈妈拿着火腿追她呀。吃不吃？拿着火腿追。

张柏芝：我就是天生不喜欢吃肉。

汪　涵：柏芝，我想问一下你，既然是天生的，你是哪天生的？我们也都是天生的啊。

当嘉宾张柏芝说到妈妈为了让她吃肉而打她的时候，汪涵将略显严肃的事情用极其具有画面感的诙谐语言表现出来，立刻使观众在脑海中想象出妈妈拿着火腿追张柏芝的搞笑画面。之后，张柏芝说“天生不喜欢吃肉”，汪涵用词语上的转换反问了一个问题，收到了意想不到的幽默效果。

幽默主要是通过语言传递的，但又不仅是语言的一种表现形式、表达技巧，它首先是一种人生态度。这是一种积极、乐观而又平和的心境，是一种俯瞰人生的大境界。凡是富有幽默感的人，他对人生一定有积极乐观的思考，能敏锐发现生活中的趣事，既能看到可笑的一面，又能看到可爱的一面，善于在联想中领悟蕴含的哲理。同时，幽默的人有宽厚豁达的胸怀，不急功近利，对生活充满信心又冷静睿智，总是乐于给别人带来快乐。幽默中的智慧和善意，不仅即刻令人忍俊不禁，陶醉其中，而且过后仍可让人反复回味，余韵悠长，给人带来愉悦的精神享受。

四、活泼型

活泼型风格的节目主持人一般聪颖可人，惹人喜爱。他们思维敏捷，反应迅速，快言快语，轻灵活跃；他们的声音也许并不十分响亮，但自如纯净；他们的外形也许不算漂亮，也不刻意修饰，但清纯洒脱，举手投足间洋溢着青春的活力，给人一种自然天成的美感。

活泼型主持人能够充分发挥自己的优势，传递给受众的主要感觉就是——舒服。中央电视台综艺频道大型综艺游戏互动类节目《幸福账单》集合了情感故事、才艺秀、大型游戏、现场互动等多类元素，由朱迅、马跃、宫岩担任主持人。其中，朱迅是家喻户晓深受观众喜爱的主持人，她除了主持综艺娱乐节目之外，还多次参加大型综艺晚会的主持工作，轻松活泼的主持风格也成为她的标签。在2020年12月29日《幸福账单》这期节目当中，朱迅和其他两位主持人的开场词是：

朱迅：我们是幸福三宝，我是迅宝。

马跃：我是跃宝。

宫岩：我是宫宝。

朱迅：好了，赶快有请我们今天的第一位报账人。

节目开场，朱迅和其他两位主持人除了语言上表现得活泼伶俐外，在肢体语言上也进行了精心设计，把观众带入轻松愉悦的氛围中。这期节目出场的第一位报账人是来自新疆的迪力亚尔，他演唱了一段歌曲《左手指月》，独特的唱腔引发观众的热烈掌声。表演结束进入主持人和报账人访谈阶段，朱迅与他发生了如下对话：

迪力亚尔：大家好，我是来自新疆的迪力亚尔，我是一名音乐老师。

朱　迅：你的声音很特别，有特别厚的那个部分，也有很高亢近似于女声音域的部分。

迪力亚尔：我小时候声音特别尖，小学的时候在广播站“上班”。

朱　迅：我小学时候也在广播站“上班”，一到上操的时候我可得意了：（我不用做操）你们去吧！

当迪力亚尔讲到“我小学的时候在广播站‘上班’”，朱迅马上用俏皮的话语回应道:“我小学时候也在广播站‘上班’,一到上操的时候我可得意了。”令观众开怀大笑,并为她的活泼所折服。她的快乐自然、大方、随意而不做作,是一种发自内心的快乐。正是这种活泼风趣、个性十足的主持风格让观众领略到了朱迅式的快乐。

活泼型风格的主持人除在外形上透着一种生动自然外,在言行上也透出一股朝气。他们在节目中始终保持着饱满的精神状态,无论是与搭档、受众沟通,还是同演员、嘉宾交流,都能把自己的情绪调控在合适的兴奋点上,并且适时用语言、态势刺激对方,使现场一直处在轻松欢快的氛围中。

风格是多样的,不同的主持人有不同的风格,同一个主持人也可能集几种风格于一身,而且有的综艺娱乐节目主持人的风格界限并不十分清晰。因此,这里将主持人的风格归纳为四种类型只是一种粗略的划分,遇到具体问题还须具体分析。

第三节　影响主持风格形成的因素

综艺娱乐节目自20世纪90年代至今呈现出多类型的特点,节目内容、节目模式融合了许多娱乐元素和互动元素,成为观众收看的主流节目类型。近些年,综艺娱乐节目类型的多样化使得节目更新迭代的速度越来越快,节目形态更加灵活多变,主持风格也各具特色,已经打破以往既有的规范和标准,更加适应观众日益变化的收视需求。整体而言,综艺娱乐节目主持风格的形成受主持人外观形象、性格、语言表达等因素的影响。

一、外观形象因素

如果说“主持人的形象对节目的受众具有广泛深刻的影响”是从社会意义上观照主持人的形象,那么,“主持人的形象是节目风格的体现”则是从审美角度来审视主持人的形象。主持人的选择在节目策划之初就有一个明确的定位,要与节目的风格和内容相吻合。主持人的外观形象不单指面貌、体态、衣着、打扮,也包括神情、举止、风度。主持人的外观形象与其仪态、表情、精神状态紧密相连,因此,对主持风格的形成也会有所影响。影视演员刘晓庆曾经以节目主持人身份主持知识性专题片《世界电影之林》遭受“滑铁卢”就是一例。当时,刘晓庆在电影表演艺术方面独具才华,她主持一些娱乐性的电视节目也能应付自如。但她却主持了《世界电影之林》这一本应由电影史专家、学者承担讲解工作的节目,在主持中错误地以为加强主持人的表演性就能吸引受众,在节目中使用了不合适的肢体语言和表情,用了一些不合适的背景道具,甚至学一些外国主持人的姿势神态。一些报刊评价说她“手足无措,动作做作,极不自然”,“要努力表现出一种渊博而又潇洒漂亮的样子,却形成了她的形象、气质不适合这类知识性专题节目的结果”。除此之外,她还没有注意个性特征与节目定位的关系,将表演与主持混为一谈,将娱乐节目与知识性专题节目混为一谈。

主持人的节目形象不等于生活中的“自我”,不是主持人自然状态的照搬和翻版,更不是对特定形象的扮演,而必须融入节目的特色,融入节目目标受众对主持人的“角色期待”。主持人的外观形象凝聚着主持人对节目、对受众的理解,以及对自身创作因素的调适,加之创作群体对主持人的“包装”,这样的主持人形象才能成为节目形象的标志、品牌,让人们见到这个节目就想到这位主持人,见到这位主持人也就想到这个节目。董卿作为文化类综艺娱乐节目主持人,在《朗读者》《中国诗词大会》等舞台上,举止得体,谈吐大方,气质稳重,着装精致时尚,微微前倾的身体、微笑的脸庞、谦和的形象牢牢吸引着观众。江苏卫视大型相亲类综艺娱乐节目《非诚勿扰》的主持人孟非,主持节目时句句在理、坦率真诚的情感表达,一语中的的独到见解,极具个人特点的外观形象,让他成为《非诚勿扰》不可替代的主持人。江苏卫视推出的大型脑力偶像竞技真人秀《最强大脑》的主持人蒋昌建,儒雅、睿智、有深度又不失激情的形象,很符合节目的气质,给观众留下深刻印象。综艺娱乐节目主持人的外观形象是在其长期的求学经历、工作历练、情感经历中逐渐形成的,它是主持人内在气质与仪表风度的和谐结合与完美体现,它可以随时让受众触及并感受到,并且可以直接影响节目的品位和影响力。

二、性格因素

心理学研究表明,性格是“不断地受到社会环境的影响、教育的熏陶和自身的实践,长期塑造而成的”,它在各种活动中,在语言上、外貌上,在对现实的态度、意志力、情绪特征、理智特征上都有表现。① 一般来讲,人们喜欢性格开朗大方、真诚善良,富于激情和活力又善于自制,比较外向、积极、灵活、自信而有感染力的主持人;而生性腼腆、怯懦,过于内向、被动的人主持综艺娱乐节目实在有些勉为其难。对综艺娱乐节目

① 曹日昌.普通心理学:下册[M].北京:人民教育出版社,1980:179.

主持人基本的共性要求,包括主持人的亲和力、观众意识、“台缘”等,这些因素有的源于主持人的先天素质,有的源于其能力及对观众的态度,有的源于性格。综艺娱乐节目主持人应该有感悟生活的智慧、健全乐观的性格、活跃丰富的想象力、热情活泼的亲和力、幽默风趣的谈吐以及“与民同乐”的态度等。其中,幽默的天性和才华,是综艺娱乐节目主持人难能可贵的品质,撒贝宁、汪涵、何炅、朱迅、尼格买提、李静、蔡康永等,在这方面都有优秀的表现,能够巧妙而不生硬低俗地“搞笑”,这与他们乐观的生活态度、与生俱来的娱乐精神是密不可分的。

从综艺娱乐节目的参与性、互动性、动态性、开放性等特点看,主持人在应激状态下需要较强的意志力和理智,有机敏过人的处置能力,遇到意料之外的情况发生,能镇定自若,快速做出决断、灵活妥善地处置。相反,有些缺乏自信、遇事慌乱,或者虽有激情但不善自制的人,尽管其他条件合格,若不经过性格和心理方面的自觉调整、刻苦磨炼及某些关键因素的自我突破,做综艺娱乐节目主持人难免捉襟见肘。

2015 年 7 月 18 日,中央电视台一套的《开讲啦》节目邀请的演讲嘉宾是歌手张信哲,他和现场的一位青年代表有这样一段交流:

青年代表:我在网上搜索“过气歌手”的时候,它的相关链接里会出现张信哲。我提“过气”这两个字的时候你会不会心被突然抓了一下?

张信哲:不会。我常笑我自己是老学究或者是怪老头,其实这个我还蛮接受的。因为我在这个圈子已经这么久了,超过二十年了。其实不只是演艺圈,我想在各种行业里这都是正常规律,我觉得这部分可以接受。但是,“过气”这两个字基本上谁听起来都不舒服。

这位青年代表提的问题比较尖锐,张信哲在回答的最后还是表达了自己内心的不舒服。此时,撒贝宁将话题接过来发表观点:

撒贝宁:我觉得“过气”可以说是形容一个时间状态,但它并不意味着一个歌手被歌迷抛弃。恰恰相反,一个歌手如果能够在他几十年的歌唱生涯里始终被他的歌迷记住,当然这批歌迷长大了、成熟了,这些歌迷可能不会再像现在的 90 后、00 后的孩子那样天天刷微博来支持他,但是他在这些人的心里比在微博上更重要。

撒贝宁的这番话既阐述了歌手所处一定阶段的现实状况,又重新解释了“过气”

的含义,表达了歌手和他的代表性作品在歌迷心中的不可替代性。此时此刻,现场和电视机前的观众朋友都会被这段真挚的表达所感染,内心充满感动。可以说,这是撒贝宁在多年的主持经验中积累的丰富的专业素养的体现。他本身开朗、乐观、坚定的性格塑造了内心强大的信念,进而可以用更加包容和更加舒服的方式来温暖嘉宾和观众,这种表现非常值得我们学习和借鉴。

三、语言表达因素

语言表达是主持人风格形成的重要因素。主持人在对语言进行选择、组织时,个人主观方面的因素必然会融入其中,主持人最终表达出来的语言也必然体现着他的文化品位与个性特点。综艺娱乐节目大多是欢乐喜庆的、场面宏大的、观众众多的、节奏变化的,主持人的语言表达能力对现场的掌控起着关键性的作用。第一,主持人的语言要具有很强的感染力,声音富于弹性,高低强弱收纵自如,既要调动观众情绪,又要善于把握分寸;第二,主持人既能按照既定流程控制场面,又能视现场情况随机应变;第三,主持人应熟练掌握语言交流指向的变化与和谐,面对不同观众自如调节语言样态。主持人在掌握语言表达能力的基础上,要有自己的个性语言,个性语言越鲜明越突出,就越能形成风格。

综艺娱乐节目对主持人的语言功力要求较高,包括主持人对书面语言的理解力、感受力、记忆力;包括运用有声语言的表现力、感染力,声音形式富于轻重缓急、抑扬顿挫而又情动于衷的变化,以及驾驭节奏的控制力;包括即兴口语的生成力和表达力,语言内容要言之有物、言之成理,准确、鲜明、生动且风趣幽默。在主持人语言中,风格即其语言类型,主持人要交代主持任务,就要选择一种方式去传递信息。在类型风格中,具有多种言语风格,主持人使用某种言语风格,既要有实用目的,又要具备审美意识。

观众能够在湖南卫视《天天向上》节目中感受主持人汪涵的风趣与幽默。例如,在 2014 年 6 月 20 日《天天向上》节目中:

老师:我们要学会有建设性地吵架。

汪涵:老师的意思是让情侣们以后吵架的时候边吵边盖房子。

汪涵利用词语字面意思和深层意思的差异来实现幽默的语言表达,在节目中使对方的实际意图无法顺利实现,造成搞笑效果。在汪涵的主持语言表达中,幽默作为其风格特征之一，成为其类型风格的审美选择。

成功的幽默语言除了能够让受众心神愉悦之外，还能带来审美享受。对语音、词汇的创造也可以使语言具有幽默性，脱口秀类综艺娱乐节目的类型定位使受众弱化信息获取，用轻松的心理观看，而灵活的语言变化则是幽默性的语言审美表现。

例如，在2015年1月2日《天天向上》节目中：

汪涵：你这个名字是本名吗？

郎朗：是的。你知道我爷爷给我起的什么名字吗？

汪涵：什么名字？

郎朗：郎逸群。

汪涵：啊，狼一群！一群狼！

再如，在2014年5月23日《天天向上》节目中：

汪涵：曹格给很多歌手写过歌，郭富城、刘德华、张惠妹、徐若瑄、王心凌，还有蛇乐队。

在上述两个案例中，汪涵运用了谐音的幽默性（“郎逸群”解为“狼一群”），语音的创造性（女生偶像组合SHE读为“蛇乐队”），更好地吸引了观众的注意力，展现其风趣和幽默。

别林斯基在他的《艺术论》中说过：“风格是思想和形式密切融会中按下自己的性格和精神独特性的印记。”所谓性格，就是对待一个人或物、处理一件事时所表现出来的具有稳定性的情感和态度、习惯性的行为方式的心理特征。性格与先天的气质有关，与后天的个性也有关。前者是生理影响，后者是社会影响。主持人风格的形成是诸多因素共同作用下的一个长期的复杂过程，主持人的主体形象是主持人风格形成的决定性因素。

第四节　主持风格的塑造

综艺娱乐节目具有明显的艺术特征，主要实现节目的娱乐功能。这就要求主持人具备一定的艺术修养和表演才能，能活跃现场气氛，调动观众参与热情，能够参与表演一些故事片段，机智灵活地应付各种场面，使得节目能顺利推进，为观众带来欢乐。综艺娱乐节目的主持风格通常是欢快动感、热情活泼、幽默诙谐的，能营造活跃气氛，激发观众的愉悦情绪。比如，湖南卫视的综艺娱乐节目主持人何炅和中央电视台的主持人撒贝宁，在节目主持中不仅能够传播大众文化，还能将自身的文化素养展现出来，给人一种博学多识的感觉，而且这两位主持人都会唱会跳、能歌善舞，具有较强的综合能力，因此能在长期的主持工作中形成鲜明的个人风格。

纵观国内综艺娱乐节目主持人的风格，可以概括出以下三个特点：一是思维敏捷，逻辑严密。面对突发状况，主持人思维敏捷才能快速掌控现场。二是言语巧妙，风趣幽默。综艺娱乐节目的首要目标是娱乐观众，因此，在和嘉宾、观众互动的过程中，主持人必须保持自身的幽默感，才能调动嘉宾与观众的参与热情。三是设身处地，动之以情。主持人多站在嘉宾和观众的角度来思考问题，在与他们交流时才能做到动之以情。同时，打好感情牌也能更好吸引观众，提高节目的收视率。例如，中央电视台的节目主持人李思思，在主持节目时反应能力、语言表达能力、情感感染能力都非常强，在节目主持中风格鲜明。

一、综艺娱乐节目主持人风格塑造的基础

（一）文化底蕴的积累

综艺娱乐节目主持人应该具有深厚的文化修养和一定的文艺知识积累，熟悉各类艺术形式，有较强的艺术理解力、感悟力和鉴赏力。主持人对演员表演的特色或精湛之处，即席加以介绍、解释或恰到好处地进行评点，往往有助于受众的欣赏和介入，并刺激演员的情绪和状态，有机地烘托节目气氛，加强表演者和观众的情感交流。同时，主持人的解说若与综艺娱乐节目的内容风格高度契合，必然会进一步增添其魅力，因为丰富的知识和深厚的修养是主持人形成优雅端庄、潇洒倜傥的风度气质的内在原因。

综艺娱乐节目主持人要想在观众心目中留下深刻的印象，光凭靓丽的外表和服饰是不行的，还必须具有深厚的文化底蕴。多领域知识和常识的融合，会给主持人的认知体系带来深刻影响，经过长期的积累沉淀，文化涵养会内化到主持人的骨髓血液中，随着主持中的言行举止一一呈现在观众面前，无形中为主持人的主持风格注入一股灵动的文化气息，也使得具有深厚文化底蕴的主持人脱颖而出。在主持《中国诗词大

会》时，董卿表现出了丰富的古典文学知识，经常会随口解释选手诵读的诗词的背后含义，比如：

> “莼鲈之思”比喻思乡之情，“西南风”比喻思念的女子，成语可不光是四个字的，还有五个字的“坐山观虎斗”，六个字的“百闻不如一见”，七个字的“无可奈何花落去”，八个字的“一人得道，鸡犬升天”。

在《中国诗词大会》中，董卿随口说出许多诗人、词人的代表作品，让观众看到了传统诗词对董卿的深刻影响，董卿也成为传统诗词传播的端庄鲜活的样板。董卿之所以能有如此精深的诗词素养，与其在青少年时期的诗词诵读与延续至今的阅读习惯分不开。在《鲁豫有约》节目访谈中，董卿曾流泪谈及父亲对她诵读古诗词的严格要求，折射出了她文学素养积累的幕后辛劳。她为传播中国传统文化而严格内修、提升自我的努力，也表现出一种拼搏进取精神。对公众而言，她的精神成长史的电视化呈现，也印证和传播了传统文化的巨大价值。

(二)艺术修养的积淀

综艺娱乐节目融合了多种艺术形式，由于每期嘉宾和主题不同，节目内容会涉及音乐、戏曲、歌舞等众多艺术领域。综艺娱乐节目主持人应该有一定的表演才能和舞台经验，在文艺方面最好有一技之长，他们的适当表演会使受众倍感亲切，而且能丰富串联节目的手法，增加节目的新鲜感。节目本身对多种艺术元素的吸收和融合，对主持人的专业素养提出了较高要求：除了掌控节目本身结构和流程外，还要对各类艺术形式有所了解，这样才能在和嘉宾、观众的互动中把节目流畅地串联起来。所有这一切都要求主持人在日常生活工作中磨炼自身的艺术能力，自觉加强艺术修养，从而提高自己对艺术的感悟力和品鉴力，形成专属的主持风格体系。例如，湖南卫视《百变大咖秀》中的主持人何炅和谢娜就得益于艺术修养的积累，在每一期节目中，两人都能呈现出非常到位的表演和模仿。再如，《天天向上》中的主持人大张伟，其主持风格幽默活泼，且能歌善舞，除唱功非常扎实外，他还有着模仿的兴趣与能力，能够对其他明星身上的特点进行惟妙惟肖的模仿，加上一些夸张的表演，往往让观众捧腹大笑。

丰富的生活体验是综艺娱乐节目主持人提升自身艺术修养的重要途径。在综艺娱乐节目中，为提高节目的娱乐性，主持人需要加强与嘉宾及观众的互动，在互动过程中，主持人要真实置身其中，切实体会他人的感受。这就需要主持人具备丰富的生活阅历,在生活体验中积累更多经验。学习与实践是提高艺术修养的有效途径,且二者缺一不可,综艺娱乐节目主持人要想实现与观众心灵方面的沟通,就必须用心体会观众的生活,在对书本知识加以运用的同时,融入自身丰富的人生体验,引发观众共鸣。综艺娱乐节目主持人要想获得观众的认可,就必须付出努力,不断增强自身的艺术修养,提升自身的综合素质,塑造独有的主持风格。

(三)专业功底的支撑

综艺娱乐节目主持人作为有声语言的传播者,最重要的专业功底就是语言表达能力。大多数主持人都是科班出身,接受过系统的发声训练,那些“半路出家”的主持人,也会在开始主持时接受专业的培训。综艺娱乐节目不仅内容形式多样,而且受众群体庞大,数量多,层次广。主持人如果想在串联、解说或加以评论的时候展现独特的个人风格,就必须考虑语言与节目主题的融合:在主持观赏性比较强的综艺娱乐节目时,话语表达要书面化一些;在主持游戏竞赛性节目时,要注重节目活动程序的推进,开场要交代清楚本期节目的主题和宗旨,活动过程中要适时引导嘉宾、观众的情绪和思路,结束评判话语要得体风趣,或鼓励,或赞扬。另外,主持人的语言还要尽量雅俗共赏,这是综艺娱乐节目主持人风格塑造的实际要求,也是满足受众多层次欣赏品位的需要。

综艺娱乐节目主持人要使自己的语言产生雅俗共赏的效果,不仅要通过自身的不断学习努力提高文化艺术修养,静下心来挖掘节目的文化内涵;还要深入生活,深入社会,面向大众,把握时代脉搏,对人们的日常口语进行筛选、加工、提炼,寻找节目语言“雅”与“俗”的平衡点,让节目远离庸俗低俗的困扰和孤芳自赏的困惑,让受众在似曾相识又略感生疏的意境中对节目产生兴趣进而认可和钟爱它。娱乐游戏及益智类节目常常有很高的收视率,主持人与受众及嘉宾的互动机智而幽默,其中主持人语言的格调品位十分重要,在谈笑中把握起来有一定的难度,稍有不慎就可能陷入低俗的泥沼。

综艺娱乐节目主持人必须有良好的体态语修养,要能根据节目的节奏来做出相应的手势或身体动作,以便更好地传达节目主旨。要具有明朗畅快发自内心的笑容、优雅大方的举止、舒展潇洒的手势语、挺拔自然的站姿、灵活利落的走位、环视与注视交替并准确传达内心感受的目光语,要与有声语言协调一致。除此之外,主持人还必须对电视节目的艺术传播规律、电视节目的表现手段、电视节目的制作流程等专业知识有所掌握。有了专业功底的支撑,主持人才能更好地实现节目意图。

(四)幽默感的培养

幽默感对于综艺娱乐节目主持人风格的塑造尤为重要。大部分观众在观看节目时都会喜欢具有幽默感的主持人,喜欢感受节目活跃的现场气氛。主持人李佳明曾经主持中央电视台《绝对挑战》节目,在节目中表现得善解人意、机智幽默,经常能够用简练的语言轻松化解紧张或尴尬。在一次节目当中,李佳明宣布招聘的最后结果,获胜女孩高兴地蹦了起来,然后抱住另外两位落聘选手激动地哭了,李佳明诚恳而风趣地劝道:"别哭了,等你当了总经理,把她们招回来不就行了?"三个女孩破涕为笑,全场响起笑声和掌声。可见,主持人在节目现场的幽默语言表达能够彰显个人的主持风格,能够反映自身的职业素养。

如何做一个富有幽默感的主持人呢?台湾地区的著名节目主持人凌峰认为:"生活中的每一个人,只要有一定的文化修养,并且敢于挣脱那些无聊的束缚,幽默细胞就会活跃起来。"真正做到幽默不是一件容易的事情。上海东方卫视著名主持人曹可凡认为:"要达到幽默的效果,首先必须具备两大条件:立意的严肃性及形式的趣味性。严肃是幽默的内核,趣味是幽默的外壳,二者缺一不可。"①适当地运用幽默就好比给节目添加润滑剂,它能使紧张的气氛变得缓和,使沉闷的气氛变得欢快。但幽默并不是多多益善的,也不是要主持人不停地耍贫、逗趣。幽默的运用应该坚持两个原则:一是要出于善意,目的是活跃气氛,而不是贬损他人、拿他人的短处开玩笑;二是要把握分寸,就是要掌握幽默的"度",看准时机、场合,同时注意适可而止,切记:过犹不及。

要把握好幽默的分寸,不仅要有临场应变的智慧,还需要文化知识的积累,而这种文化知识的积累会贯彻一种人文精神,让你知道怎样尊重别人,度在哪儿。蔡康永就是这样一位主持人,他的聪明不在于他的妙语连珠,而在于他能在出世和入世、庸俗和大雅之间找到一个微妙的平衡点,因此他不怕从俗,也不媚雅。蔡康永出身良好,游历经验丰富,又是美国加利福尼亚大学电影学的硕士,可谓学养俱佳,更重要的是,他有一颗美好的心灵。有了这些铺垫,他的幽默就有了不一样的深度。他的言语之中时常带有微微嘲讽的意味,但是从不刻薄,他在节目中知道何处该放何处该收,也会适时用一句话把即将"疯"出界线的徐熙娣拉回来。有人说蔡康永的幽默是"画龙点睛",但这一"点"需要多少功力,值得娱乐界的主持人深思。

---

① 曹可凡,王群.节目主持人语言艺术[M].上海:上海人民出版社,1997:85.

(五)工作经验的总结

在综艺娱乐节目中,主持人要能够利用有限的环境和资源,尽量做出好的主持效果,这就对主持人的工作经验和主持技巧提出了较高的要求。对节目内容的即兴发挥,对气氛的调节,对临时紧急事件的掌控,不是通过一两次主持就能做到的。做好节目前期准备,明确节目主题,在主持之前把整个节目流程在自己心中预演一遍,能够有效提高节目的流畅度。主持经验的积累,需要时间作为基础,主持人要主动对自身的工作进行总结,才能更快找到属于自己的主持风格。

控场能力是主持人在长时期主持工作中必须逐渐积累的重要能力。主持人的控场能力主要表现在两个方面:一方面是准确体现节目基调、风格,和谐流畅地串联起整台节目、整场晚会;另一方面是灵活机智、迅速得体地处置现场发生的意外,保证节目的顺利播出。每一个综艺娱乐节目都有自己特定的主题和特色,主持人对节目的主题和特色均要深入领会,对特定的情感色彩和氛围要有整体的把握。主持人必须做到胸有成竹,不仅感情的酝酿、激发要准确到位,而且要具有鲜明性、深刻性和稳定性。易于"动情",是综艺娱乐节目对主持人的特殊要求,但是"动情"要有分寸感,从一定意义上说,艺术的真谛就在于分寸的把握。因此,既能迅速调动自己的感情并感染受众,又能准确地驾驭自己的情感分寸和表达感情的尺度,是综艺娱乐节目主持人控场能力的重要标志。另外,即兴发挥和临场应变是综艺娱乐节目主持人重要的主持内容。即兴发挥是相对于既定文稿的创造性语言,它是在没有现成文稿的情况下对眼前事物的有感而发。综艺娱乐节目主持人工作经验的积累,在相当大的程度上有赖于在现场的灵活调度和创造性发挥。综艺娱乐节目主持人朱丹,从最初主持浙江卫视的《我爱记歌词》到湖南卫视的《中国最强音》再到爱奇艺的《青春那点事儿》,凭借着每一次转变中工作经验的积累,逐渐形成自己鲜明的个人风格特色。

二、综艺娱乐节目主持人风格塑造的途径

(一)提升个人综合素养

主持人应该具备的素养包括思想素养、身心素养、专业素养等。首先,主持人应该具有较高的思想政治素养。综艺娱乐节目主持人是新闻传媒工作者,同样要具备清醒的政治头脑、一定的思想理论功底和基本的新闻素质。当前,在流行文化的浪潮中,主持人有责任、有义务坚持正确的价值导向,不以低劣、媚俗的东西取悦受众,要提升自

己的审美品位,用健康向上的美好状态为受众服务。主持人要坚持雅俗共赏、积极健康的审美理想,尤其在节目中制造笑料时,自觉抵制低级庸俗的趣味。要清楚那些偏离先进文化方向的东西会逐渐钝化受众的思维独立性,弱化受众的想象力,降低受众的审美品位,甚至导致整个社会文化素质的下降。在对节目信息进行传播时,主持人必须保持正确的舆论导向,同时还要自觉遵守我国的宪法和法律法规,用好传播媒介。其次,主持人要具有良好的身心素养,身心素养是其他素养的基础,也是个人技能得以立足的根基。健康的体格和稳定的情绪有利于主持人更好地应对主持工作中的压力。最后,专业素养的提高,要求主持人不断完善自身的语言体系,熟知整个节目的编排流程,与节目嘉宾进行前期沟通,懂得根据节目节奏抒发自己的情感。只有将这些素养融合统一,综艺娱乐节目主持人才能形成独特的主持风格。

(二)强化主持风格品牌建设

主持人的风格塑造直接关系到节目的品牌化以及观众对节目的喜爱程度。综艺娱乐节目主持人风格品牌的建设,主要受外部和内部两种因素的影响。外部因素是节目播出的平台和节目本身的质量,内部因素是主持人在节目中展现出来的主持风格。传播范围广泛的平台,可以获得更大的观众规模,很多节目创办时,也会对自家主持人进行宣传。一些媒体会根据主持人自身特点量身打造节目,如《鲁豫有约》,由于凤凰卫视本身强大的平台、节目与主持人的完美契合,《鲁豫有约》迅速实现了主持人品牌化建设。主持人鲁豫自身的主持才华以及个人魅力,给节目打上专属烙印,从而实现个人的品牌化。主持人品牌化实现之后,要尽心地去维护,比如给节目和主持人制作宣传片,进一步扩大影响力等。台湾地区著名的品牌综艺娱乐节目《康熙来了》开播以来取得了较高的收视率。节目中主持人蔡康永、徐熙娣即兴的发挥、娱乐搞怪的主持风格、大胆随意的提问让节目嘉宾防不胜防,惊喜连连。节目组采用两位主持人的名字来命名节目,并且让在娱乐圈内有一定名气的主持人来搭档主持,大大提高了节目的知名度。蔡康永和徐熙娣两种完全不同的主持风格混搭在一起深受年轻观众的喜爱,形成了独一无二的主持人品牌。对于综艺娱乐节目主持人来说,强化主持人风格品牌建设能够很好地提高主持人的整体素养,这不仅是对主持人自身工作的肯定,也是主持人自我价值的升华。综艺娱乐节目主持人风格品牌建设不仅是个人自身发展的追求,也是电视台和节目管理者所要考虑的战略问题,是主持人自我塑造、自我提升、不断发展的重要议题。

(三)丰富主持人的内在积累

主持人的内在积累会通过气质表现出来,具体表现为主持人在主持过程中展现出的个性化主持方式。首先,主持人要敢于尝试探索新事物,让自己突破固有思维的限制,以新的角度去认识节目、认识观众,对自身的主持风格进行不断创新,才不致被时代潮流淹没。其次,主持人要做到"真",因为在综艺娱乐节目中,主持人是舞台的掌控者,要有意识地引导嘉宾、观众遵守既定流程,要知道如何更好地控制自己的情绪,不要一味盲目地煽情,而要以诚待人,流露自己最真实的情感。最后,主持人在长期的节目主持中要将自身与节目合二为一,让节目成就主持人,主持人同时成就节目,唯有如此,主持人才能形成令人折服的个人魅力。

主持人需要加强文化的积累和沉淀,提升自身文化水平,夯实自身文化功底。国内优秀的综艺娱乐节目主持人大多都具有良好的文化素质、丰富的文化内涵和深厚的语言功底。董卿是中央电视台知名的节目主持人,出生在书香门第的她自幼喜欢读书。董卿十分注重自己的文化知识储备,在工作的同时还在华东师范大学进修中国古典文学,随后又在上海戏剧学院攻读艺术硕士学位,不断学习文化知识。综艺娱乐节目主持人只有具备良好的文化素质,才能制作出与众不同的综艺娱乐节目。文化素质的形成与提升并不是一朝一夕就能完成的,一定是在生活中日积月累的,一定要脚踏实地,实事求是。综艺娱乐节目主持人内在文化素养的培养比外在形象的塑造更为重要,内在美才是综艺娱乐节目主持人真正的魅力,才是受观众喜爱的根本原因。

综艺娱乐节目主持人的风格塑造不是一蹴而就的。风格的形成,必须以专业的主持素养和真实的情感表达做支撑,以节目主旨和自身特点二者相融为前提。同时,在风格形成的过程中,要自觉接受观众的考验,只有符合观众需求,主持风格才是成功的。主持人只有在释放自我和满足观众之间找到平衡,才能塑造独特的主持风格。

思考题

1.影响综艺娱乐节目主持人风格形成的因素有哪些?

2.如何理解和看待综艺娱乐节目主持人的风格特征?举例说明。

第五章 综艺娱乐节目主持的作用

要点提示:

本章介绍综艺娱乐节目主持的作用:第一,组织串联,包括关联性串联法、节奏性串联法、文化性串联法、总结性串联法。第二,协调沟通,包括与专业搭档、嘉宾主持、主持群、受众及工作人员的协调沟通。第三,驾驭控制,具体指确定节目基调、推动节目进程、制造节目气氛。第四,采访提问,包括采访提问的具体方法和技巧。

《非常6+1》制片人哈文说:"节目组几十个人在工作,到了录制现场,就只有看主持人的表现了。主持人就像汽车驾驶员,方向盘、油门、离合器都由他操作,在关键时刻,只有他能控制现场,主持人的作用任何人也替代不了。"这段话道出了在节目现场,主持人独一无二的重要作用。概括来说,主持人在节目现场的重要作用包括组织串联、协调沟通、驾驭控制和采访提问等。

第一节 组织串联

从1990年开播的《综艺大观》到现在的《非诚勿扰》《奇葩说》《中国有嘻哈》等,我国综艺娱乐节目进入了快速发展的新时期,各种综艺娱乐节目层出不穷,极大地满足了受众的需求。综艺娱乐节目的核心已经远远不止娱乐这么简单,现今的综艺娱乐节目需要在令人精神放松之余,具备一定的思考价值、审美价值以及更加纯粹的娱乐精神。与此同时,综艺娱乐节目对主持人的要求也越来越高,主持人要有主人翁意识,控制节目进程,要能应对各种突发情况,并且用自己的才华和智慧为节目增光添彩。综艺娱乐节目的核心人物——主持人,在综艺娱乐节目中的作用举足轻重。主持人在节目中首先具有组织串联作用。串联词是主持人组织、串联各节目的话语。它承接上一个节目,开启下一个节目,是主持人穿梭于节目内容和观众之间的手段和途径,也是达到理想传播效果的关键因素。因此,串联词一要准确,与节目内容紧密联系;二要简洁,不喧宾夺主;三要有情感,能感染观众;四要灵活多变,忌千篇一律。主持人在综艺娱乐节目中经常用到的串联方法有以下几种。

一、关联性串联法

这是最常用的一种方法。其具体作用是:通过主持人的描述,使前后两个节目变得有关联,从而加深观众的理解。

例如董卿在《欢乐中国行·走进安康》中的主持词:

观众朋友大家好!欢乐中国行,快乐在进行!随着陕西民歌《山清水秀太阳高》的熟悉旋律,我们来到了秦岭、巴山之间的神奇大地——陕西的安康市。安康这个名字,有着“万年丰乐、安宁康泰”的吉祥寓意。秦巴汉水造就了这里奇妙自然的生态环境,集秦风楚韵于一身,包容并蓄的深厚文化底蕴,无处不透露出安康的与众不同。在安康第九届龙舟文化节开幕和端午佳节的日子里,我们将为大家如数家珍地从各个方面来说一说安康的独特之所在。首先,让我们有请凤凰传奇带来《自由飞翔》!

如果你来到安康,你会很惊奇地发现,秦岭之南,巴山脚下,汉江之滨的安康:山,奇秀多姿,峰峦叠嶂;水,江河如带,蜿蜒缠绕;树,四季常青,层层叠翠,一派江南水乡的温柔景色,然而又不失大山汉江之滨的俊秀。南宫山、香溪洞、千家坪、凤凰山、擂鼓台,碧水蜿蜒,绿野连绵,既有北方的雄浑,又透出南方的秀美,真是适宜人居的好地方!恍惚间我们会不知自己身处何方,究竟是南方还是北方,这就是安康的第一奇——南北兼备,东西交融。所以,不论你是哪里人,来到安康都会感到似曾相识,感受到一份暖暖的阳光。就让我们在这里一起度过一段最美的时光!下面让我们来欣赏歌曲《最美的时光》!

这两段串联词既简洁又富有感染力，充分调动了观众的感官，使各个看似独立的节目相互关联，成为一个不可分割的整体。精彩的串联词可以将节目有机串联在一起。

二、节奏性串联法

主持人是"在广播电视节目中，以个体行为出现，代表群体观念，以有声语言为主干或主线驾驭节目进程，直接面对受众，平等地进行传播的人"①，也是节目进行中节奏的操作者、把握者和指挥者。其主要职责是"内容创作、掌控全局、信息传达和沟通受众"②。节目主持人是节目的终端，一个节目的精华和灵魂往往集中体现在节目主持人的身上。主持人以"主人"的身份把握着节目的进程，掌握着节目的节奏，调剂着节目的气氛。

李咏这样讲述自己在节目中的"节奏"：

> 娱乐节目总体的节奏要紧凑，但这里边又有一个辩证法，不能一味快到底，心理节奏也不能始终紧张，要有张有弛有变化。比方说刚上台与大家侃谈时，尽管语速很快，但心理节奏是轻松的，让大家畅快地大笑，还没笑完呢，我马上脸色一变开始出题，又把大家带入一个紧张的节奏中。
>
> 我还经常这么做，比如你已经得了 11 个商标，再答对一题就大满贯了，这最后一题你不是着急吗，我可就不着急了，我不好好念题，而是忽忽悠悠云山雾罩地兜圈子，让观众很开心，让另外两个落后的选手也高兴一下。这时所有人都看出这小子是故意的，而那个离成功只有一步之遥的人脸上最有戏了，他都烦死我了，可我还不说题呢。最后，我才飞快地把题一说，他答对了，我马上宣布他胜出，向他热烈祝贺，同时音乐一起，彩条一抛，从轻松到紧张，从紧张到狂欢瞬间完成，这就是跳动的节奏，好看的节奏。
>
> 这其实不是我发明的，我是跟辩证法学的，欲扬先抑，欲抑先扬；我也是跟戏剧学的，跟好莱坞大片学的。这些东西，道理是简单的，制造元素是复杂的，设计是琐碎的，实施是需要感觉的，需要有点天才。③

① 赵玉明，王福顺.广播电视辞典[M].北京：北京广播学院出版社，1999：212.

② 陈虹.节目主持人概论[M].北京：高等教育出版社，2013：11-12.

③ 刘琼雄，楼河.非常李咏[M].北京：京华出版社，2006：125.

总之,一个成功的主持人必须紧紧跟随时代节奏,始终掌握节目运行节奏,努力把握好心理节奏,使节目适应受众的接收节奏。

三、文化性串联法

威尔伯·施拉姆在《传播学概论》一书中,正式将传播功能确定为:雷达功能、控制功能、教育功能、娱乐功能。综艺娱乐节目在传播过程中不仅要有娱乐功能和娱乐精神,更重要的是还要具有教育功能和文化导向。文化性串联法能让主持人在主持节目的过程中潜移默化地提高受众的文化品位。

赵忠祥和杨澜在《正大综艺》中的串联词就很具有代表性:

杨　澜:亲爱的观众朋友们,今天第一站旅游我们请大家看看潮汕地区。如今,这里经济已经十分发达了。可是早先,这儿是个穷地方,历史上是贬谪官员的地方。韩愈就是被贬于此,曾在这儿当了八个月的刺史。

赵忠祥:是的,这里的人们修起韩公祠,至今仍在怀念他;历史上苏轼曾作《潮汕韩文公庙碑》怀念韩愈,可见韩愈为政治清廉。不过,韩愈当年曾在此有一个奇怪的举动,并有文为证,那就是《祭鳄鱼文》。多么离奇,一位大文学家竟与鳄鱼对话。这篇文章相当完美,且义正词严。文中有:"维年月日,潮州刺史韩愈,使军事衙推泰济,以羊一、猪一,投恶溪潭水,以与鳄鱼食,而告之。"

杨　澜:郑重其事。

赵忠祥:韩愈列举鳄鱼残害老百姓罪状。文中说:"今与鳄鱼约,尽三日,其率丑类南徙于海,以避天子之命吏。三日不能,至五日。五日不能,至七日。七日不能,是终不肯徙也……夫傲天子之命吏,不听其言,不徙以避之,与冥顽不灵而为民物害者,皆可杀……必尽杀乃止。其无悔。"据说,鳄鱼真的在一个风雨之夜溜之大吉。这简直是一篇神话。连苏东坡也著文记述。两大文学家岂不是在讲鬼故事?

杨　澜:鳄鱼能听听文章就乖乖走了,简直离奇。

赵忠祥:我想这篇文章是真真实实的,然而另有所指。其实,韩愈这篇文章是向恶势力宣战。文中说:"刺史虽驽弱,亦安肯为鳄鱼低首下心。"

杨　澜：那时候，韩愈身体不好，而且又是被贬的官员，地方恶势力一定对他的治理政令进行捣乱。

赵忠祥：这些细节可想而知。当时韩愈身体状况确实是挺糟的，他在《祭十二郎文》中说："吾年未四十，而视茫茫，而发苍苍，而齿牙动摇……吾自今年来，苍苍者，或化而白矣。动摇者，或脱而落矣。"

杨　澜：未老先衰。

赵忠祥：但韩愈以大无畏的气概与恶势力抗衡，造福一方，其功不可没。

杨　澜：往事悠悠，还是看看当年韩愈所在地，今日新风貌吧。①

综艺娱乐节目主持人，既要突出节目的娱乐精神，又要彰显节目的文化品质。这段主持词引经据典，由古及今，先是交代了潮汕地区的历史特色——贬谪之地，并以韩愈为例，赞颂其爱国爱民的大无畏气概，思接千载，顺势勾起观众"看今朝"的兴趣。

四、总结性串联法

对上一个节目或发言做简短而凝练的点评，能够让观众更好地理解和把握节目主旨，也能够自然推动节目流程，引出下一环节。

在《开讲啦》中，陈坤进行题为《人生路，莫慌张》的演讲之后，有青年代表质疑道："行走真的有意义吗？从何体现公益？"陈坤解释说，他想跟大家分享的是心灵的平静，他希望人们能通过行走这种最简单和本能的方式，与自己的内心对话，听到自己内心的声音，所以，"行走的力量"属于心灵建设类的公益项目，它是关乎心灵和精神的慈善。陈坤解释完后，撒贝宁接着发表自己的观点：

公益其实分很多种，我们的社会现在可能更多把目光放在了那种捐助物质的公益上，那是一种方式。但是，中国有句话叫"授人以鱼，不如授人以渔"。所以，陈坤他这种"行走的力量"表面上看并没有给我们带来什么物质上的东西，但是如果有人能够从这个活动中感受到：原来我们还可以这样，用这样的方式回望一下自己的人生，寻找一下内心的正面的能量，那么也许当他领悟到这个了，用这种正面能量为自己未来的道路开拓

① 赵忠祥.岁月随想[M].上海：上海人民出版社，1997：82.

更广阔的境界的时候，功德无量啊！

主持人撒贝宁凭借敏锐而快速的反应能力，运用清晰而应景的语言，恰到好处地驾驭了整个对话场面，使嘉宾和青年代表之间的交流更加顺畅，沟通更加有效。作为主持人，撒贝宁睿智的语言起到了很好的桥梁和纽带作用，这极大地提高了节目的观赏性，提升了节目的质量。① 一名优秀的综艺娱乐节目主持人在节目中要能把握关联，控制节奏，注入文化，善于总结。

第二节 协调沟通

主持人在综艺娱乐节目中的作用不仅体现在对节目内容和环节的组织串联，还体现在与节目中合作者的协调沟通。主要体现在主持人与专业搭档、嘉宾主持、主持群、受众及工作人员的协调沟通。

一、与专业搭档沟通

综艺娱乐节目不再只有一枝独秀的单人主持形态，而是出现两三个主持人，或者更多的主持人一起搭档配合主持。主持人的风格也许迥然不同，但却形成互补，深受大家喜爱。例如，《正大综艺》中的赵忠祥和杨澜，《快乐大本营》中的快乐家族，《康熙来了》中的徐熙娣和蔡康永，《超级访问》中的戴军和李静等。主持人在主持节目过程中要做到与自己的搭档和谐共处，默契合作。

《超级访问》的主持人李静和戴军是国内主持界公认的超级搭档。李静、戴军两位都是娱乐圈中资深的主持人，并且拥有不错的人缘，因此具有广泛的明星资源。《超级访问》节目的成功原因之一就在于戴军与李静之间的默契配合，让所有的嘉宾都可以乘兴而来，尽兴而归。

例如，2015 年，以犀利性格和“毒舌”著称的乐嘉做客《超级访问》。在乐嘉出场后，身为东道主的戴军和李静特地为他准备了罕见的绿色玫瑰花。因为乐嘉是“FPA 性格色彩”创始人，所以身为主持人的戴军问乐嘉：“从色彩心理学的角度分析，为什么李静会给你准备绿色？”乐嘉答：“因为李静了解我，她知道我性格里比较缺少这样

① 王慧仙.《开讲啦》节目中撒贝宁的语言风格[J].新闻世界，2015(08)：113.

的特质，而且李静还很清楚地知道一点，这种玫瑰是稀有之物，要搞定我这种颜色的人就要送一些特色的礼物。”随后戴军便快速表示这几束玫瑰花大概需要两千多元，让乐嘉大吃一惊，李静顺势说想让乐嘉拿嘴去咬玫瑰花并做出妩媚的表情。起初观众都认为乐嘉不会配合，但乐嘉觉得节目组和二位主持人对于他的到来非常用心，于是也很愿意去配合。三个人在这期节目中的表现，与其说是采访，不如说更像老朋友之间的一次亲密交谈。在这期节目中，李静个性鲜明，语言幽默鲜活，气质亲切随和，与灵敏机智、善于插科打诨的戴军珠联璧合。

李静、戴军用“最家长里短的主持风格”结合“最意想不到的妙语连珠”组成“最有品牌效应的黄金组合”，使节目积累了深厚的群众基础。好的主持搭档，往往能够互相学习、互相激励，为活跃现场气氛共同付出才智，这样才能产生意想不到的效果，受到观众的认可。

二、与嘉宾主持沟通

嘉宾主持人是广播电视领域中一个新的元素，指电视综艺娱乐节目的非常驻主持人。近些年，经常出现一个或几个专业主持人加上另外一个或几个以嘉宾形式出现的主持人一起主持节目的现象。最让大家印象深刻的就是第二十八届中国金鹰电视艺术节主持人何炅与演员宁静的搭档主持。

何炅：我接下来要请出我的合作对象了，当我知道是她的时候，我非常开心，因为我觉得她是一个很特别的女人。她其实长得很大气，但是如果你了解她，你就会发现她有非常甜蜜的小女人的一面；你会觉得她气场很足，但是她又有千回百转一样的温柔。接下来请出我们今年金鹰颁奖晚会的女主持人——宁静，欢迎她。

宁静上场后，即使拿着台本还是显得非常紧张，作为搭档的何炅一直在循序渐进地引导着她，何炅是这样对搭档宁静说的：“演戏是你的本行，但是主持是我的本行，我说你行你就肯定行，大家说行不行？”观众很热情地说：“行！”这句话不仅体现了何炅的专业素养和超高情商，也让宁静吃了一颗定心丸。

宁静由于没有受过专业主持训练，因此说话的时候声音不实，有的时候说到获奖者或者表演者时，何炅总是会大声地和宁静说出名字，让人听得更清晰、舒服。

宁静作为嘉宾主持出现，大家自然会非常期待她的表现。在晚会中，宁静虽然没有专业主持人那么游刃有余，但她的快人快语、爽朗直率还是为她赢得了观众的喜爱。晚会过程中难免出现一些错误与插曲，在专业主持人何炅顺水推舟、八面玲珑的控场下，晚会取得了预期的效果。由此可见，只有专业主持和嘉宾主持和谐相处，在主持过程中专业主持多"照顾"嘉宾主持，才能更大限度地扬长避短，发挥出嘉宾主持和专业主持的合力。

三、与主持群沟通

现如今，电视综艺娱乐节目越来越受到观众的重视与喜爱。随着综艺娱乐节目的不断更新和进步，"主持群"这一名词也逐渐出现在大众的视野，被人们所熟知。就目前中国综艺娱乐节目的走向来看，大众对主持群这种新鲜的模式很感兴趣，并且对主持群的未来充满期待。其中，《快乐大本营》的快乐家族、《天天向上》的天天兄弟等极具代表性。

（一）主持群的含义

2008 年，《新周刊》给湖南卫视的天天兄弟颁发"最佳主持"奖的时候提到一个词——主持群，于是主持群作为一种新的主持模式被大众所熟知。陈昌辉、王梅认为："所谓主持群，即有三个或三个以上特点鲜明的主持人按照特定规律组合在一起的一种主持形式。"①唐涤非则认为主持群是："拥有主持才能的数人（3 人以上），共同聚合而成的特殊组合。"②随着时代的发展，我们能够感受到主持群这个新兴主持主体正飞速成长着。

（二）主持群的角色定位

在一个节目的主持群中，每一位主持人都有各自的角色定位，主要主持人把握着节目的整体节奏和主旋律，其余的主持人作为辅助。但辅助的主持人的作用也是不同的。他们分工明确，各司其职。例如，湖南卫视的王牌节目《天天向上》是目前中国综艺娱乐节目中主持人最多的节目之一。《天天向上》的主持群体天天兄弟，最多时共有八人，包括汪涵、大张伟、王一博等。其中，汪涵占据主导位置，牢牢把控节目的整体

① 陈昌辉，王梅.综艺节目中主持群的分工与配合——以《剧风行动》主持群为例[J].新闻爱好者，2008(08)：122.

② 唐涤非.娱乐节目主持新样态分析——以湖南卫视《天天向上》为例[J].新闻爱好者，2009(12)：148.

节奏和流程,当出现流程与预期不符或嘉宾发生状况等特殊情况时,他会及时用巧妙的语言进行过渡,以保证节目顺利进行。大张伟则是副主持,更是汪涵的得力助手,他操着一口正宗的北京话,张口即来的段子让节目的整体氛围轻松愉快。在节目中,大张伟有时玩笑开过头,汪涵也会及时救场,用超高的情商避免尴尬的局面。王一博帅气的形象则受到许多女性观众的喜爱,他虽然在节目中有些安静,但却是个唱跳俱佳的优质偶像。每位主持人在节目中分工不同,缺一不可。

(三)主持群的风格特点

说到风格,我们以《快乐大本营》的快乐家族为例。快乐家族的成员分别是何炅、谢娜、李维嘉、吴昕以及杜海涛。其中,快乐家族的大家长何炅以幽默、妙语连珠、超高情商著称,他的主持风格是幽默中不失稳重,严谨不失亲切,所以大家总会称呼他为"何老师";谢娜古灵精怪,活泼大方,随着阅历的增长又逐渐表现出一份淡定与知性,她标志性的豪爽笑声也让人印象深刻;李维嘉则成熟、稳重、亲切还不张扬,和吴昕的兄妹搭档更是节目中的一个亮点;吴昕可爱活泼,话语虽少但懂得倾听,并且具有话题性;杜海涛是众人欺负的"受气包",憨厚老实的形象深入人心。正是这样一群性格迥异的人聚集在一起,才使得快乐家族这一主持群更加立体化、清晰化,同时也赢得了观众的喜爱。

总而言之,任何一种新模式都要经过时间的检验。如今,年轻的主持群正以其多人主持、多种风格兼容的特点适应受众的需求;在不久的将来,主持群模式将会以其独特的优势和魅力,逐步走向成熟,为节目改革创新增添活力。

四、与受众沟通

受众,指的是一对多的传播活动的对象或受传者。会场的听众,戏剧表演、体育比赛的观众,报纸刊物的读者,广播电视的收视者,网络媒体的用户,都属于受众的范畴。由于我们这个时代是大众传播时代,最引人注目的受众则是大众传播的受众。[①] 受众是媒体传播的终端和信宿,广播电视作为一种大众传播媒介,其节目主持人与受众的交流便显得尤为重要。换句话说,主持人是节目与受众之间的桥梁,主持人只有与受众进行良好的沟通和交流,才能将信息更准确地传递给受众,从而实现良好的传播效

① 郭庆光.传播学教程:第2版[M].北京:中国人民大学出版社,2011:150.

果。为此,主持人应该做到以下几点。

(一)充分了解受众,掌握受众心理

知己知彼,百战不殆。对于传播者和受众之间的关系,沙莲香教授认为:“传播者与受众是首尾两大重心,传播者是一个复杂的组织,他们从事整体性的工作,支配着大众媒介的使用,希望以最佳方式,发出最理想的讯息,达到最佳效果。但受众却是传播的中心,他们能够决定一个传播内容、一个传播媒介,甚至传播者本身的发展前途。”① 所以,一名专业的主持人必须研究受众的心理,了解和发现受众感兴趣的问题和关心的事情,将受众的注意力吸引到节目中来。尤其在一些现场节目中,主持人要充分了解受众的身份背景,这样做不仅可以使主持交流更加自如,还可以使对方放松,用轻松的状态进行交流,达到良好的节目效果。

(二)用真诚打动受众,主导节目流程

主持人要以对受众群体的尊重和理解为前提,用真正平等的态度,将真诚融入节目的情感中,融入与受众的交流中,才能充分调动受众的情绪,使受众有交流的欲望。在节目现场,主持人应该以得体的姿态聆听对方阐述观点或回答问题。例如,《开学第一课》第一期邀请了老翻译家许渊冲,许老当时已经是96岁高龄,所以当董卿采访坐着的许渊冲的时候,在三分钟的时间里跪地三次,这一举动让很多人称赞董卿“跪出了最美的中华骄傲”。亲切的眼神交流、丰富的面部表情、得体的礼仪,说明董卿对许老的发言有浓厚的兴趣,对许老阐释的内容也十分理解和认同,更激发了许老的交流欲望。

主持人要掌握节奏,主导控制节目流程,必须学会运用鲜明的个性语言,丰富的体态语言,真诚理解和尊重每一位受众,这样才能与受众进行充分的交流,才能体现主持人公众形象的公信力与亲和力。

(三)冷静对待批评,积极调整心态

事物都具有两面性,好的声音必然伴随着相反的声音,这一点无可厚非。所以,主持人要有强大的心理承受能力,遇到表扬与褒奖不骄傲,在成功中总结经验;遇到批评与质疑不放弃,在失败中吸取教训。只有不忘初心,才能在主持道路上越走越远。

---

① 沙莲香.传播学:以人为主体的图象世界之谜[M].北京:中国人民大学出版社,1990:162,138.

五、与工作人员沟通

任何一档节目的成功都是一个团队共同努力的结果。一档优秀的综艺娱乐节目的制作完成，需要导演、编剧、导播、摄像师、灯光师、后期等多人的参与，而主持人要做的就是和这些工作人员默契配合、积极沟通，只有这样，才能使节目得到良好的呈现。

例如，在《天天向上》节目中，有时我们可以看到主持人汪涵与导播在做手势暗号，示意导播将节奏加快。可见，主持人与导播的默契合作是非常重要的。导播是节目制作的重要角色，具有较大的指挥权，不仅负责指挥节目主持人，还指挥其他播出内容的串接，可调度制作播出的场面。主持人在节目录制过程中要服从导播安排，即使与导播偶有不同意见，也要尽快达成共识。节目录制现场人员以及设备较多，难免会有不尽如人意之处，有时甚至还会遇到意想不到的情况，如灯光不足、声音不好、位置不舒服等，一位成熟的主持人应当着眼大局，听从导播指挥。

在一档优秀的电视节目中，画面效果非常重要，直接影响着节目的播出效果。而能呈现完美电视画面的就是摄像师。摄像师会根据导演要求给出不同角度和镜头的图像画面。因此，主持人与摄像师的合作也十分重要。有经验的摄像师可根据主持人的特点调整镜头、美化主持人，掩盖其缺陷。演播室内的播出画面较为固定，室外拍摄对摄像师的要求更高，提高画面质量是节目主持人、摄像师共同的责任。比如，《天天向上》节目中主持的配合常常需要用不同的镜头来呈现，有对比，有特写，这时候摄像师就需要事先了解主持人的意图，从最佳的角度给出适合的镜头。

灯光对于一档电视节目来说也非常重要，灯光的布置直接影响人物的形象和气质。因此，主持人需要积极与灯光师配合，在台下要和灯光师及时交流，将自己的想法告诉灯光师，这样才能营造节目和主持人需要的环境，让主持人和嘉宾在更加舒服的氛围中进行节目录制。经常与灯光师沟通有助于灯光师了解主持人的需求，从而完善节目效果。

一档优秀的综艺娱乐节目不仅需要台前主持人的精彩发挥，还离不开幕后工作人员的精湛技艺。因此，综艺娱乐节目主持人要不断地与团队人员进行良好有效的沟通，默契配合，齐心协力共同完成任务，最终给观众呈现一个充满诚意的作品。

第三节　驾驭控制

驾驭，就是调度、控制，它是领导学的一个基本范畴。我们将它用在节目主持艺术中，主要是想表达这样一层意思：节目主持人是“节目的主人”，他要在节目的全过程中当家作主。他要对节目的每一个环节都了如指掌，全面控制，成为广大受众审美心理的领导者，成为开始、展开、推进、结束整个节目流程的掌舵者，成为情绪、气氛、高潮等现场效果的制造者。只要担当起节目主持这份职责，节目主持人就必须调动自身的语言、体态、个性魅力等十八般武艺去出色地把握节目的走势，驾驭操纵节目的进程。①

上海东方卫视著名节目主持人曹可凡在与王群合著的《节目主持人语言艺术》中指出：“主持就是对某一项工作或事情负责掌握或处理。节目主持人无疑就是要对节目的每一环节、每一部件都了如指掌，能够全面控制，成为广大受众审美心理的执掌者……无论是严格意义上或是非严格意义上的节目主持人，只要你担当起主持节目这份职责，那么在节目与受众见面的时刻，你无疑要用语言出色地完成以下任务，显示出驾驭操纵节目的才华。”②主持人驾驭控制节目，具体表现为确定节目基调、推动节目进程、制造节目气氛。

一、确定节目基调

基调本指音乐作品中主要的调，作品通常用基调开始或结束；又指主要精神，基本观点。节目基调就是一台或一档节目要向受众传递的某一主要精神，表现一种基本情调。它是节目各个部分思想情感的总和，体现着节目的主题思想感情。③ 综艺娱乐节目主持人要运用有声语言和副语言为节目确定基调，让它在整个节目过程中起到激发、引导、制约受众思想感情的作用。

确定节目基调一般通过以下途径来实现。

---

① 陈振，杨浩.主持人节目驾驭艺术[M].北京：中国广播电视出版社，2011：1.

② 曹可凡，王群.节目主持人语言艺术[M].上海：上海人民出版社，2005：17.

③ 陈振，杨浩.主持人节目驾驭艺术[M].北京：中国广播电视出版社，2011：1.

（一）确立宗旨

每一台或一档节目，都有一定的目的和意图。或给受众某种思想上的启迪和教育，或给受众某种情感上的陶冶和满足，这就是节目的宗旨。目的是行为的方向，是思想、情感的本源。如果看不清方向，找不准本源，那么语言行为、思想情感就会出现偏差，产生错误。因此，节目主持人要想用语言确定节目的基调，准确而整体地表现节目思想情感，就必须对节目的宗旨了如指掌。

比如，在2017年中央电视台的中秋晚会上，几位主持人通过寥寥数语，以移民之城大庆为依托，奠定了中秋晚会思念亲人的节目宗旨和整体感情基调。

鲁　健：相约百湖城，同看明月升，在这里我们也衷心地祝福各位——

合：中秋佳节快乐！

……

孟盛楠：鲁健，算起来我们两个人已经连续多年并肩主持中秋晚会了。

鲁　健：可不嘛！

孟盛楠：那你有没有发现，今年的秋晚有哪些变和不变？

鲁　健：那先说不变吧，因为不变的太多了。首先，就是中华民族赋予中秋佳节很多美好的情感，美好的祝福，美好的寓意，这个是很多年都不变的。

吴　鹏：作为中秋晚会的资深观众加新晋主持，我觉得不变的还有中秋晚会唯美、抒情、浪漫、大气的这种风格。

鲁　健：说得好。

孟盛楠：还有吗？

……

柳艳辉：刚刚几位说的都是中秋晚会的不变，但是我要说的是今年中秋晚会最大的变化，那就是走进东北，落户黑龙江大庆。

吴　鹏：你说的这个变化，也是观众朋友们关注的焦点。尽管大庆只有五十多年的城市历史，但是它却汇集了多种多样的中华传统文化。

孟盛楠：那是因为当年的石油大会战，把祖国四面八方不同地方的文化传统都带到了这里。

吴　鹏：所以说，来到大庆，不仅能够感受到中华文化的多样性，同时置身于这样一个移民之城，更能够体会到“思念”二字所包含的滋味。

柳艳辉：水是家乡美，月是故乡明。每到中秋的时候，都是远离家乡的游子面对故乡集体想家的时候。

鲁　健：所以今夜，在这样一个美好的夜晚，电视机前的您，又把相思赋予了谁呢？

(二)调动情感

节目的基调可以说是一台或一档节目“思想情感的总和”。既然基调离不开情感，那么节目主持人语言的情感，必然直接影响整个节目的基调。“感人心者，莫先乎情”，综艺娱乐节目主持人不仅要明确节目的宗旨，了解节目的目的和意图，而且要调动自己的、嘉宾的、观众的情感，以自己情感的强弱、色彩去表达节目的主要精神并确定节目的基调。

歌手李健在做客一档访谈节目时，与主持人探讨过关于音乐的问题。主持人问：“我特别想知道的是，在你的音乐里，你究竟在坚持什么？”李健回答：“坚持自我。”李健解释说：“包括对这个世界的认知、对人生的态度以及对某些事的看法等，你的理解可能不一定是对的，但你作为一个创作者，一定要表达最真实的你。所以我写的每一句歌词，用的每一个和声，一定是我自己的，而不是人云亦云。”在谈到《传奇》这首歌的创作背景时，李健说：“2002年是一个有点聒噪的年代，当时所有的音乐都是很动感的，我觉得那种音乐他们唱是没问题的，但是我做不来那样的音乐，那也不是我最喜欢和擅长做的音乐。我当时的水平和当时的创作状态就是想写一首像《传奇》这样的歌曲，能够像涓涓细流一样渗透人心。”在此，李健真诚地讲出了他对音乐的喜好和坚持。在这期节目中，主持人还提道：“人们对你有一个称号，叫‘婉约派的音乐诗人’，我想知道你的音乐理念是什么？”李健回应说，虽然他做的是流行音乐，但他希望他的音乐能够艺术性更强些，就是它能够跟古典音乐离得更近。他希望流行歌曲到今天为止，不仅仅是通过电脑做复制、粘贴、拷贝这样的工作就制作出一首歌曲，虽然这样的一种方式也无可厚非，但音乐毕竟是一门艺术，应该回归最传统的一个文本阶段，就是依然能够像古典音乐一样严谨。他也希望自己能够倡导一些古典音乐，能够让今天的青年人逐渐地喜欢听古典音乐。①

从《艺术人生》的这期节目，我们可以发现：作为一名“音乐诗人”，李健拥有天然的细腻和敏感，他有着对音乐的纯粹的热情和坚持，他是一个注重自由创作和精神独立的人，认为只有简单、真诚的东西才能够真正打动人心，温暖人心。这期节目播出后，观众似乎更加理解了他的追求和向往，他的人品和情怀以及他对音乐一如既往的专注和热爱。在这期节目中，主持人提的问题紧紧围绕“艺术”与“人生”主题，这样的问题雅而不俗，含金量高，嘉宾的回答也相对饱满深刻，能够带给人不一样的思考和启迪，成功调动了嘉宾和观众的情感。

（三）把握语调

节目主持人要想用语言确定节目的基调，仅仅是心中明确节目的宗旨，调动了自己的情感还不行，还必须通过一些外部手段，使受众能感知节目的某种主要精神和基调。语调是思想和情感的外现，运用语调的变化让受众感知节目的基调也是节目主持人必须掌握的方法。

比如，在 2017 年 2 月 8 日中央电视台播出的感动中国 2016 年度人物颁奖典礼上，主持人宣读王峰的颁奖词：

面对一千度的烈焰，没有犹豫，没有退缩，用生命助人火海逃生。小巷中带血的脚印，刻下你的无私和无畏，高贵的灵魂浴火涅槃，在人们的心中永生。

主持人用坚定不移、感人至深的语调把王峰忠义感乾坤的形象刻画得淋漓尽致，也让受众感受和体会到了满满的正能量。

（四）活用语体

语调可以影响节目的基调，语体风格也能使受众感知节目所传递出来的某种情感和思想的力量。电视观众对综艺娱乐节目主持人往往有一种审美诉求和期待，这就需要主持人在语言的形式、语音的韵律和语调的起伏上有一定美感，即语用审美选择。

中央电视台主持人董卿在这方面尤为突出。在一次元旦晚会上，零点钟声响起之前，导播临时决定要主持人加词，以填满时间。在千钧一发的时刻，董卿来不及思考，

① 王慧仙.从央视《艺术人生》看朱军的主持功底[J].视听，2016(01)：85.

但她镇定自若,出口成章,言语具有内容、形式和韵律的多重美感。

所以,在这样的一个夜晚,在这样一个彼此祝福的夜晚,我真的是怕时间不够长,不够将所有的祝福都送出;我怕我们的祝福不够深,及不上你们对我们的那份真情;我也担心礼物不够多,不够让所有关注我们的观众都有所收获。

这段话既表达了语义,又注重了语形;既表达流畅,又富有韵律美。[①]

(五)利用音色

确定节目基调的手段很多,情感、语调和语体都是其中之一,有时音色也能对节目的基调产生作用。《现代汉语词典》将音色解释为:由于波型和泛音的不同所造成的声音的属性。不同的人音色不同,或高亢、或低沉、或沙哑、或空灵。综艺娱乐节目主持人的音色要与节目主体形象贴近,因为与节目相贴近的音色,能够帮助确立节目的基调。

如在某赈灾晚会上,一对男女主持人身穿深色西服,手持无线话筒,迈着有力的步伐,向舞台中央大步走来。当他们站定后,男主持人用目光扫视了一下观众,用浑厚而深情的声音开口道:“魂系灾区,情系灾区……”话虽然只开了个头,全场却顿时鸦雀无声,观众一下子进入血浓于水、情重于山的氛围。演出进行了两个多小时,会场始终沉浸在庄重而又热烈的基调之中。这与那位男主持的音色是有很大关系的。

有声语言能为节目确定基调,无声语言也一样。主持一些庄重的节目,主持人应穿着格调高雅的服装;而主持一些游戏节目,则应穿着宽松简明些。这意味着综艺娱乐节目主持人要穿与节目内容相协调的服装,让自己的装束与节目的主要精神和谐相融;让受众一见到主持人的装束,就能进入节目的基调中去。总之,节目主持人应该调动一切有声语言和无声语言手段,为确定节目的基调而努力。

二、推动节目进程

推动节目进程是综艺娱乐节目主持人驾驭节目的又一体现,一般从以下几个方面着手。

---

① 苏一鸣.电视主持语体的特征及应用[D].上海:上海戏剧学院,2008:22.

(一)当好现场调度

曾担任上海东方卫视《东方直播室》客座主持人的作家蒋丽萍把主持人形象地比作“调度员”,这非常贴切。任何一台或一档节目,总有要表现的主题,而这个主题总是在限定的时间内,由节目内容的各个部分一步步体现出来的,节目主持人对此必须了如指掌,把握好时间的多少,内容的先后,胸有成竹地用语言进行“调度”。

何炅就是在《快乐大本营》中把握录制进程、调控现场气氛、掌控大局方向的人,在多数游戏环节,他都会坐在中间把控全局,提示流程并加以搞笑解说。细心的观众会发现他几乎不看台本,而是把它卷在话筒外握着,说明他对于整个节目环节有充分的准备和十足的把握。即使是带给观众快乐的节目也不能缺乏温馨、感人的环节,每次何炅都会强忍泪水,进行一个温暖又发人深省的总结,说明他无论在什么情况下,都有快速的应变能力和控场能力,能当好每一期节目的现场调度。

无独有偶,湖南卫视主持人汪涵在《我是歌手》节目中,面对孙楠退赛的救场也赢得了众多称赞。

楠哥,我特别想问一下刚才您说的每一句话都是内心所想所感,都是你自己拿定主意之后的观点?既然我是这个舞台的主持人,接下来就由我来掌控一下。首先,请导播抓紧时间为我准备一个三到五分钟的广告,谢谢!我待会儿要用。接下来我要说的这段话,只代表我个人的观点,而不代表湖南卫视的立场。

我从二十一岁进入湖南广电,所以我觉得我自己身上的很多优点和很多缺点似乎都打上了湖南广电的烙印,包括所谓“没事儿不惹事儿,事儿来了也不要怕事儿”。

对于一个节目主持人,在这么大一场直播当中,一个顶尖级的歌手、一个顶梁柱一样的歌手,突然间宣布退出接下来的比赛,我想应该是“摊上事儿”了,甚至是“摊上大事儿”了。但是说实话,我的内心一点儿都不害怕,因为一个成功的节目有两个密不可分的主体:除了这个舞台上的七位歌手之外,还有电视机前的亿万观众和现场的这么多的观众。我之所以不害怕,是因为你们还真诚地、踏踏实实地坐在我的面前,我还可以从各位期待的眼神当中读到你们对接下来每一位要上场的歌手,他们即将演唱歌曲的那一份期许。我还可以从各位的姿态当中感受到你们内心的那种力量,这个力量足够给楠哥,给红姐,给 The One,给李健,给维维,给黄丽玲,给所有的歌手,给彦斌,已经准备好了,会有千万个掌声要送给他们。楠哥,不信,你听。这是我要说的第一层意思。

第二层意思我想表达的是,我虽然不同意楠哥的一些观点,但是我誓死捍卫您说话的权利。所以刚才我由话筒听到那一段的时候,我并没有试图打断您要说的话,虽然我可以这么做。其实,每一位歌手来到这个舞台,他都有权利选择我来或者是不来。当然,您自然也有权利选择在您认为是对的时刻,依着自己认为对的那个心情,作出你要离开的这个决定,所以我相信,我们应该尊重一个成熟男人在这一刻作出的决定。当然,我们在这里提出一个希望和请求,就是希望您以一个观众的身份继续坐在这个地方,来看你最爱的弟弟妹妹们向歌王的舞台进军,我也相信我们现场的 500 位大众评审已经做好了准备,用掌声来接纳这位不期而至的观众。楠哥,不信,你听。

接下来对于我个人而言,一个主持人,我在台上不可能有这么快的反应速度,也不可能有这么大的权利,来重新调整接下来因为楠哥的退出而要改变的比赛的规则。因为有一个歌手要退出,所以比赛规则都要做相应的改变。所以有请导播在这一刻给我放三到五分钟的广告,我要跟我们的制作团队、跟我们的领导一起商量,怎么来进行节目上的和赛制上的相应的调整。各位亲爱的观众朋友,真的千万不要走开。还是那句话,真正精彩的时候,或许会从广告之后才开始,马上回来!

这个例子充分说明了综艺娱乐节目主持人的现场调度作用:综艺娱乐节目主持人的即兴发挥能够把原本混乱的现场变得井井有条。舞台上独汪涵一人,一束光,一个话筒,一席肺腑之言,思想与心灵的碰撞,舞台与受众的对峙,险而不惊,有惊无险。在掌控住全场后,先进段广告,给制作团队以充分的解决问题的时间,汪涵成功地用语言进行了现场调度。

(二)积极引导,循循善诱

节目主持人不仅要对整个节目做到心中有数,可以从节目内容出发,用语言推动节目进程;而且要利用时空的切割转换,用语言为受众指路引航。

董卿曾讲述自己在第 12 届青歌赛上的一次经历。一位来自西藏的选手在回答综合知识时茫然失措,董卿立刻意识到他或许不懂汉语,于是请来评委藏族歌手宗雍卓玛即时翻译。令人遗憾的是,这位选手最后还是因为交流障碍没有回答出问题,场内观众发出一阵遗憾的唏嘘声。董卿略加思考,举起了话筒:

其实他听不懂我们的话正如我们听不懂他唱的藏歌一样,但是,他今天为我们带来的是中国海拔最高地区的歌声,歌声里他的感情我们听得懂,他唱出了打动人心灵的歌声！其实,此刻他听不懂我们在说什么,来到这座城市时他感到的是一种陌生,我们该给这样质朴的歌手更多的关怀,即使听不懂,但是歌声没有界限,情感没有界限,相信我们的关怀他一定听得懂。①

话音一落,场下立即响起雷鸣般的掌声。由此可见,即兴讲话的话语呈现方式与书面语不尽相同,其间伴有一定的冗余信息,但作为一种充满人际化交际色彩的互动式语体,董卿的一席话足以弥补舞台上藏族选手的缺憾,获得观众的情感认同,进而起到有效沟通、协调、引导和互动的作用,其口语修辞的传播效果不言而喻:即兴而为,切境、切题,充分体现出主客体之间的互动性。②

三、制造节目气氛

节目气氛的热与冷、浓与淡是衡量节目成功和失败的重要标准,节目主持人驾驭艺术的突出体现就是制造节目的气氛,通过语言使节目达到最佳的传播效果。

那么,如何运用语言制造节目的气氛呢?

(一)抓住契机,调侃打趣

在节目进程中,一些突发情况是节目主持人始料未及的,有经验的节目主持人常常能抓住其中的契机,现场发挥,用语言制造节目的气氛,收到意想不到的效果。

在一期《绝对唱响》中,当选手陈超尉和胡雯娟唱完《威廉古堡》后,观众上来送花。结果胡雯娟得到了一大把,而孟非只得到一枝花,孟非顺势道:

看看胡雯娟抱的那一大堆,再看看我的那一小朵,同是一个舞台,差距怎么就这么大呢?

① 董卿,朱冰.建构传播能力实现有效沟通——电视综艺节目主持人在人际传播中的角色定位[J].现代传播,2008(02):142-144.

② 刘琦,战迪.董卿主持艺术圈点[J].青年记者,2015(02):57-58.

主持人孟非善于捕捉节目中嘉宾的一举一动，通过巧妙的语言插科打诨，使节目变得生动有趣。

（二）瞅准时机，趁热打铁

有时节目本身十分精彩，场上的气氛也十分热烈，节目主持人可以瞄准热点，趁热打铁，用语言将节目气氛推向高潮。

在《非诚勿扰》中，主持人孟非时常借机搞笑，这种幽默有时是为了制造现场的气氛，有时是为了让嘉宾之间产生更多的互动。孟非独有的自嘲中所包含的笑料，往往让观众笑声不断，节目的氛围也变得更加温馨。曾有一位男嘉宾在《非诚勿扰》的相亲台上展示其VCR时，激动万分地面向女嘉宾说道："如果我和你在一起，我愿意付出我生命的全部……呃……"他哽了下嗓子，继续说道，"的3/4。"几分钟后，一旁的主持人孟非幽默地用四川话对男嘉宾说道：

> 你是我滴心，你是我滴肝，你是我生命滴四分之三……我算了下，四分之三就是75%……

孟非刻意重复对方的话语，不仅调节了现场气氛，而且还巧妙地向广大女嘉宾说明了此时男嘉宾所持有的态度。当孟非用地道的四川话讲出时，这种颇具幽默感的艺术表达正体现了其语言的魅力。

在主持中，当气氛被带动起来时，孟非并没有终止话题，而是趁热打铁，顺着男嘉宾的包袱接了下去，使全场的气氛延续，达到一个新的高潮。

（三）调动气氛，防止冷场

有经验的节目主持人同样善于在冷场的时候，用语言去调节气氛，调动观众情绪，使场上气氛转冷为热。

在《非诚勿扰》的一期节目中，有位内向瘦小的男嘉宾在"打擂"过程中被女嘉宾全数灭灯，而这位男嘉宾的态度却很是淡定自如。不轻易夸人的嘉宾主持人乐嘉见此，颇为诚恳地评价道："我在他的眼中读出来了一种沉静的力量。"一旁的主持人孟非见状，接着说道："我在他眼中看出他昨天没睡好觉的情形……"此时全场的嘉宾和观众同时哈哈大笑起来。乐嘉眯着眼趁机"攻击"孟非道："这就是懂艺术的人和像你这种不懂艺术的人的区别……"一段时间内，江苏卫视《非诚勿扰》这档相亲节目以惊人的收视率稳居收视冠军宝座，许多记者乐此不疲地对嘉宾主持人乐嘉和主持人孟非进行跟踪采访。在一期访谈中,当乐嘉和孟非被问及如何在节目中用其独有的幽默感征服观众和嘉宾时,乐嘉对着记者感言道:“我和孟非是好朋友,但是我们性格截然不同。他敢于自嘲,他很放松,我很紧张。”一旁独自沉默的孟非听完乐嘉的话,笑说:“我老想嘲笑别人,可是怕得罪人,所以只好嘲笑自己。”

主持人孟非在嘉宾失意时,用自己幽默的语言化解了尴尬,调动起现场的欢乐气氛,展现出他卓越的控场能力。

(四)侧幕主持——用平民化视角调动气氛

在这个持续发展的信息时代,媒体的传播优势和竞争优势不断增强,加上主持人的不断成长和社会团体的有意造势,节目主持人在社会生活中的生命力和影响力越来越大。随着节目内容和形式的不断变化,主持人的主持形式也在发生着变化。其中,侧幕主持作为一种新兴的主持形式逐渐成熟。侧幕主持人具有话语权转让、出场率降低、主持语言简练通俗、平民化的主持视角、“服务选手和服务舞台”的主持定位等特点,这些特点决定了侧幕主持人有相应的节目适用范围,即适用侧幕主持形式的节目具有可以“替代”主持人功能的元素。侧幕主持人不仅有初出茅庐的新人,也有像撒贝宁这样经验丰富的主持人,所以它并不像观众想象中的那样轻松简单。在节目中,侧幕主持人同样发挥着巨大的作用,令节目精彩纷呈。例如,大型励志公益节目《出彩中国人》首播取得良好的收视成绩,在广大观众讨论选手表现出色、评委配合默契时,不少人将焦点聚集在主持人撒贝宁身上。

《出彩中国人》看点很多,选手五花八门、评委妙语连珠,当然,很多观众是奔着才思敏捷的主持人撒贝宁而来的。可在观看节目时,不少观众发现,撒贝宁的出镜率十分低,正片中的镜头屈指可数,几乎都是“惊鸿一瞥”。“撒贝宁去哪儿了?”节目播出后,网上流传一个数据:节目全长 97 分钟,撒贝宁作为主持人却只露脸 212 秒。再去掉那 141 秒的口播,就剩下 71 秒。

针对观众的疑问,《出彩中国人》宣传总监陆伟表示,每个节目都有特定的设置。“尽管小撒在节目中出现的时间不长,但他是这档节目的核心人物,只不过隐藏在侧幕而已。所以,他叫‘侧幕主持人’。每位选手上台前,遇到的第一个人是小撒;离开舞台后,遇到的第一个人也是小撒;选手表演期间,在侧幕陪伴他们家人、朋友等后援团的依然是小撒。此时,小撒在侧幕就要和他们有充分的交流,尽可能消除他们的紧张感,让每位选手都有最好的发挥。”

由此可见,侧幕主持人虽远离舞台,却也发挥着巨大的作用。一路走高的收视率证明了这种主持艺术的尝试取得了圆满成功。在传媒时代异军突起的今天,大众传媒怎么通过人际传播的方式更好地为传播主体(即受众)所喜闻乐见?以人为本,“从观众中来,到选手中去”,一切以受众为中心,在最大程度上架起主持人和观众、选手之间沟通桥梁的侧幕主持艺术看似“龙套”,实为“主角”,无疑给我们提供了一个成功的范本。①

由上可知,无论是传统主持还是侧幕主持,主持人都需要发挥自己的驾驭控制能力,对舞台负责,对观众负责。

第四节　采访提问

采访提问是综艺娱乐节目主持人的作用之一,是对主持人的观察能力、判断能力、反应能力、口语表达能力的综合检验。综艺娱乐节目主持人的即兴采访是一种创造性劳动,目的是通过有效的手段尽快而全面地向采访对象了解有用信息,为受众服务。而提问技巧则体现了主持人与访问对象、受众和社会环境之间的辩证统一。一个高明的问者,几句话一出口,就会激起采访对象的谈话欲望。

当节目主持人接受采访任务后,他就成了一名“记者”。值得注意的是,现今仍有相当多的主持人,不管采访什么人,也不管在什么场合,都一味提出“老三问”:你有什么感想(体会)?请你对我们的观众(听众)说几句话。今后有什么打算?像这样肤浅而没新意的“老三问”是不会激起访问对象的热情的,可想而知,得到的只不过是几句应景式的陈言套话,不会有什么价值。因此,要想问得恰到好处,就必须针对被采访的人或事的特点去问,特别是要懂得受众的需要,善于根据受众的需要去问,熟练掌握提问技巧。

一、及时捕捉,反应灵活

综艺娱乐节目主持人现场主持时,要发挥细致的现场观察能力和敏锐的洞察能力。练就“火眼金睛”并非一日之功。“必须学会用孩童般的眼睛观察世界,他把每件

① 孙亚茹.论《中国达人秀》的侧幕主持艺术[J].中国报业,2012(10):27-28.

事都看作新鲜的、各具特点的；同时，必须用聪明长者的眼光洞察世界，能够区分出有意义的东西和无意义的东西。”①因此，主持人的现场观察要与思考提问相结合，做到边观察、边思考、边提问。要见机行事，临场发挥，把事先准备的定向提问和现场即兴提问巧妙结合。在访问中，要机智灵活，以应万变。如果访问现场的实际情况和准备时设想的不一致，提问者就要尊重事实，随机应变，及时采取相应对策，迅速提出新问题。如果采访对象冒出新问题来，或者随着谈话现场情景的变化又出现了新问题，那就要及时追问；也可以等谈话告一段落，再接上话茬；或等到访问结束后再提出。

例如董卿在青歌赛主持中的表现：

董　卿：这对是正在热恋当中。你看咱们这小伙子，多憨厚可爱，这怎么有点像炊事班的？

合唱队人员：谢谢。

董　卿：（笑）不用谢。你们准备什么时候办喜事？

合唱队人员：我们可能还要一年多，这两年吧。

董　卿：为什么呢？

合唱队人员：因为现在我们在合唱队里很高兴。

董　卿：好，那也希望你们的爱情甜蜜，早结良缘，好吗？

合唱队人员：谢谢。

董　卿：其实从大家的掌声当中，真的可以看出来，大家特别喜欢这些来自咱们云南富民小井村苗族农民合唱团的朋友们，他们刚才唱的那首决赛的歌曲《茨冈》，是舒曼作曲的一首曲目。我突然想到，舒曼曾经说过一句话，他说音乐是灵魂的完美表现，我想他们真的是用音乐，用歌声，让我们感受到了他们美好的心灵，那么淳朴，那么善良。不管到什么时候，我们也不会忘记，有这样一支合唱队，是穿着自己编的草鞋，穿着自己织的衣裳，来到了我们的舞台上，用他们的歌声向我们展示了人间的美好。再次掌声谢谢他们。

董卿及时地捕捉到被采访者憨厚、淳朴的性格特点，甚至观察到他们衣着、体态的

---

① 曼切尔.新闻报道与写作[M].北京：广播电视出版社，1981：197.

特征,从他们纯洁、真挚的爱情切入话题,轻松且有人情味,最终将话语归结升华到心灵的美好,自然且温暖。

二、抓住关键,恰到好处

关键,比喻事物最紧要的部分,对情况起决定作用的因素。那么,如何抓住关键提问呢？就要善于抓住对采访对象的疑问点。在准备采访提纲时,主持人要根据疑问点确定好谈话的主题,然后按事物发展规律和人们的思维逻辑,由近及远、由易到难、由此及彼、由浅入深地提问,让对方把有关中心问题的材料“全盘托出”。当然,如果采访时间有限,那就要直入“中心”,宁可少问甚至不问一般性问题。要想使访问具有一定的深度,除了抓住关键性的问题以外,还必须提出一些有着丰富内涵和很强概括性的问题。要提出这样的问题并非易事,需要从大量的材料中进行概括提炼。主持人在访问中提出这些问题,不但有“牵一发而动全身”的作用,可以引出对方的很多信息,而且可以激发对方的兴趣,启发对方思考一些问题,从而促使对方发表一些真知灼见。提问“恰到好处”,就是提问要有特点、有个性,提出只有由这个采访对象来回答才最为合适的问题。具体做法:一是从采访对象的实际出发,看对方最熟悉、最想说、最有资格回答的是什么;二是从受众的心态出发,看他们最关心、最想了解什么;三是从报道思想出发,看访问者最想知道、非问不可的是什么。这种有特点的提问,采访对象听到之后心头会为之一振,感到有谈头,觉得你具备对话的资格。这样有个性的问题就像“钥匙”打开了“锁”,能够把采访对象的“能量”充分释放出来,使谈话具有吸引力、感染力。

在《了不起的挑战》中,乐嘉对“棒棒工”冉师傅及其儿子冉俊超进行了一段新闻式采访:

乐　嘉:你在这个地方住了多久啊?

冉师傅:五年。

乐　嘉:这个是多少钱?(房租)

冉师傅:三百。

乐　嘉:现在住几个人?

冉师傅:七个人。

乐　嘉:准备干到什么时候?(指“棒棒工”)

冉师傅：在他读完大学之后。

乐　嘉：他们有零花钱买东西你没有的时候，你怎么办？

冉俊超：就自己走到一边，自己玩自己的，不看他们吃。（近景特写：长吁一口气）

乐　嘉：你会不会怨？为什么你爸爸做"棒棒"，没有办法给你零花钱？

冉俊超：我本来就不想他当"棒棒"，因为做这份工作很辛苦。（近景特写：乐嘉一把搂过冉俊超，略显哽咽）①

无论是镜头里局促逼仄的出租屋，还是有关房租、零花钱等现实问题的对话，都真实地呈现出城市中打工者及其家庭的生存状态。这其实是借乐嘉之口，表达了节目组或媒体对城市底层劳动群体的关怀。

三、寓问于谈，讲究策略

大量成功的经验告诉我们，访问者要尽量采取聊天、谈心、讨论的方式，用求教、商量、探讨的语气同受访者交谈，而不要用那种"答题""审问"的方式。特别是比较深入的采访提问，更应该像生活中的交谈，自然得体，让受访者在不知不觉的闲谈中就回答了问题。这便是寓问于谈。主持人可以采取潜问法，让受访者"意会"应该谈些什么，再加上巧妙引导，使采访提问不是漫无边际，而是沿着某一个方向发展下去。若主持人再机敏地抓住某个有意义的话题，因势利导，就能把采访提问引向深入，带进高潮。可以说，寓问于谈是访问中双方达到心灵沟通的一个体现，是双方高层次的感情交流和知识的互换，也是访问中的最佳境界。诚然，以上状态是建立在主持人平日的知识储备基础之上的，这种要求如同播音理论里的"广义备稿"那样，只有上下吃透，正反摸清，才能有的放矢，游刃有余，从而为整个节目锦上添花。

第十二届青歌赛中有一对来自辽宁的原生态选手，董卿是这样采访的：

董卿：你们是开赛以来的第一对汉族的原生态选手，请问是来自辽宁的什么地方？

选手：我们来自丹东市。

① 张健，周爱炳.主流价值观的柔性传播与认同召唤——央视《了不起的挑战》的文本分析[J].中国电视，2016(09)：31.

董卿：是来自南水北调工程的丹东市吗？

选手：是的，我们就住在九连城水库边，过不了多久，北京的市民就能喝上清亮的丹东水了。

董卿：谢谢，不过在喝到清亮的丹东水之前，我们已经听到了你们清亮的歌声了。感谢你们。

在选手演唱完毕进行一小段采访是为了给工作人员统计分数留出时间，如何把握好这段时间，不说废话，是对主持人能力与素质的考验。寥寥数语，我们就可以看出董卿的知识修养、思想修养。

总之，采访提问是一门艺术，综艺娱乐节目主持人的采访提问虽然因媒介、节目、个人的不同而各有特色，但都要求能够提问题、敢于提问题、善于提问题，能够控制整个采访过程。任何游离主题、空泛无序、平淡乏味、松懈浮躁的采访都是不合格的。综艺娱乐节目主持人要担此重任，一定要有意识地加强内在修养，在实践中做个有心人。

思考题

1.综艺娱乐节目主持人的作用有哪些？

2.举例说明综艺娱乐节目主持人的协调沟通作用。

3.举例说明综艺娱乐节目主持人的驾驭控制作用。

第六章　综艺娱乐节目主持的有声语言艺术

要点提示：

掌握综艺娱乐节目主持的开场语、衔接语、终结语等有声语言类型及运用方式，在了解综艺娱乐节目主持有声语言表达特点的基础上掌握主持人的现场应变技巧，从而更好地发挥主持人的现场应变作用。

第一节　综艺娱乐节目主持的有声语言类型

无论是以哪一种形式存在的主持活动，有声语言在其中所起到的作用一定是至关重要的。在舞台上、镜头前，主持人对于节目整体节奏、走向、气氛、突发情况等的把控主要依靠有声语言的运用。

尤其在当今的综艺娱乐节目中，由于节目形式多样化，主持人风格也要实现多样化，随之而来的，综艺节目主持活动中有声语言的运用方式也要更加多样。

一、开场语

开场语在整场主持活动中具有重要意义，它除了为节目奠定整体的基调外，还要引领整场节目的开始和进行，使观众了解节目内容，起到统领作用。同时，主持人说什么话，以怎样的形式风格表达，都会影响观众对于节目风格的认识，甚至一部分观众会通过开场简简单单的几句话来判断节目是否符合自己的视听“口味”。优秀的节目主持人懂得如何运用自己的主持个性和风格设计开场语，找到适合自身气质和节目风格的表达方式，激起观众收看的兴趣。

（一）开宗明义

这是一种常见的开场语表达方式。主持人通过直接表明自己的“主持意图”，让观众对于节目的整体内容有一个相对直观的了解。主持效果干脆利落、明了清晰。

如程雷在《天籁之战》的开场：

欢迎来到由点蘸凉拌鲜鲜鲜的海天味极鲜酱油独家冠名、OPPO R9S手机特约赞助、网易云音乐独家音乐合作的《天籁之战》，这是国内首个平凡人向声音权威发起挑战的舞台，战火再度燃起，天籁之战，下一个就是你！

撒贝宁在《开讲啦》的开场：

品味中国劲酒，感悟中国智慧。您现在正在收看的是由健康饮酒倡导者，中国劲酒独家冠名播出的中国首档电视青年公开课《开讲啦》！我是主持人撒贝宁，欢迎各位。

这些都是比较典型的开宗明义式开场，将节目内容主旨贯穿于开场语中表达出来。

又如董卿在《朗读者》中的开场：

朗读者，就是朗读的人。在我看来可以分为两部分来理解，朗读是传播文字，而人则是展现生命。将值得尊重的生命和值得关注的文字完美结合，就是我们的《朗读者》。

在这里，董卿将“朗读者”拆分成“朗读”和“者”，将《朗读者》内容和传递的情感在节目开头做了一个完美的概括。

（二）借景抒情

这种开场语表达方式更显艺术性。主持人主要借助对其他事物的情感或看法引出节目，表达自己的感受。

如董卿在《中国诗词大会》第二季中的两次开场：

宋词原本的面貌，应该是阳春白雪、风花雪月。但是到了辛弃疾的手里，却更添了一份闲情逸致。在这里，没有酒店有茅店，没有菊花有稻花，没有歌声有蛙声，仕途失意的诗人，却创造了最美好的乡村意境。那么接下来，让我们再一次走进《中国诗词大会》，再一次去感受古人那畅达的人生情怀。

“黄河远上白云间，一片孤城万仞山。”王之涣一直留到今天的绝句一共只有六首，而其中有两首流芳千古。除了《凉州词》，还有一首，就是《登鹳雀楼》，“欲穷千里目，更上一层楼”，想看得更远，就得站得更高。这也体现了一种积极探索、无限进取的人生态度。今天是我们第二季《中国诗词大会》的第七场比赛，在这里，也希望所有的选手，依然能够激情饱满、斗志昂扬地去拥抱诗词世界的千里江山、无限风光。祝福大家。

董卿在《中国诗词大会》的开场常常借助一些耳熟能详的诗句引起大家的共鸣，再适当地抒发自己的感情，从中找到与节目主旨和意义共通的地方引出节目。

(三)道理议论

“摆事实，讲道理”这种方式有些时候会给人以距离感，产生“说教感”。尤其在综艺娱乐节目中，主持人如果想以道理讲述的方式让观众接受某些观点，就要合理恰当地进行道理议论。讲述分寸掌握得好，就会使主持更具生活性，让观众觉得是亲近熟悉的人在对他们讲述，使观众愿意倾听并接受，从而产生“自己人”效应，达到事半功倍的传播效果。

如《正大综艺》中杨澜和赵忠祥的对话：

杨　澜：您借给我的资料当中，有这样一篇。1992年下半年，在香港文化界一次评选大众最喜爱的10首唐诗活动中，您猜怎么着，孟郊的《游子吟》荣登榜首。我觉得孟郊不能和诗仙、诗圣相比吧。

赵忠祥：贾岛、孟郊是苦吟派诗人，当然在艺术成就上不能与李白、杜甫、白居易相提并论。

杨　澜：有关评论这样认为，《游子吟》之所以打动人心，是因为这首诗用浅显的语言，生动地表现了母爱，“慈母手中线，游子身上衣”，这是千百年来最能打动人心的感情。

赵忠祥：不论社会制度如何，不论社会发展到哪一步，母爱永远是伟大的，孝顺父母也是人心所向。

杨　澜:像《渴望》《风雨丽人》所表现的亲情,尽管出自普通百姓,却也动人。

赵忠祥:著名人物表现出的对母亲的孝顺,就更感人。如小泽征尔在后台,跪着让母亲梳头,我就很感动。人与人之间的亲情也同样动人。记得1982年我到安定医院采访,就为医务人员对精神病患者的关照而感动。我向大家介绍第一位嘉宾,就是10年前我采访过的安定医院的姜佐宁院长。欢迎您。

这段串场词最终的落点是要表彰安定医院广大医务人员,但综艺娱乐节目不可能像新闻节目那样安排。从母子亲情说到人际关系,从人与人的互相关心,谈到人们应该关心弱者。这样,串场词编排过渡得较为自然,同时它也承载着很多信息,既有文化也论及伦理,这种串场词我是喜爱的。[①] 这是就将道理议论生活化,摒弃了“说教感”,起到了“润物细无声”的传播效果。

(四)由此及彼

由此及彼式的开场指由一件事或一个事物过渡到另一件事或另一个事物的主持活动。

如赵忠祥所说:“我们一生经历的故事,您可能会觉得很多很多。其实,仔细回想起来,并不多。真正有点趣味,能拿到大庭广众的故事则更少。为了《正大综艺》的串场,我竭尽全力去回想、搜寻。在主持一百三十四集的过程中,不过才有一二十个故事。活了那么多年才有这么几个故事,读者诸君若不信,您试试看。听到的不算,只说有关您自己的。下面的串场词就是以我的真实经历写出的。”

杨　澜:观众朋友们好,非常高兴能与您共度这个愉快的周末。(掌声)

赵忠祥:杨澜,我倒要请问你,你的周末是怎么过的?

杨　澜:今天上午睡了大半天觉。

赵忠祥:莫让年华付水流,别老睡觉,做点户外活动也有利于健康。你喜欢钓鱼吗?

杨　澜:不喜欢,好像女孩子没有什么人去钓鱼,我性子急,钓不到。有一回,有一个朋友拉我去钓鱼,说给我做鲫鱼豆腐汤。钓了半天一条都没钓上来,我就拉他们回来了,也没吃上什么汤。

---

① 赵忠祥.岁月随想[M].上海:上海人民出版社,1997:82.

赵忠祥:你不喜欢不要紧,别破坏别人情绪。

杨　澜:那您喜欢钓鱼吗?

赵忠祥:已经很久没钓鱼了,不过我仍有过五次钓鱼经历,其中还有值得一说的经历。

杨　澜:那您说说看。

赵忠祥:1982 年秋天,我与剧组住在一个湖边,导演约我去钓鱼,他说有两副杆,一人一副。那是个好日子,天高云淡,荒草没膝,四下静悄悄。我们一会儿工夫就钓了半桶。忽然,我的伙伴大喊一声,不好!只见他手上的杆儿剩了半截,那插上去的杆梢被鱼连钩都带走了,一下子没入水内。

杨　澜:一定是条大鱼。

赵忠祥:我想也是。正在恼火,忽然在离我们五十米外的水面上,那根杆竟然立了起来,在水中转悠。他脱下外衣就要下水。我说,别,别,还是我下去,我水性好。临下水前,我对他说,鱼要是急了,一甩尾巴拍在胸口,就能把人打晕,我要有个三长两短你就回去叫人。

杨　澜:还挺悲壮。

赵忠祥:我蛙泳过去,尽量不溅水花,游近了一手拽住杆,连鱼一块儿往回拽。咦,可能鱼累了没挣扎,待我游到岸旁,把杆交他手上,往上一提,你猜鱼有多大?(比画一下)也就三两大小。(众笑)

杨　澜:赵老师的经历说完了,我想每位朋友都会有自己的经历。今天我们第一站去马尔代夫看看他们怎么钓鱼。

这段串场词就是为活跃场上气氛而集中设置的开台“锣鼓”。故事是绝对真实的。只有讲自己亲身的经历时,才能有投入的、引人注意的叙述。[①] 主持人由亲身经历的“钓鱼”引出节目中马尔代夫的“钓鱼”,轻巧、自然,不着痕迹。

二、衔接语

衔接语是保证整场节目能够自然流畅进行的要素,在整场主持活动中起到穿针引

① 赵忠祥.岁月随想[M].上海:上海人民出版社,1997:78.

线的作用。每一个节目表演、活动环节、人物采访以及节目中随时可能出现的一切情况,都像一根根“针”,要想将它们整齐顺利地串在一起,就需要衔接语在其中起到“线”的作用。要想整场节目能够按照应有的节奏进行,就少不了主持人的把控:既要使节目连贯,又要保证主持的效果。因此,从衔接语的使用上看,一名优秀的综艺娱乐节目主持人应该是可以驾驭舞台、掌控舞台的人。衔接语的形式,一般来讲有以下几种。

(一)承启式

承启式是最常见的一种衔接语形式,顾名思义,即在主持活动中借助上一节目环节的内容或解读,顺势开启对下一环节或内容的介绍。

如董卿在《中国诗词大会》第一季第三期中的一次表现:

你今天让我们看到了一个孝子,一份动人的情怀。我想你的妈妈会为你感到骄傲的,而且你今天的这番话,也会成为她最大的安慰。父母爱孩子是一种天性,他们从来不会去计较这份爱付出了多少,牺牲了多少。但是反过来,不是每一个孩子都能善待自己的父母的,这是一种人性,需要道德的修养。而我们学习古诗词,就是为了传承文化、弘扬美德、秉承精神,孝道始终是中华民族最重要的传统美德。所以,就让我们这些爱古诗词的朋友,从我们做起,让我们共同努力,对父母尽一份孝心,让普天下的爸爸妈妈都能够过得更加健康、快乐、幸福、平安!

这段衔接语虽然没有明确开启下一个环节,但是却通过对节目中选手亲身经历的解读与感悟联系到了《中国诗词大会》的节目主旨,主持人通过专业能力和文化素养顺理成章地连贯起了节目。

再如2005年春节联欢晚会中,节目《千手观音》引起观众强烈反响。而主持人周涛独特的语言衔接,从灯光舞美到后续节目的设计安排大大提升了它的艺术魅力,彰显了它的思想内涵和精神力量。

周　涛:亲爱的朋友,接下来我要很高兴地为大家介绍一位我的同行,她也是一位节目主持人,但是与我不同的是,她用手语和大家交流。让我们请出手语主持人姜馨甜。

周　涛:(手语)你好!请。

姜馨甜:(手语)你好！谢谢！

姜馨甜:(手语)大家好！

周　涛:(解说)她说大家好！

姜馨甜:(手语,周涛解说)我们生活在一个无声的世界,但我们的心声与你们的心声相通;我们生活在无语的天地,但我们用手语和你们的语言相连。

周　涛:谢谢,谢谢！亲爱的朋友,接下来我要为大家介绍一个特殊的节目,它的特殊之处在于,为大家表演的所有演员,都是生活在无声世界当中的朋友,他们听不到爸爸妈妈深情的呼唤,当然也就无法感知音乐的旋律,但即便是这样,他们也要把自己对大家的新春祝福化成美妙的舞姿带给我们,一起来欣赏舞蹈《千手观音》。

观赏完这段优美的舞蹈之后,主持人周涛和姜馨甜一同教现场的观众朋友学习手语“爱是我们共同的语言”。之后,主持人周涛用一段话不仅总结了这个优秀的节目,也顺理成章地引出了下一个节目:

其实手语并不难学,是吗?我们国家有六千多万残疾人,他们需要我们的帮助。有时我们小小的一个举动、一段言语就会给他们带来温暖。毕竟,我们是手心连着手背的姐妹兄弟。(歌曲《姐妹兄弟》音乐响起)

这段主持词不仅起到了承上启下串联节目的作用,更将整台晚会的气氛点燃。主持人周涛温情的话语、真挚的情感,不仅温暖了在场的观众,更温暖了电视机前每一个收看春晚的观众,制造了“祖国一家亲”的和谐气氛。

(二)问答式

在综艺娱乐节目中,这种问答式的衔接语也分不同的类型。通常,两个或多个主持人同台,通过一问一答的形式和默契的配合引出下面的节目;也有很多时候是在有嘉宾的情况下,主持人通过提问的方式引导嘉宾说出观众关心的、想听的内容,在提问的同时推动节目进程;或者主持人与观众互动问答引出节目。

《开讲啦》中的一期开讲嘉宾是中国科学院院士、清华大学副校长薛其坤先生。以下为主持人撒贝宁与薛其坤开场后的互动对话:

撒贝宁：薛先生您好！欢迎您来到《开讲啦》！来来来(带动大家鼓掌，引导嘉宾走上舞台)谢谢各位，谢谢各位，请坐。我刚才总结的那一句关于量子反常霍尔效应的话，有道理吗？

薛其坤：对于一般老百姓来讲，这是对的。

撒贝宁：(尴尬地笑)一般老百姓……

薛其坤：从专业上来讲，是不对的。

撒贝宁：但是我知道，量子确实有一个霍尔效应。

薛其坤：对。

撒贝宁：在一个非常强大的磁场的作用下，电子的运动可以变得非常有规则、有秩序。那反常霍尔效应呢？

薛其坤：刚才你提到了一个非常重要的概念，就是需要强的磁场，量子反常霍尔效应就不需要这个磁场。

撒贝宁：不用磁场？

薛其坤：不用磁场，就能使电子在我们的电子器件中有序地运动，像高速公路上的汽车一样，而不像农贸市场的人一样。

撒贝宁：嗯，但如果电子像农贸市场的人，而不像高速公路上的汽车运动，又会怎样呢？

薛其坤：电子在运动的过程中它就互相发生碰撞，碰回来以后，它会走弯路。这个器件消耗的电就会更多，消耗的能量就会更多。这会使我们的这个器件发热。比如说你打一会儿手机，手机就发热了。发热的这一部分是浪费掉的能量。如果电子有序了，它就没有这种碰撞了，它就不会发热了，就会大大减少电子器件的能量消耗。比如说现在手机的待机时间可能是一天，用了这个效应以后呢就是两天或者三天。

撒贝宁：除了待机时间长以外，还能有什么好处吗？

薛其坤：速度就快了，电子在器件中总是要从这个电极到达另一个电极，完成它的性能的操作，如果我走了弯路，但是还是回去的话，那速度不就慢吗？但是我们高速公路上的汽车，它会一直向前，畅通无阻。它不能掉头，掉头的话就会被罚款，量子霍尔效应，就定义了这样一个罚款规则。电子不能走回头路。

撒贝宁：电子警察。哪个电子走回头路，还要罚款，钱交到哪儿去呢？（大笑声）当然这是开玩笑，实际上薛校长是在用这样一种比喻，让大家更清晰地，尤其是对于普通老百姓来讲（笑着指向自己），更清晰地理解什么叫量子反常霍尔效应。但是我知道，因为这个科研成果，您被评为中国首届未来科学大奖的获奖者，奖金高达100万美元。这是当时的颁奖典礼现场（掌声，回头看大屏幕），大家的掌声表示了对您的祝贺和钦佩，也代表了一分好奇，这100万美元怎么用呢？

薛其坤：改善生活。

撒贝宁：（大笑）改善生活，但我听说您这个奖金的规划当中还有一部分要用在学生身上。

薛其坤：我们团队的成员吧，我们的合作伙伴。

撒贝宁：改善他们的生活。所以做您的学生很幸福吧！

薛其坤：我想象中，他们应该是幸福的。

撒贝宁：想象中（大笑），就从来没求证过？

薛其坤：对。你从他现在的工作状态和生活状态来讲，我想他们大部分还是很愉快的，很有成就感的。

撒贝宁：所以做一个学生最幸福的事，其实就是碰见一个好的老师。而一个好的老师带领学生绝对不仅仅是在科研、在学问的道路上前进，一个好的老师，一定是引领我们在人生的道路上，能够找到自己未来的方向。那么，接下来就让我们掌声有请薛校长为我们开讲。

主持人撒贝宁在与薛其坤先生问答的过程中，让观众了解到了嘉宾主要从事的研究领域，还对研究内容进行了简单介绍，最后又使观众认识到薛其坤先生还是一位良师。提问与回答自然承接，问题与问题之间不跳脱突兀，短短几分钟的交流便让观众得到了很多的信息，而这种问答的形式相较于一个人的讲述也更加具有代入感。

（三）悬念式

主持人在主持的过程中经常设置悬念，利用观众的好奇心来引起观众的关注或思考。如在第十一届金鹰节颁奖晚会上，何炅是这样引出自己的搭档的：

好的，刚刚说到合作，我接下来要请出我的合作对象了，当我知道是她的时候，我非常开心，因为我觉得她是一个很特别的女人。她其实长得很大气，但是如果你了解她，你就会发现她有非常甜蜜的小女人的一面；你会觉得她气场很足，但是她又有千回百转一样的温柔。接下来请出我们今年金鹰颁奖晚会的女主持人——宁静，欢迎她。

何炅在介绍自己搭档的时候不是开门见山，而是在许多语言的渲染下让自己的搭档“千呼万唤始出来”。这样，何炅一边说，观众一边猜，自然形成互动，吊足了观众的胃口。

在《来吧！冠军》的一期节目中，何炅又采用了这种方式：

两位队长你们好！这次你们要挑战的项目，历史非常悠久，从古代的奥运会就已经有了。据说呢，它起源于牧羊，长久以来亚洲人没有拿过这个项目的世界冠军，直到一个人的出现。是的，这一次你们挑战110米栏。

三、终结语

终结语作为节目最后的“收官”，形式也比较多样。在通常情况下，综艺娱乐节目中的终结语主要分为直接宣布、依依惜别、设疑引思、归纳回顾、主题升华等类型。

（一）直接宣布

在《天籁之战》第一季最后一期时，主持人程雷是这样宣布节目结束的：

经过我们三个月的期待，让我们恭喜苏诗丁获得我们的年度总冠军，希望她手中的金话筒能够开启她人生的金色年华。同样，我们的亚军田园将获得来自哈曼集团旗下品牌AKG的专业录音话筒，并列季军的赵宥乔和吕俊哲将获得来自哈曼集团旗下品牌AKG的专业耳机。同时，我们要特别感谢本节目的冠名赞助商海天味极鲜酱油的独家冠名，感谢OPPOR9S拍照手机的特约播出。本节目独家音乐版权只在网易云音乐，欢迎登录独家视频合作平台腾讯视频观看本节目的精彩内容，让我们期待《天籁之战》第二季的来临！

这段结束语直接明了：恭喜获奖选手，感谢赞助单位，介绍收看平台，期待下季再见。

(二)依依惜别

在《中国诗词大会》第一季的最后一期,董卿这样与观众道别:

第一季《中国诗词大会》到这里就全部结束了,我们将圆满落下大幕。这些日子以来,从金戈铁马到琴棋书画,从大漠孤烟到水墨江南,从忠肝义胆到千里婵娟,可以说一首首的诗词歌赋,让我们感受到了炎黄子孙的家国情怀。真的,所有的这些选手,谢谢你们来到我们的现场,用你们最美好的青春年华,用你们的才情和学识,装扮了我们的舞台,装扮了我们的大赛,也传播了最美的中国诗词文化。在这里,向你们鞠躬表示感谢。我们也把掌声送给我们的点评嘉宾,谢谢,谢谢你们给予我们的谆谆教诲,在学识上的指点、指正、帮助。所以,当比赛结束的时候,真的不想说再见,因为海内存知己,天涯若比邻。就让我们从此地出发,传诵经典,展露风华。伴随《中国诗词大会》,梦想就此启航。

在《中国诗词大会》第二季的最后一期,董卿这样道别:

谢谢四位老师,当然我们要感谢电视机前,始终陪伴在我们身边的,很多热爱诗词的观众朋友,我们一起度过了一段难忘的美好的诗词时光。从大漠孤烟塞北到杏花春雨江南,从山水田园牧歌到金戈铁马阳关。我们在吟诵着千古绝句,我们也在体味着人间百态。所以,无论明天你将回到哪里,身处何方,又将展开怎样的人生,不要忘了,在这段日子里,我们所共同体会到的那份感动,那份沉醉,那份喜悦,那种振奋。那是你们所绽放出来的光芒,那也是中国诗词永恒的魅力。海内存知己,天涯若比邻。中国诗词是中国人的精神礼赞,《中国诗词大会》也将是我们永远的精神家园。人生自有诗意。亲爱的观众朋友们,让我们相约《中国诗词大会》,明年再见。

董卿在两届《中国诗词大会》中的结束语文辞隽永,娓娓道来,与选手、与嘉宾依依惜别,充满离别的不舍与再见的期待,引来无数网友的感叹:“深深 get 到了董卿的美,端庄得体,大方知性。”节目中的选手也引用诗句来夸赞董卿:“美人当以玉为骨,雪为肤,芙蓉为面,杨柳为姿,更重要的是以诗词为心。”

(三)设疑引思

这种结尾多出现在竞技类节目中,每期节目有不同的竞技规则,“接下来的比赛将鹿死谁手，大家拭目以待”，很自然地留下了悬念。如《歌手2017》半决赛，洪涛导演以极具悬念的语言宣布能够晋级决赛的歌手后，作为结尾，他又对歌手们说了这样一段话：

下一场是我们的决赛，我们将采取“明星帮帮唱”的方式，冲击《歌手2017》冠军的宝座。也希望大家下一场邀请到最能够有助于大家拿到冠军的歌手，带来更精彩的合作作品。大家加油！

有哪些明星会来实力助阵？能放送多少精彩好歌？谁能最后摘得歌王桂冠？悬念丛生，观众自然会更加期待。

程雷在《天籁之战》第一季的第十一期结尾也是如此：

下周，我们将有四位挑战者上演最后的巅峰对决，他们分别是：赵宥乔、吕俊哲、苏诗丁、田园。等待了三个月，究竟谁才是万众瞩目的天籁之子？天籁之战，下一个就是你！

（四）归纳回顾

《天天向上》一期节目中，天天兄弟呼吁保护方言，汪涵这样结尾：

特别特别好啊，如果说我们不保护方言的话，将来也就没有了所谓的上海人，没有了所谓的湖南人。我们今天真的是特别特别开心呀，请到来自上海和北京方言的发音人。我们希望在这个节目当中，请到更多的方言发音人。如果电视机前的你，觉得自己城市的语言是那么优美，你也可以通过我们屏幕下方的方式跟我们取得联系，我们要把您家乡的声音，带到《天天向上》的舞台。是的，我们就用方言的方式来感谢所有的单位。

这段终结语既归纳回顾本期节目，肯定方言存在和被保护的意义；又对观众朋友提出希望，希望大家都能为方言的传承做出努力，发挥了节目的文化导向功能和正能量价值。

（五）主题升华

《开讲啦》中撒贝宁的结尾：

再一次感谢您和您的同事们，谢谢，谢谢。今天是我们“大先生系列”的其中一期开讲,我突然想起当年的清华大学校长梅贻琦先生曾经说过:“大学不仅仅有大楼,而且有大师。”一个学校,一个校园,或者说一个国家的教育能够让学生享受其中,能够让学生在这其中不仅找到科学知识,更重要的是找到自己人生的方向,我觉得这可能是我们身边的一位又一位大师带给我们最宝贵的财富。再一次把掌声送给我们的大先生们,感谢薛校长给我们带来的精彩演讲。谢谢你,下期开讲,再见!

撒贝宁转引清华大学校长梅贻琦先生关于大学、关于教育的话语,给人许多思考,同时起到了升华本期节目主题的作用。

实际上,无论是开场语、衔接语还是终结语,在节目中都起到结构性的作用,不能或缺。缺少任何环节,节目都是不完整的。而且,在节目主持中,各个环节所起到的作用往往是多重的,不能简单用一种类型来概括。

第二节　综艺娱乐节目主持的有声语言表达特点

综艺娱乐节目与大多数新闻类和社教类节目的不同之处在于,它的节目现场通常有一定数量甚至大量的观众在台下(或台上)观看,这也就使得现场主持不能像在演播室独自面对摄像机时那样轻松了。若想使节目达到预期的效果,主持人就不能只顾自己一个人“表演”,而要更多地把精力分散在现场观众的情绪调动上,真正做到“一心二用”。综艺娱乐节目自身的特点决定了综艺娱乐节目主持人用语的丰富性,在不同的情况下,主持人可能要用到诸如口语词语、文言词语、传统词语或是时代性较强的种种词语类型,而且需要经常使用一些用法、意义和修辞色彩不尽相同的词语。① 总体说来,综艺娱乐节目主持的有声语言表达特点包括生活化、口语化,准确、简洁,平实、鲜明,生动、形象,幽默、诙谐,个性化,等等。

一、生活化、口语化

在综艺娱乐节目中,主持人有声语言的表达是否生活化、口语化,直接影响观众是否愿意倾听、观看。语言要贴近大众生活、“接地气”,才能使人听得明白、听得顺畅。

---

① 刘洋,林海.综艺娱乐节目主持人概论[M].北京:中国传媒大学出版社,2007:83-84.

同时,这样的语言样式更具感染力和代入感,观众的情绪或情感也容易根据主持人的有声语言表达产生相应的变化。

倪萍的主持语言浅显易懂,非常大众化,在自己的书中,她这样说:“在近二十年的主持生涯中,我始终要求自己把语言打碎了,把心放平了,把文词拆开了,用最直接的方式把话说出来。这是风格吗?我以为是,至少这种风格适合我。念了几本书,知道了一些文字也不用显摆出来,人家一看房子结实不结实,就知道你地基打得多深。会说的不如会听的,会写的不如会看的。”①

在2015年春晚中,主持人大量使用网络语言,如撒贝宁在谈到春晚实时互动人数创下新高时,提道:“地球人已经阻挡不了受众参与春晚的热情了。”在反串表演结束之后,撒贝宁也非常应景地用京剧唱腔来了一句:“我也是醉了。”李思思也说我们给观众“点个赞”。主持人将网络流行语运用在主持词当中,生动地体现了2015年春晚的时代特色,可以说,2015年春晚是网络语言使用最多的一次春晚。同时,此次春晚主持人语言鲜明的时代性也体现在他们的表演性上,大量地应用“反串”“反转”“呼应”等语言技巧,使主持人跳脱了传统的语言表达样式,语言生动、形象,充满了时代特质和魅力。②

二、准确、简洁

综艺娱乐节目主持人不同于新闻播音员,不需要追求每一个字音都字正腔圆,但是其有声语言的准确和简洁,却也是必不可少的。综艺娱乐节目主持人应做到语音准确无误,吐字清晰,语言不赘述、不拖沓。在词汇的表述上,要充分注意口语和书面语的不同。另外,少用同音词,少用简称,避免引起歧义;声音要响亮,让观众听得清楚、明白;在用词用句方面,尽量做到去繁求简。

三、平实、鲜明

平实,指语言朴实无华。这要求综艺娱乐节目主持人要有浓郁的交流气息,表达口语化,以引发观众的共鸣。

在2008年汶川地震赈灾晚会中,主持人用下面这段话为所有人勾勒出一幅大爱

---

① 倪萍.姥姥语录[M].北京:中华书局,2013:199.

② 侯月.2015年央视春晚主持人语言表达新样态[J].青年记者,2015(14):44-45:.

的图像，使观众倍感亲切：

5月13日，救援人员在一片废墟的瓦砾当中发现了一名遇难者，当救援人员确定她已经停止心跳的时候，余震又开始了，救援人员不得不迅速撤离现场。就在这个时候，救援队的队长以特有的职业敏感又回到了那个废墟当中。因为他看到一名妇女双膝跪地，上身呈匍匐状趴在前面，他确认这样的姿势一定有别的含义。于是，他又一次仔细地观察，这时候才发现这名妇女的身下紧紧地护着一个仅仅三四个月大的婴儿。经过努力，婴儿得救了。由于母亲的呵护，这位婴儿毫发未损。当医生给孩子检查的时候，发现在她的襁褓当中有一个手机，上面有一条未发出的短信。短信是这样写的："孩子，如果你能幸免于难的话，你要记住，妈妈爱你！"今天我想告诉我们所有的人，也让我们给这位母亲发一封短信（如果天堂能够接到的话）："我们所有人都会像你一样爱你的孩子。"

主持人贴近观众内心的平实的话语，有着震撼人心的强大力量，让所有人深深为之动容。

鲜明，在《现代汉语词典》中的释义为：分明而确定，一点也不含糊。

在《中国诗词大会》第二季第九期中，百人团里一位探访诗词景点的背包客介绍自己的经历后，主持人和现场嘉宾这样说道：

董　卿：我突然很羡慕他这种人生状态。这不正是网上最近流传着的一句话，生活不仅有眼前的苟且——

郦　波：还有诗和远方。

董　卿：错，"生活不仅有眼前的苟且，还有以后的苟且"，这是最新答案。

康　震：太让人绝望了。

董　卿：但是我觉得正因为如此，才更需要诗和远方。人类需要求得哪怕片刻的，哪怕一段时间的心灵解放和自由吧。所以我们出去，背上背包，走出家门一段时间，换一个身份，换一个角度去看这个世界。发现不同的世界的同时，就是在发现不同的自己。

郦　波：他完美地诠释了什么叫"在路上"。

董　卿：对，永远在路上，不以心为形役，很自由的感觉。

董卿在“生活不仅有眼前的苟且，还有以后的苟且”这一句似乎让人绝望的话之后，将话锋一转，说“不以心为形役”，这不正鲜明地表达了“永远在路上”的生活愿景吗？

四、生动、形象

综艺娱乐节目主持人要想做到语言生动、形象，就要加强语言的修辞色彩。采用比喻、拟人、引用、谐音、双关、反语、排比和对偶等修辞方法，使语言表述更富感染力。

在《中国诗词大会》第二季第三期中，第三位选手范琦是“一带一路”工程项目的女设计师。

董　卿：你选择专业时犹豫过选择文科还是工科吗？

范　琦：没有犹豫。

董　卿：认定了要选工科？

范　琦：对。因为我小时候受梁启超先生那个《少年中国说》影响比较深。我很崇敬像钱学森先生，还有詹天佑先生他们这样的人。我其实是想为我们实业兴国、科技兴国尽一点点自己的微薄之力的，当然我也没有作出很大贡献。但是我想，我们每个人的小梦想，汇聚起来，就是一个中国的大梦想，然后这就是我们实现民族复兴的中国梦。

王立群：好。其实他们走得越远，说明“一带一路”延展得越长。

董　卿：当年詹天佑先生说过一句话：“如果我的身躯，能够匍匐成华夏大地的一根铁轨，那么对于我坎坷的人生来说，也是莫大的幸事。”今天我们也听到了范琦这种“巾帼不让须眉”的志向，为你鼓掌。

还是在《中国诗词大会》第二季第三期中，董卿对选手说：

不知道为什么，我突然觉得仿佛看到了你女儿小时候，虽然她今年已经二十了，可是她当年不就是这样唱着你作曲的歌，唱着这些古诗词慢慢长大的吗？所以我觉得一瞬间非常非常感动。这些歌里边包含着一个父亲的最深的一份情感。这是他能给女儿的最好的礼物了：陪伴她成长。我想最后送给你和你的女儿几句叶赛宁的诗，也是我非常喜欢的一首诗，叫《我记得》。最后有几句是：“当时的我是何等温柔，我把花瓣撒在你的发间。当你离开，我的心不会变凉。想起你,就如同读到最心爱的文字,那般欢畅。”

选手张欣未介绍了父亲对自己的熏陶,董卿于是说:

我倒是很感动一点,他父亲双目失明到现在,这么多年依旧在看厚厚的盲文书,始终保持这样一个阅读的习惯,这真的很让人感动。我觉得他这种学习的精神和态度会影响到自己的孩子,这也是一种传承。我突然想到阿根廷著名作家博尔赫斯,他是在双目失明之后,被任命为阿根廷国家图书馆馆长的,所以他写下了那首非常著名的诗。他说:“上天给了我浩瀚的书海和一双看不见的眼睛。即便如此,我依然暗暗设想,天堂应该是图书馆的模样。”所以,无论在什么时候,什么样的境遇,书、诗文都能给我们一个彩色的世界。

从这几个案例可以看出,董卿广博的知识、恰当的引用,不仅使其语言生动、形象,具有说服力,也拓展了观众的想象空间,提升了观众的思想境界,升华了节目主题。

五、幽默、诙谐

幽默是人际关系的润滑剂,是拉近人际关系,烘托综艺娱乐节目欢快气氛的重要手段。人们观看综艺娱乐节目,就是在享受轻松愉快的节目气氛,使自己也能够随着节目放松下来。但是,综艺娱乐节目单有节目环节的设置是不够的,还需要主持人用活跃的思维带动现场气氛。

张腾岳在2015年《中国成语大会》决赛第五场节目开场是这样介绍嘉宾的:

现场以及电视机前的观众朋友们,您现在正在收看的是中国最烧脑的文化娱乐节目,由君乐宝乳业独家冠名播出的2015《中国成语大会》的决赛现场。我们的决赛之地选在了中国成语典故之都——邯郸。感谢我们现场所有观众朋友的光临!我来为大家介绍一下我们现场的两位文化嘉宾,他们分别是:中南大学文学院的美女教授——杨雨老师,杨老师是主攻唐宋诗词的,我私底下认为啊,如果我当年的文学老师是杨雨老师的话,估计今天坐在她旁边的人就是我了,而不是韩老师。另外这位是来自河北大学文学院的教授——韩田鹿老师,韩老师也是研究古典文学的,但是呢,韩老师研究的不是那种高大上的，而是非常“接地气”的，所以呢，韩老师他有一肚子的故事。

在节目的一开始，张腾岳把身段放低，拿自己逗趣，带动观众、选手、嘉宾的情绪，渲染节目气氛，让观众记住嘉宾，更好地引入主题。

李咏在节目中尽显自己的幽默、诙谐：

> 我的开场白是这样的：“谢谢大家把这么宝贵的时间给了《非常6+1》。你们旷课的旷课，旷工的旷工，有的还耽误了约会。既然到这儿，我只有两个请求：第一，别把自己当外人，进了演播室，就都是演员，我们共同努力。电视机前还有更多的观众，气氛靠谁？就靠你们了。”说到这儿，我给大家鞠个躬。
>
> “录节目中间，难免有些磕磕碰碰，可能不会像你们在电视上看到的那么顺当。放心，会留给你们足够的尿尿的时间。”
>
> “我们一会儿会有一个开场舞蹈。那位小伙子，你坐得低啊，姑娘们那裙子一转起来，你眼睛别给我犯直啊！”
>
> “有什么意见请举手说，别上台抢话筒，也别给我使绊子。否则别怪我让你在全国人民面前出糗！”
>
> 最后，再补充一句大实话：“今天，我希望诸位高兴而来，满意而归。我尽可能地带给你们快乐。请大家热烈欢呼，能多热烈就多热烈！为什么？我就是想通过你们的欢呼让电视机前的全国人民都知道，李咏这孙子到这个岁数了，还这么红！”①

在这段看似玩笑的热场中，主持人以“接地气”的语言，快速与现场观众打成一片，有效缓解了在场观众的紧张心理和现场的尴尬气氛，为节目录制过程中和谐欢快的气氛做好了铺垫。

六、个性化

个性化是在工业时代走向信息时代的过程中，人们不同层次、不同思想内涵的一种表现。个性化的出现是社会文明进步的一种标志。从工业社会的少品种、大批量的

---

① 李咏.咏远有李[M].北京：长江文艺出版社，2009：25.

流水线生产,到信息社会的多品种、小批量度身打造,这不仅仅是产品制造工艺的改变,而且是工业产品走向艺术作品的历程,是市场化的一个特征。在知识爆炸、信息多元化、媒体密集的传播环境中,只有个性鲜明、独具魅力的传播,才能成为被受众注意和选择的对象。①

所谓个性化表达,指主持人以朋友的身份及与大众平等的关系,以个性化的视角和个性化的叙述方式进行表达,使表达具有新鲜感和吸引力。主持人的个性化表达要注意符合自身的形象和性格,既不能过度夸张,也不能矫揉造作。

《康熙来了》自开播以来,一直是中国台湾地区综艺娱乐节目中的佼佼者,受到无数观众的追捧。它的成功与两位堪称绝配的主持人——小 S(徐熙娣)和蔡康永分不开。小 S 是敢于突破常规、颠覆人们心中对女性固定期待的娱乐人物。她在公众面前从不刻意保持乖乖女形象,而是大胆谈论各种话题,通过丰富的肢体语言及面部表情向受众展示完全真实的自我形象。当今的综艺娱乐节目主持人如果想在该类节目的激烈竞争中有所突破,仅仅拥有良好的有声语言表达能力是不够的,还要具备极强的表演能力。个人 Show 型主持人因其个性化的表达越来越得到广大电视观众的喜爱。

另一位个性化明显的主持人是谢娜。在《快乐大本营》中,谢娜不标准的普通话、四川方言、长沙方言、蹩脚的英语以及她大胆搞笑的表演,常常能令观众捧腹大笑。有时候,节目嘉宾或者其他主持人讲到一些事情,谢娜也会站出来说一番臭美的话,总会遭到何炅或者李维嘉的调侃,这也几乎成为节目的形式之一。

谢娜在节目中时常运用四川方言表演,常常带来意想不到的效果。如她表演过一段"马栏山聚会"短剧,在开场说道:"大家好,没错,我就是马栏山马栏镇马栏坡的马小姐,你们也可以喊我山寨马。"夸张的服饰配上搞笑的舞台效果,引得现场和电视机前的观众哈哈大笑。个性化的语言、个性化的表达与综艺娱乐节目相配合,能起到让人开心愉悦的效果。

① 陈虹.节目主持人概论[M].北京:高等教育出版社,2013:54.

第三节　综艺娱乐节目主持的现场应变技巧

一、现场应变的技巧

综艺娱乐节目整体环节复杂，现场情况千变万化，加上嘉宾较多、参与者众多，经常会有意料之外的情况发生，主持人现场应变的技巧、应变语的质量关系到节目的顺利进行，成功的应变会给节目增光添彩。现场应变技巧要求：一要准确，二要快速，三要得体。

所谓准确，就是用词、用语要高度精确、凝练，唐代诗人贾岛的"鸟宿池边树，僧敲月下门"和"二句三年得，一吟双泪流"；方干的"才吟五字句，又白几茎髭"和"吟成五字句，用破一生心"；卢延让的"吟安一个字，捻断数茎须"，均表现了诗人艺术创作的艰辛、刻苦，也说明好诗佳句得来不易。节目主持亦是如此，用语是否精确、凝练恰恰表明了主持人文化积淀是否深厚。

所谓快速，就是反应要快，要能够根据实际发生的情况当机立断，用语言去弥补已经出现的问题，填补时间上的空隙。

所谓得体，即说出的话要合乎情理和逻辑，不要信口开河，胡言乱语。

常见的现场应变技巧有以下几种。

(一)顺水推舟式

顺水推舟，指顺着水流的方向推船，比喻顺着某个趋势或按照某种方式说话办事。在综艺娱乐节目中就指主持人顺着嘉宾或观众的语势即兴插入事先准备的或是观众感兴趣的话题，顺其自然，水到渠成。

比如，在《天籁之战》第一季第六期中，"素人"黄恺挑战"天籁唱将"莫文蔚，结果失败了。

莫文蔚：黄恺，你可以答应我一个事情吗？如果你进了决赛，你可不可以把你老婆拉过来，你现场唱给她听。

黄　恺：可以的。

程　雷：那莫文蔚老师，如果黄恺进了决赛把他老婆带来，你老公会不会来呢？

莫文蔚：好吧，就来吧！

程　雷：让我们期待我们的总决赛，再次把掌声送给黄恺以及我们的“天籁唱将”莫文蔚。

在莫文蔚向黄恺爱人发出邀请之际，程雷适时快速应变，向莫文蔚发出对她爱人的邀请，既表现了明星和“素人”的平等关系，又顺水推舟，满足了受众的愿望。

另如，在第十一届金鹰节颁奖典礼上，何炅介绍出场嘉宾：

另外我们还有一些老朋友，也不甘于重复自己，她们永远在创新，做一些跨界的尝试，所以有时候看到她们好像看到新朋友一样。比如说我们刘涛，我记得上一届我夸你是收纳能手，但这一届我要尊你为跨界歌王。还有我们美丽的秦岚，我们美丽的马苏。两位很不容易，现在在尝试喜剧表演。你知道我们喜剧界吸纳你们是有目的的，感谢你们大幅度地提高了我们喜剧界的平均颜值。另外还有一位很了不起，是我的好朋友丫丫佟丽娅，升级做了妈妈之后她现在勇敢地跨界，她现在是《真正男子汉》中一位了不起的空军战士。另外还有我多年前的老同事左小青，从主持跨到了影视表演，不知道有没有兴趣再跨回来一下，欢迎小青。

在开场介绍嘉宾之际，何炅将现场嘉宾进行了一系列的联系和整合，以共性的跨界为话题，顺次介绍了刘涛、秦岚、马苏、佟丽娅、左小青，称赞了她们在本职和跨界方面的成就。顺水推舟，不落俗套。

（二）自我解嘲式

自我解嘲，就是用言语或行动为自己掩盖或化解尴尬。节目主持人在主持节目过程中不小心出了洋相或发生意外情况，可以采用幽默的语言自我解嘲，化窘迫为轻松。

如《梦想的声音》第八期，张小七与导师讨教环节：

华　少：旗袍装。欢迎回来。服装确实非常惹眼，这是您自己平时的衣服吗，小七？

张小七：这个（边说边打量服装），我也有一件。

华　少：（尴尬）这么巧啊……小七今天要讨教的是田馥甄老师。

张小七:对。

华　少:准备好了?

张小七:好紧张。

华　少:我能做点什么让你轻松一点呢?

张小七:不能。

华　少:好嘞(面向观众,继续尴尬。观众笑)。那好吧,加油加油,别紧张,就放松唱就行了。

田馥甄:加油加油!

张惠妹:加油加油!

华　少:大声地告诉大家,也告诉你要讨教的导师,你要演唱的歌曲是……

(张小七看向华少,一脸懵)

(字幕组:忘了歌名了)

(华少挠头)

(字幕组:主持不下去了)

华　少:这一段我有点尴尬了,(观众笑,华少安慰张小七)没事没事,我知道你紧张,挺好,就是想让你放松。像刚才那样的掌声,我觉得对她有帮助。无论如何,我们都希望讨教田馥甄的对手将会有更好的表现。让我们一起给她呼喊加油!为她鼓掌好吗?(掌声雷动)

张小七:谢谢!

面对不太容易沟通或是因紧张等而不能配合主持人的选手,华少一度非常尴尬,可他很快找准了自己的定位,轻松自然,亲切耐心,不断引导,想方设法为选手减轻压力,还通过自我解嘲来营造全场的欢乐氛围,获得了观众和选手的认可。

(三)烘托主题式

烘托主题的前提是把握主题,细致观察全场,以主持人的职业敏感度捕捉现场契机。

在《中国诗词大会》第二季第七期节目中,选手帅克忽然喉咙发炎无法说话退出比赛,由在百人团中名列第五的选手王轶隆替补出赛。在王轶隆答题之后,董卿告诉了他母亲住院的消息。

董　卿：我觉得人生，冥冥之中仿佛有一种安排，如果不是帅克突然病倒，轶隆就不会替补上场。如果他不替补上场，我们也不会给他家人打这个电话。那也许他就真的没有能够在母亲最需要他的时候，陪伴在母亲身边。如果真是那样，反而会使我们觉得那是一种遗憾。《中国诗词大会》是为了传播知识，但更重要的是为了传承精神。孝老爱亲，本来就是中华民族几千年文明当中一直在传承的最宝贵的一种品质。今天在这个年轻人的取舍之间，我们又一次看到了这种品质的闪光。轶隆，你所在的那个位置，我们会一直空着。百人团不会再招募任何新的选手，看到这个空位我们会想到你，它是一个空缺，但它更是一种圆满。我们也再次祝福你的母亲早日康复。我们也等着你早日归队。加油！

王立群：王轶隆是个有情怀的孩子，他当年是为了照顾他的母亲放弃了在天津工作的机会回到家乡去，他来到这里以后，一听说母亲住院了，立即就回去了。他的孝顺精神在今天表现得淋漓尽致。

郦　波：最好的诗词，其实就是最好的人性，最好的人生。我们通过轶隆，通过他和他的家庭、他和他的父母，看到了世间最赤诚的爱，这就是诗词的灵魂。

董　卿：所谓父女母子一场，终究有一别。就让我们一起怀着倒计时的心态，去珍惜在一起的日子，善待老人。爱我们的父母，爱我们的亲人。也再次祝福我们所有的选手。

通过选手的事迹在节目中适时宣传中华传统文化和美德，也是中国综艺娱乐节目应该具有的价值导向之一。植根于诗词而又超越诗词，貌似比赛却又高于比赛，董卿在《中国诗词大会》中融诗词鉴赏、文化寻根、传承美德为一体，不仅通过对诗词知识的比拼及赏析，带动全民重温古诗词，分享诗词之美，感受诗词之趣，从古人的智慧和情怀中汲取营养，涵养心灵；更重要的是，通过对100名选手的直接或间接采访潜移默化地产生传承和弘扬中华传统文化和美德的作用。

在《向祖国报告》2008迎“七·一”暨抗震救灾晚会上，主持人现场采访了绵竹市广济镇仁贤社区党支部书记曹代成。曹书记是一个普通的基层党支部书记，地震发生时他四处奔跑呼喊，动员群众离开，却因此失去了老母亲、妻子和小孙子。但是曹书记并没有后悔，在晚会现场，他抚摸着自己的共产党员胸章，大声地喊出“为人民服务，值！”的豪言壮语之后，董卿说：

谢谢你，曹书记！（对观众）曹书记来自仁贤社区，我突然想到“仁贤”二字，在古代“仁”被解释为爱人，“贤”为才能。而在这次抗震救灾当中，我们成千上万的共产党员不正是用自己崇高的党性，又一次为这两个字做了最完美的诠释吗？这正是共产党为了老百姓，老百姓感谢共产党！

事后，这台晚会的总撰稿朱海说，这段话完全是董卿自己即兴发挥的。撰稿人都没有想到这一点，董卿却从曹书记来自仁贤社区的“仁贤”二字展开，紧紧围绕晚会的主题——“迎七一”和“抗震救灾”，道出了共产党员在抗震救灾中对中华优秀传统文化——“仁贤”的继承和发扬，并且由开头对曹书记个人的“谢谢”升华为结尾时老百姓对共产党的“感谢”。[①] 曹书记默默无闻、质朴而无私的行动，董卿掷地有声、激情而恰切的言语，都如此打动人心，所以当董卿话音一落，全场就响起了热烈的掌声。那时的董卿成了整个舞台上的火种，点燃了所有观众内心的火焰，她用美好的语言感染了观众，用真挚的情感打动了观众。

（四）锦上添花式

主持人是联结观众与演员的纽带。主持人常常需要用语言提示、烘托和催化节目预先设定的“动情点”或高潮，从而控制节奏、达到预期的目的。

在《中国诗词大会》第二季第六期，第三位选手范琦是“一带一路”工程项目的女设计师。

董　卿：你选择专业时犹豫过选择文科还是工科吗？

范　琦：没有犹豫。

董　卿：认定了要选工科？

范　琦：对。因为我小时候受梁启超先生那个《少年中国说》影响比较深。其实我很崇敬像钱学森先生，还有詹天佑先生他们这样的人。我其实是想为我们实业兴国、科技兴国尽自己的一点微薄之力的，当然我也没有作出很大贡献。但是我想，我们每个人的小梦想，汇聚起来，

① 引自中央电视台总撰稿朱海 2009 年 6 月在“我的一堂课——董卿艺术硕士研究生毕业典礼”上的发言。

就是一个中国的大梦想，然后这就是我们实现民族复兴的中国梦。

王立群：其实他们走得越远，说明“一带一路”延展得越长。

董　卿：当年詹天佑先生说过一句话：“如果我的身躯，能够匍匐成华夏大地的一根铁轨，那么对于我坎坷的人生来说，也是莫大的幸事。”今天我们也听到了范琦这种“巾帼不让须眉”的志向，为你鼓掌。

（第四题答案：葡萄美酒夜光杯，欲饮琵琶马上催。）

董　卿：我在想范琦，我当时出了这道题，我就想她应该不会答错的。因为她是“一带一路”的机械设计工程师。在古代，丝绸之路，从长安到凉州酒泉，到中亚，到地中海，所以这在她工作的一个范围。当时是王之涣说“春风不度玉门关”，现在春风早就度了玉门关了。我们国力之强盛，我们的影响力已经绵延到了更远、更广阔的一个空间。

这段主持词既表达了董卿对范琦这位“巾帼不让须眉”的女设计师的崇敬之情，又生发出对祖国日益强大的无比自豪的情感，是对现场主持的锦上添花。

（五）乘兴演绎式

有时节目组会特意安排一些物品或者景物作为背景，此时主持人就要巧妙地看到实物和情境之间的关联，因物生情，以情说理，或是以情感人。

比如《中国诗词大会》中的一幕：

董　卿：这一季的《中国诗词大会》真的很有意境，我们现场就有水。

康　震：水流涓涓不断。

董　卿：“所谓伊人，在水一方”，是我们看你们，也是你们看我们。

蒙　曼：（指选手）这是“宛在水中央”。

康　震：他这真是“宛在水中央”。

董　卿：这个“所谓伊人，在水一方”，这可能是受了有一首……

选　手：邓丽君的歌。

董　卿：《在水一方》。（唱）有位佳人，在水一方。所以我们的考官就想到了这首歌了，看看有多少人被迷惑了……

演播现场营造的意境与诗词渲染的情境不谋而合，嘉宾、选手、主持人同由《诗经》中最美的一首诗《蒹葭》联想到自其改编而成的邓丽君演唱的唯美歌曲《在水一方》,一切纯真自然而又顺理成章。

2014年金鹰节晚会上,谢娜拿了四个盒子,让台上的四位主持人临场发挥,把盒子下面的四件物品同金鹰节联系在一起。

撒贝宁拿到的是一只鸭子,他说鸭子长大变成金鹰飞走了。

华少拿到的是一颗仙人掌,他说电视人的精神像仙人掌一样坚韧。

何炅拿到的是筷子,他说电视人就该像筷子一样团结。

汪涵是最后一个,他的盒子里是空的,打开盒子后汪涵的表情很无奈:

我在这一刻突然想起一个人,曹植。曹植在遇到他人生最大危险时,七步成诗,当然结局没有改变。

我在这个地方看到我要推荐的这个东西(空气),七步,你别说给我七步,你给我七十步我有可能都说不出诗一样的语言,七百步有可能还可以,因为可以逃离演播厅,逃离尴尬。

说到诗,还好前段时间我看了木心先生的一段诗,我觉得特别好,可以念出来,来缓解一下我这一刻的尴尬,诗是这样写的:树荫下,一壶酒,一块面包,一卷诗,你依偎着我歌唱,原野就变成了天堂。

这一刻,金鹰节,演播厅,一个奇葩的礼物,一个慌张的主持人,如果不用任何语言,您就能够接受,那演播厅也就变成了天堂。

我这个礼物是"没有",我突然想起《道德经》里一句话,"有是万物之所始,无是万物之所母"。十届金鹰节,我们有太多太多骄傲。但是我们要把这个"有"紧紧地放在心里,把这个骄傲放在心里,我们将来,面对着现在逐鹿中原一般的战场,大屏幕、小屏幕、新媒体、互联网,我们要把这可能的"无"的危机时时地放在脑子里,所以我要把这"无"送给我们所有的电视人,送给金鹰节所有的参与者,要把这小小的危机放在心里。

但是还好,我们场上有筷子。十年前我们一枝独秀,荡气回肠;十年后,我觉得我们应该和新媒体合作成为一双筷子,共同夹起电视的盛宴,奉献给所有的观众。

我觉得我们应该很好地去看待这个仙人掌,因为十年之前我们的事业迎接着所有人的目光,我们像阔叶林一样恣意地生长,一排排一行行。而十年后的今天,我们放低自己的姿态,表示自己的谦虚,我们用浓郁的颜色告诉大家,我们依然可以恣意地生长,我们用小小的尖刺告诉所有人,所有说电视将来不可能有希望的人,我们依然斗志昂扬!

接下来这只鸭子,虽然它已经躲起来了,但是我相信它在里面依然内心在嘎嘎作响,依然是有生命、有希望的。

说到这个地方,如果大家愿意接受我们的礼物的话,请大家用力鼓掌,因为,所有观众的掌声在这一刻才是所有电视人的肩膀上所能扛下的最美的勋章!

汪涵就一只空箱子对筷子、仙人掌、鸭子几个事物进行了乘兴演绎、即景解说,由曹植的《七步诗》到木心先生的一段诗,由《道德经》里的一句话到全媒体背景下传统媒体与新媒体的有无相生、互利合作,阐明传统媒体虽然放低姿态,却依旧斗志昂扬,我们的事业不仅有生命,而且有希望,因为我们有最强大的支持,就是现场及电视机前所有的观众。乘兴演绎入景、入情、入理,既表现了汪涵深厚的文化积淀,也抒发了电视人办好电视的信心和决心,又体现了观众在电视人心中的重要性。

(六)开诚布公式

开诚:敞开胸怀,显示诚意。诚意待人,坦白无私。开诚布公式即节目主持人勇敢地承认在主持节目时出现的差错,以自己的坦诚去改变受众心中可能留下的不良印象。

在《中国成语大会》八强争夺战上,第二组选手90秒对抗赛后。

张腾岳:所以你们二位没有把握住这次的机会,因此现在战至二比一——平。(全场人员一头雾水,一秒之后张腾岳反应过来随即改正。之后这个“二比一——平”就成了场上的一个固定噱头,主持人凡是说到“二比一”,观众就会接“平”,产生了意想不到的戏剧效果)

张腾岳:现在场上战至,(回头看了一下比分情况)我的妈呀!(全场爆笑)现在场上战至(笑着)二比一(选手和观众高喊:“平!”)。

张腾岳:这不会成为今年的段子吧!(笑着说,自嘲的语气)

张腾岳在节目现场反应机敏,发现自己口误之后及时改正。现场气氛还有选手情绪也因为这次小小的失误被带得特别活跃。主持人失误不要紧,重要的是要有承认错误的勇气。在一定的条件和环境下,失误可以转化为惊喜。

(七)转悲为喜式

综艺娱乐节目大多以活泼搞笑的喜剧气氛为主,但受到比赛、竞技、采访、谈话等因素的影响,选手容易情绪激动,甚至失望落泪。这时就需要主持人整体调控,灵活驾驭场上气氛。

何炅在主持《儿行千里》第一季时采用寓教于乐的形式,恰到好处地把控节目。如在采访现场观众的过程中,一位女孩儿讲述了自己的故事:在一次做课后实践的时候手机没电了,充上电之后发现妈妈给她打了二十多个电话,联系到妈妈之后,妈妈还是余惊未了,从那之后存了她所有室友的电话。在女孩儿讲述完故事后,很多观众包括何炅都已经眼含热泪,但是这时候何炅的一句"这件事情告诉我们,出门一定要带充电宝",成功地将伤感的现场氛围变得活泼起来,充分展现了其游刃有余、炉火纯青的控场能力。

参加现场录制的观众说,本来以为《儿行千里》是一个煽情说教的节目,但是在何老师亦庄亦谐的主持下,节目有欢笑、有感动,感情色彩丰富,节奏起伏明显,不仅可以从嘉宾身上获得满满的正能量,还能从何老师主持中的小细节处感受到一种向上的力量。

二、现场驾驭的要求

综艺娱乐节目主持人要驾驭好节目现场,就必须具备一定的条件。可以从以下几方面入手。

第一,主持人必须具备一定的大局观,并能从小处着眼,精心把握每一处细节。

无论是节目的主旨、主题、基调、内容、环节、流程以及摄像、灯光的安排调度,还是嘉宾、选手、受众的背景,提问对象和内容的选择,主持人都要了如指掌,精心设计,合理布局。只有这样,主持人的语言才是有源之水、有本之木,才能贴合主题、表现宗旨,才能有的放矢,具体、自然、入情入理,而不是空洞无物、无病呻吟。

第二,主持人必须具备深厚的文化底蕴。无论是董卿、张腾岳,还是何炅、汪涵,丰富的文化底蕴是其灵感的源泉。除此之外,主持人还要有丰富的人生经验和实践经验等,前章主持人素质要求处已有具体论述,此处不再赘述。

第三,主持人要有良好的心理素质、灵活的思维能力和善感的心灵。

主持人的主持状态与节目的成败息息相关,好的主持状态应该热情积极、充满自信、适度兴奋、淡定从容。热情积极来自职业热情；充满自信来自充分准备；适度兴奋意味着保持一定的紧张度；淡定从容意味着适度松弛，只有适度松弛，思维和感受才能灵敏，观察才会细致，注意力才会合理分配，才能做到“眼观六路、耳听八方”，一旦出现意外状况，才能随机应变、妙语连珠。

思考题

1.试述综艺娱乐节目主持的有声语言表达特点。

2.什么是“个性化的语言表达”？

3.综艺娱乐节目主持人的现场应变技巧有哪些？试举例说明。

第七章 综艺娱乐节目主持的态势语言艺术

要点提示：

重点阐述综艺娱乐节目主持人动作与表情的运用、服饰与化妆造型的设计风格，阐明主持人的形象塑造对吸引受众、实现传播效益的最大化有着重要意义。

主持人在主持节目时，观众首先接受的是主持人的态势语言，因为态势语言往往先于有声语言出现在观众面前。节目主持人的态势语言，不仅能体现主持人的风采、气质，而且直接与观众产生思想情感的交流。在主持人主持节目的过程中，态势语言始终伴随着有声语言。国外一些专家认为，人的思想感情表达45%靠有声语言，55%靠态势语言。因此，一些优秀的节目主持人，不仅具有高水平的有声语言技能，而且善于运用手势、眼神、身姿与观众“说话”。作为直面观众的电视节目主持人，在准确、鲜明、生动地把握有声语言表达的基础上，注意态势语言的运用，让神情容貌、举手投足、体态姿势自然得体、和谐适度，会大大丰富主持语言的表现力，使节目主持更加完美。

这里的态势不是指生理性的动作，比如打个哈欠等，而是指能表达一定意义的态势语言。态势语言也称体态语或体语。主持节目是人际交流过程中信息传递最为积极的一种形式，因此要想高质量地完成传递信息这一任务，不仅要靠有声语言手段，而且必须借助态势语言这一符号系统。主持人董卿无论在中央电视台春节联欢晚会的现场，还是在文化类综艺娱乐节目的现场，在主持过程中所体现出来的优秀的态势语言是其大获成功的重要因素。在主持节目的过程中，董卿做到了充分了解自身体貌特点，既依照形式又超脱形式，练就了独具特色的身姿，给观众留下了深刻的第一印象。

态势语言既不会像有声语言那样深刻地表现主持人的内涵,也不会像化妆那样迅速地美化主持人的外形,然而它却如影随形地伴随着节目主持人。

第一节　主持人的动作与表情

表情与动作作为主持人态势语言的主要构成部分,不仅能够直接反映主持人的内心情感,还可以将其心理状态自然地表露出来。人的面部表情主要表现为口、鼻、眼、眉以及面部肌肉的变化,表现喜怒哀乐等情绪。综艺娱乐节目主持人需要根据节目场景相应地调整动作语言,使之既符合自然、文明、美观、敬人等基本要求,又能表达内心的真情实感。

一、动作语言的恰当使用

综艺娱乐节目主持人需要以动作语言辅助有声语言,以达到立体、形象的传播效果。主持人脊背挺直,表示充满信心、乐观豁达;自然地与嘉宾站立,表示友好与亲近;直腰静坐表示尊敬对方或对谈话有兴趣;斜着身子坐,表示心情愉快或自感优越等。主持人的动作语言可影响观众对传播者的印象,进而影响传播效果。

节目主持人在正式的场合需要正面面对摄像机,挺胸、收腹、提臀;在较轻松的节目中,稍侧的姿势更加符合节目氛围,全身感觉也会相对放松。但一定要把握好“度”,不能因为“端正”“稳定”而变得呆板僵硬,也不能因为“自然”而懈怠。而且,所有的动作在总体上还要优美,比如动作运动和线条要流畅等。

如果说优雅的坐姿以及站姿展现肢体语言的静态美,那么大方得体的走姿则展现肢体语言的动态美,三者往往密不可分。由于电视画面的大小有限,主持人多出现在近景、中景以及特写的镜头当中,因此,适当的肢体语言能够很好地传递信息,表情达意。

(一)上场

主持人的上场非常重要,它是主持人工作的开端,关系到主持人创作的心态以及节目的后续推进。一般情况下,主持人在备受关注的情况下上场,这时主持人是节目的中心,所以应该给观众留下一个良好的印象。主持人在上场前要注意看准方向,认清脚下路线,特别是在有台阶或线路等障碍的场地,要加倍小心。迈步时不能总是低头,不能不看目标和观众。上场之后,主持人应根据节目的性质选定自己的位置。一般来说,在节目中起主导作用或进行有分量的串联时,主持人多以表演区中央为主要活动区域;在文艺演出中进行一般性串联时,主持人常常在舞台左前方进行主持,一般不会站在台中央。

至于上场落定,主持人可选择站定或坐下。一般主持人在上场后会有一段开场语,有时是主持人的自我介绍,有时是主持人为节目特别设计的一段话,有时则是节目介绍与自我介绍相结合。此时,主持人的形体应该与声音语言相结合,给观众一个初步的"正面形象",这一形象的塑造有如戏曲表演所讲究的"亮相",既要体现出"精、气、神",又要自然、亲切。

综艺娱乐节目的气氛活泼,如果是设有固定主持人的节目,主持人上场时应该加快脚步,呈现出积极主动的精神面貌,绝不能松松垮垮、摇摇晃晃。湖南卫视《快乐大本营》每期节目开场都会有一段精心设计的舞蹈,由主持人和舞蹈演员共同完成。这也是节目经过改版之后的新形式,和主持人常规上场有很大不同,和节目自身风格相吻合,动感十足,可以迅速将观众带入节目的氛围中。

(二)坐姿

在比较长时间的交流、访谈、评述、教学、播报等中,主持人适合采用坐姿,无论是动作趋势还是动作幅度,要给人以沉稳、平静、亲切的感觉。由于拍摄时景别会比较小,主持人的头、面部和手的动作配合显得格外重要。

不少人会以为坐下就是在休息,但对于节目创作来说,主持人采取坐姿只是在划定一个相对固定的交流空间,在自己周边形成一个观众的视觉交流场。所以,无论是什么样的座椅,主持人都不该靠着背椅,而应该挺胸、收腹、直腰,以免神态过于松弛疲沓。同时,座位本身的造型也会影响坐姿,座面和靠背宜平直,太深、太矮、凹陷的座位都要避免,特别是座面,千万不能斜翘,否则容易使主持人疲倦而导致神形懒惰。坐下之前,主持人还要注意把背部的衣服先捋顺,特别是职业装,否则肩部容易耸起而有损造型的美感。

2017 年 2 月 18 日,由董卿做节目主持人、制片人、总导演的文化类综艺《朗读者》首播,节目以个人成长、情感体验、背景故事与传世佳作相结合的方式,选用精美的文字,用最平实的情感读出文字背后的价值。节目宗旨在于实现文化感染人、鼓舞人、教育人的作用，展现有血有肉的真实人物情感。主持人董卿在《朗读者》节目中的访谈阶段，坐在沙发上和嘉宾进行交流。她经常把上身微微向前倾，双肘靠在大腿上，这种坐姿能让嘉宾感觉到主持人对他讲述的内容非常感兴趣，在非常认真地倾听。如果董卿在主持过程中变换坐姿，她会把后背靠在沙发上，双腿平放在地面上，依然保持着和嘉宾平等顺畅的交流状态。

《鲁豫有约》和《非常静距离》都属于娱乐类谈话节目，这类节目对主持人的坐姿要求具有普遍性。《鲁豫有约》舞台中央有一排浅黄色沙发，主持人鲁豫的位置在沙发的右侧，嘉宾的位置在沙发的左侧。鲁豫的坐姿在每期节目当中基本是一样的：背靠沙发。《非常静距离》中主持人和嘉宾所坐的沙发是分开的，是面对面的状态。主持人李静坐在椅子上，背部基本挺直，没有靠在椅背上，这和鲁豫的坐姿不完全一样。主持人的两种坐姿给观众带来的谈话氛围和交流状态会有不同，这和节目本身的风格以及主持人对坐姿的设计有很紧密的关系。

(三)站姿

主持人的站姿要给人精神饱满、情绪高昂的感觉，这样能够吸引观众的注意。挺拔的站姿特别适合于场面相对较大的节目，如现场报道、竞赛、大型演出等，这类节目的主持人往往具有报幕、司仪、评判性质。在这种场景中，拍摄主持人的景别相对较大，所以主持人全身的动作都非常重要。在站立时，女性使用“丁”字步会显得人亭亭玉立，男性可以两脚稍稍分开。无论采用何种步型，主持人都要注意保持全身“自然直”的状态，身体不能随意晃动。“自然”指的是“直”的程度，不可僵直，身体活动自如；“直”的要领是肩部放松下垂，收腹、挺胸、提臀；同时还要注意膝盖的形态，特别是女主持人，如果膝盖天生弯曲，最好选择穿长裙或长裤加以掩盖。

(四)手势

在综艺娱乐节目当中，主持人使用最为频繁的肢体语言应该是手势语。手可谓是人体最勤劳的部位，手势语作为体态语言的重要组成部分，是指由手指、手掌、手臂发出的能够承载交流信息的动作。① 初次上镜的主持人经常会为如何放置自己的双手而苦恼。有的主持人手足无措，将双手僵硬地放在身体两侧，或紧握话筒来掩饰紧张、不自信；也有的主持人手舞足蹈，手部动作频繁而且幅度很大，看似很放松，实则毫无

① 于永江.电视主持人的手势语[J].新闻传播，2007(09)：46.

意义，主持人只是在潜意识里凭借这些动作舒缓内心的压力，这样反而干扰了观众。还有极个别的主持人已经能够自如控制自己的行动，但却故意在镜头前用夸张的肢体语言吸引观众的注意力，这种行为如果不是事先安排的，将会给节目主持搭档或其他表演者造成一定的压力和干扰。主持人的手势应该自然、适度，符合节目内容和现场需要，符合自己的定位。需要注意的是，如果没有特殊情况，主持人要尽量避免采用直指镜头的动作，这是对观众有强烈视觉刺激的动作。在湖南卫视《快乐大本营》中，谢娜、何炅等主持人结合话题情境，常常会使用幅度较大的手势语，以夸张的方式来制造节目效果，协调的肢体动作加上幽默的有声语言使他们深受观众的喜爱。

中央电视台主持人撒贝宁在接受《鲁豫有约》节目采访时说，自己刚开始主持节目时习惯将右手抬起手指做老虎爪子的动作，关键是这个动作完全是下意识做出来的，他自己并没有感觉到。后期工作人员将他在不同节目中的这一手姿画面剪辑下来，他才发现自己会有这样的动作。因此，主持人要不断探索、观察、琢磨、借鉴、思考，在自己的固有气质和已有知识的基础上，精心挑选种种非语言符号，不断磨炼，精心描绘，与观众一起来品味其中蕴涵的丰富而深邃的信息。尽管手势在传情达意上有自身的优势，但主持人不可频繁地使用手势语，以免给观众造成视觉混乱，影响有声语言的传播效果。

（五）走动

在长时间的主持活动中，主持人如果一直在原地不动，会感觉比较累，观众也会觉得呆板。因此，主持人可以将走动与站或坐结合起来。走动主持一般适用于比较狭长或大的场景，主持人边走边说好似向导，摄像机实际上是在做“跟”的运动，主持人要注意自己的步速和摄像机运动的速度相适应，动作幅度不能太大，更不能无目的、无理由地乱走。无论朝哪个方向运动，主持人都应该尽量对着镜头表达，避免来回地走动，因为这样会干扰受众对内容的关注。

《朗读者》第一季第一期中，董卿在介绍下一位朗读者——93 岁的中国古典文学专家叶嘉莹先生上场的时候，她伸出双臂从舞台中央弯腰慢慢走向叶嘉莹先生上台的地方，搀扶着老先生走到舞台中央。主持人在主持节目过程中，要根据现场嘉宾的具体情况适时转变在台上的动作，也要根据嘉宾的身体状况来调整自己的站姿和坐姿。

（六）下场

作为节目主持的最后环节，主持人的下场也很重要。下场有两种情况：阶段性的和结束性的。主持人阶段性的下场，如节目与节目之间的串联后，一般先向后台侧退，为观众引出即将上场的人，然后侧身退回上场方向，如果男女共同主持，则女主持人先退场。在较大段落如幕间休息时，主持人应该从舞台右侧下场。整场演出结束时，主持人在引领台上的其他人员谢幕后，从右侧下场，特殊情况除外。还要注意的是，无论采用哪一种下场方式，都不应该背对观众离去。

综艺娱乐节目的主持人应该追求动作的流畅、准确和完美，一旦发生意外，也尽量不要急躁，要学会从容化解尴尬。例如，主持人杨澜曾经在广州主持一台大型文艺晚会，上台时不小心踩空滚下台阶，但她不慌不忙爬起来向观众说道："中国有个民间舞技叫'滚绣球'，为了感谢大家的到来，我刚才给大家表演了一个动作，不过表演得很不成功，请大家原谅。"热情而又机智的言行，为她赢得满场的掌声。

主持节目是人际交流过程中信息传递最为积极的一种形式，因此要想高质量地完成传递信息这一任务，主持人不仅要靠有声语言手段，而且必须借助态势语言这一符号系统。节目主持人的语言是态势语言和有声语言的结合，一个好的主持人，他的魅力既体现在说出的语言，又体现在呈现给受众的整个动态，他的手势、眼神、身体的动作以及笑容等，都会给受众留下深刻的印象，让人喜爱不已。

虽然生动化、自然化的肢体语言有很多优势，但切记使用要适度，否则会造成反效果，不仅不能丰富主持人的表达，还会喧宾夺主，造成观众视觉上的混乱，进而影响有声语言的传播效果，损害主持人以及节目的形象。因此，只有适度得体的肢体语言才能符合节目的内容、意境，从而使主持人的语言更好地被受众理解和接受。

二、表情语言的充分运用

人际传播当中最为常见的就是面对面交流，因此，面部表情在传情达意方面起到至关重要的作用。法国著名作家罗曼·罗兰曾说过："面部表情是历经无数世纪所培养成功的语言，是一种比嘴里讲的更为复杂的语言。人类面部表情作为一种符号是丰富多彩的，所传递出来的意义也就呈现出千姿百态。"[1]例如，微笑代表愉悦，表情沮丧明显就是心情不快，脸部发红表示害羞，瞪大眼睛表示愤怒。人们常会用面部表情来反应内心情感，对于主持人来说，恰到好处地运用这种语言，有时会比有声语言更具有说服力，更易于让观众接受。

---

① 巴拉兹.电影美学[M].北京:中国电影出版社,1986:211.

表情语言是通过面部表情来交流感情，传递信息的语言。面部表情是主持人与受众达成思想沟通、情感融汇的媒介，也是节目主持人内心情感的真实反映。美国学者尼伦伯格·卡莱洛说："在所有'非言辞沟通'的范围中，最不易产生争论的就是面部表情。因为这是最容易看到的表情，而且一目了然。"表情语言是综艺娱乐节目主持人运用较多的一种态势语言，在各类综艺娱乐节目中，主持人通过面部表情传递信息、抒发情感、渲染气氛，受众则可以通过主持人的面部表情来解读其内心情感和心理状态。

（一）眼神

眼睛是公认的"心灵的窗户"，是人的面部最生动、最能细致地传情达意的部位，是电视节目主持人与观众沟通的桥梁。主持人要想生动地传达信息，就要用到各种眼神，要注意各种动作所传递的心理内涵，以便在节目中准确到位地使用。中央电视台节目主持人沈力说得好："做主持，一是靠语言，二是靠眼神，如果仅仅是背稿，眼神必然是呆滞的。"坚定自若的目光本身会产生一种力量；正直敏锐的目光则会赢得受众的好感和信赖，促进沟通；游离不定的目光传递出的信息是心神不宁或心不在焉，会使受众心存芥蒂，拉大双方的距离。主持人既可以借助目光来丰富感情，也可以借助目光来捕捉受众内心的隐秘。

在表情运用方面，中央电视台主持人董卿有独到之处。在《朗读者》第一季第一期中，节目组请目前国内唯一一位有三个博士学位的青年钢琴家吴纯朗读罗曼·罗兰的文学作品《贝多芬传》。在正式朗读之前的访谈阶段，吴纯讲述了童年和母亲的苦难生活，讲述他在国外求学将近二十年的艰难。1997 年，吴纯第一次去参加以香港回归为主题的钢琴比赛，母亲拿出所有积蓄外加借了一部分钱送吴纯去香港，结果由于他过于紧张导致比赛失利。母亲知道这个消息后，决定第一时间去机场接儿子回家。在吴纯坐飞机回家的当天，母亲为了节省路费花了四五个小时的时间走路到机场。当吴纯看到母亲在机场的时候，泪流满面，母亲则一直冲他挥手。讲到此处，吴纯哽咽起来，泪水在眼睛里打转，停顿了几秒钟。这时，镜头给到董卿面部特写，观众能清楚地看到董卿眼睛泛红，眼神里满是感动，她被吴纯母亲的行为深深打动。吴纯讲述在乌克兰求学时和母亲通信的内容里不能提及的主题是"想念"，镜头给到主持人董卿面部大特写，能看到董卿热泪盈眶，时长 5 秒钟。现场观众和电视机前观众内心柔软的地方被触动，被二人经历磨难之后的从容、坚毅震撼。

综艺娱乐节目当中经常会融入访谈元素，在主持人和嘉宾的交流沟通过程中，主持人眼神的细微变化会让观众直观地感受到其内心情感的变化。这些变化是主持人在当下的真实反应，是情感的真挚传达，既可以与嘉宾形成情感上的共鸣，又能感染现场及电视机前的观众。

（二）脸颊肌肉、鼻翼、口部

脸颊肌肉、鼻翼、口部的动作经常是相互配合的，因此，做动作不要太用劲，应该轻松、自然，否则会显得紧张、做作。主持人经常对着镜子练习是个有效的办法。但对着镜子练习的时候一定不要只为寻找一个“最美的微笑”，否则会造成僵硬的“职业笑容”，令人反感，而要把注意力放在检查和改掉缺陷上。正确的练习方法是自然调动所有的面部肌肉，感受面部肌肉处在不同状态下呈现出的表情差异，并且练习说话的具体状态。

在一般节目中，尤其在镜头切换至较小景别时，主持人要注意表情动作的幅度，尤其是鼻翼的动作，不可变化太快和太夸张。作为主持人，有必要经常调动面部肌肉来锻炼表情动作的灵活性，尽力让表情动作有依据——应该有一个假想的对象，因为表情是真实情感的反映，是和具体问题相关联的。电视的传播方式使得主持人不仅要跟面前的嘉宾或谈话对象交流，还要和电视机前的观众交流。但无论哪一种交流，都应当认真倾听，并做出相应的反应，“情动于衷而形于外”。

主持人还可以通过眉毛传达内心的情绪，通过口部动作表达内心情感，它们能起到弱化或强化眼睛所传递的信息的作用。

主持人运用最多的表情是微笑。微笑是一种世界通用语，它除了表示友好之外，还可以代表理解、谅解等。主持人在屏幕上的微笑绝对不能是作秀，而应是发自内心的。主持人微笑着主持，微笑着面对演播厅的观众，不仅是对自身主持能力的自信，也是对观众的一种尊重。随着大众传播的普及，主持人逐渐从“高高在上”的位置走入受众中去，变得平民化，有亲和力。因此，主持人在节目中应尽力展现出积极、热情、真挚的表情，使节目更富于感染力。此时，主持人发自内心的微笑尤为重要，它能传递出亲切、温馨、信赖、友好、礼貌等感情。当主持人与受众之间的交流顺利通畅时，微笑可以产生“共振效应”，拉近主持人与受众的距离；而当主持人与嘉宾、受众的交流出现僵局或紧张场面时，适当的语言配合适度的微笑常常能缓解气氛，消除隔阂。综艺娱乐节目主持人为了烘托气氛，调动现场观众参与活动的积极性，可以放大笑容、手势、动作的幅度,表现得热情一些;而在新闻讨论、人物访谈节目中,主持人的笑容则相对含蓄、内敛一些,显得平和、从容,有大家风范。

当然,主持人应该根据场合、内容、对象的不同,恰当把握笑容的"浓度"。例如,何炅在主持《快乐大本营》时,在比较搞笑的环节经常会和节目现场的嘉宾一起哈哈大笑,这是节目进行过程中的正常情感表达,也符合节目的宗旨。但何炅在主持金鹰节颁奖晚会的时候,其微笑则相对含蓄,符合晚会庄重的基调。

第二节　主持人的服饰与化妆

主持人的外部形象是节目整体形象的重要组成部分,对其进行设计和修饰也是节目整体定位、包装的重要环节。综艺娱乐节目是一种内容丰富、富有时代气息、具有丰富文化内涵的节目类型,要求主持人服装具有时尚感,服装风格品位必须体现节目的风格定位和文化韵味。观众在欣赏综艺娱乐节目时不仅仅是为了娱乐,还为了满足导向上和精神上的审美需求。

一、综艺娱乐节目主持人的服饰语言

主持人服饰以符合艺术形象造型要求为前提,以直观性与舞台化的形象语言为手段,使主题要素在主持人形体上得以体现,最终创造生动可视并渗透着节目主题的主持人服装形象。主持人服饰是自主持人职业产生以来新兴的一种舞台服饰,它既有所有舞台服饰的共同特点,也有区别于其他类型舞台服饰的显著特征。

(一)综艺娱乐节目主持人服饰的发展

在综艺娱乐节目发展较早的港台地区,受到青年人喜爱的节目非常多。《我猜我猜我猜猜》《非常男女》《康熙来了》《超级大富翁》等节目制作都十分精良,其节目主持人明星化的趋势明显。20 世纪 90 年代中期,港台综艺娱乐节目主持人的服装多数以夸张的形式、高纯度的颜色、舞台式的强烈装饰风格来吸引观众的目光,这种搞怪的、新奇的主持人服装形式,在一段时期内满足了人们对新奇有趣事物的追求,但并未形成准确的与节目相对应的风格特征。

21 世纪的节目主持人服饰风格更加时尚、更加生活化,从视觉上吸引观众,甚至

成为服饰潮流的风向标。在《康熙来了》中，女主持人小 S 的服饰具有典型当代青年的时尚特点：不规则外形、鲜艳明快的色调、多材质的搭配以及多配饰的应用。这些服饰不仅时尚，而且还具有高级时装、高级成衣的优雅感及品质感。在大型晚会型综艺节目中，港台主持人服饰多为高级定制的礼服，在造型、色彩、装饰方面都突出了晚会节目主持人的特点，形成了独特的服饰风格。在香港翡翠台的“万千星辉贺台庆”晚会上，主持人服饰与当年奥斯卡礼服不相伯仲，中西结合，独具美感。港台地区综艺娱乐节目作为亚洲地区该类型节目的典型代表，无论从节目本身的特色上，还是从节目主持人的素质及形象塑造上，都走在行业前列。

20 世纪八九十年代，中央电视台的春节联欢晚会和《综艺大观》《正大综艺》以及《快乐大本营》《欢乐总动员》等节目陆续推出，主持人在节目中的着装款式单调乏味，色彩和整体设计不融和，基本没有任何配饰，男女主持人之间的服装无系列感，舞台表现力弱，与节目主题关联较少。进入 21 世纪后，内地综艺娱乐节目在节目模式、节目内容及主持人形象等方面融合了港台综艺娱乐节目的优点，节目质量有了较大的提高。无论是一年一度的春节联欢晚会，还是历经多年的《快乐大本营》，其主持人的服饰特点趋于明显化，服装外形与时尚接轨，色调与舞台融合，配饰少而精。主持人的服饰强化了主持人的特征，提升了主持人在节目中的形象。综艺娱乐节目主持人的服饰既有舞台服装的风格，又具有高级时装的特点。中央电视台节目主持人董卿对服装的选配设计十分用心，在不同的节目中，她对于服装的色彩、款式和材质有自己的考虑。比如，主持上海国际艺术节的开幕式，她选择有漫反射光的红色吊带晚礼服，纱质披肩透而不露，充满艺术气息；在悉尼歌剧院与澳大利亚主持人共同主持“上海—悉尼 2000 年的跨越”特别节目时，她选择高贵典雅的金色长袖两件套礼服，与节目地点和内容十分匹配。

主持人是电视节目的形象代表，是节目的灵魂和命脉。电视节目主持人不仅要塑造听觉形象，还要塑造视觉形象。电视节目的舞台、背景、灯光绚丽多彩，主持人的整体造型也是节目的一个看点。时尚精致的造型，恰到好处的妆容，可以带给观众更多美的享受，避免观众审美疲劳。

综艺娱乐节目主持人是一个综艺娱乐节目价值和精神的体现者和传递者，其举止谈吐和形象设计是所主持节目形象的最直观表现。而服饰能够展现综艺娱乐节目主持人的精神风貌，是其内在气质的一种表现方式，直接影响着综艺娱乐节目的播出效果。

由爱奇艺出品、米未传媒制作的《奇葩说》是一档说话达人秀节目,从第一季起就备受关注。主持人马东机智、幽默、风趣的主持风格与节目的风格相辅相成,同时,他的服饰风格也与整档节目的风格相合相融。2018 年《奇葩说》第五季从 9 月 21 日至 10 月 27 日总共播出 12 期节目,主持人马东的服饰一共有三套。粉色和浅蓝色为主色调的西服配以浅蓝色衬衫和领带,西服粉色的部分有彩色波点点缀;深蓝、浅蓝、紫色、红色和黄色色块拼接的西服,配以白色衬衫和黑色领带;右半身为橙色和左半身手绘图案相拼接的西服,配以黄色衬衫和手绘图案领带。此三套服饰用色鲜艳明亮,搭配大胆时尚。① 独具有特色的形象给观众留下深刻印象。

(二)综艺娱乐节目主持人服饰的特点

综艺娱乐节目主持人在节目中的主持能力直接关系到节目的整体效果。近几年,主持人"明星化"趋势明显,主持人的角色与功能也随之发生变化,在某种程度上说,主持人可以保证收视率的稳定。在综艺娱乐节目中,主持人将节目的宗旨和内容通过服饰造型以及动作和表情等副语言传达给观众,不同的服饰搭配可以塑造风格各异的着装风格。主持人服饰的设计和选用应该先服从节目的主旨需要,然后才是追求和体现个性。把握好服饰风格,无论对主持人还是对节目都是至关重要的。

1.体现娱乐精神

综艺娱乐节目主持人的服饰区别于新闻类主持人或正式访谈节目主持人的服饰,设计的宗旨是满足大众娱乐需求,紧跟当下时尚潮流,充分展现娱乐精神。湖南卫视的《快乐大本营》打造"清新、青春、快乐、激情、生活"的娱乐风格,五位主持人时尚多变而又具有整体性的服饰总能吸引观众视线。主持人谢娜以其敢做敢言、鬼马搞怪的主持风格在近几年迅速走红,而她古灵精怪的个性特质也被造型师充分运用到了对她的服装设计当中。谢娜的服装款式往往比其他四位主持人的更加大胆、前卫和多变,经常可以看到她穿着极为突显身材线条的各式裙装和裤装亮相,并配有大量的亮片和水钻,视觉效果极为抢眼。在服饰用色上,谢娜也敢于尝试,例如,她以荧光黄色的单件装来搭配荧光蓝色的裤袜,两种极具视觉冲击力的色彩搭配在一起,与她一贯大胆的性格气场相吻合,显得前卫感十足,而她这种独特醒目的着装风格也正好与综艺娱乐节目的娱乐性相呼应。在《康熙来了》中,主持人小 S 的服饰或时尚光鲜,或美艳性

---

① 辛敏.综艺节目主持人的服饰语言[J].传播力研究,2018(10):28.

感，主持人蔡康永在节目中一改读书人在世人心中的刻板印象，经常别出心裁地头戴潜水镜或是在肩上装饰一只鸟，以搞怪形象示人。从视觉效果上来说，这样更能吸引观众的眼球，娱乐性更强。

综艺娱乐节目以轻松幽默的节目氛围深受观众喜爱，节目将时尚化、娱乐化和个性化的特点贯穿始终，其中最直接、最具体的表现就是主持人的服装造型。在这样的情况下，综艺娱乐节目主持人的服装设计要和时尚接轨，彰显节目个性。

2.形式多变

20 世纪 90 年代之前，电视节目主持人大多被定位为信息播报员，其服装形象设计并未受到应有的重视，制作团队以确保节目内容传播为核心，对于主持人的着装要求并不严格。所以，无论是面向中老年群体的健康知识类电视节目，还是以青少年为收视群体的综艺娱乐节目，都很少依据观众的兴趣主动调整主持人的服装搭配、形象修饰。20 世纪 90 年代以后，尤其是 21 世纪以来，蓬勃发展的社会经济文化极大带动了电视节目的更新拓展，主持人成为影响节目综合观感的重要因素，如何强化主持人群体的形象特质也被列为一项重要议题。鉴于此，不少电视节目开始针对不同年龄段观众的偏好，为主持人量身定制契合该年龄段观众喜好的服装款式，给予观众更为丰富多样的观感。

综艺娱乐节目主持人服饰造型要随着每一期内容的变化而变化。湖南卫视《快乐大本营》的收视群体主要是年轻观众，所以主持人的服饰造型除了遵循青春、时尚等设计标准外，还会从年轻人的收视需求以及审美期待出发，将当季最流行的新鲜元素和潮流趋势融入服饰中，让人们在观看节目、收获快乐的同时，还能够了解到当下最热门、最时尚的讯息。

设计感强、系列感强、创意感强一直是《快乐大本营》主持人整体服饰造型的主要特点和优势所在，专业设计团队会根据当期节目的主题对主持人服饰进行整体的设计，以贴合节目的内容和特点，同时也会根据每个人的具体条件、主持风格以及形象气质而有所区分。

根据每一期节目的内容和主题，五位主持人总会以全新的造型亮相，为观众带来源源不断的、崭新的视觉享受。例如，《快乐大本营》曾有一期节目主题为“青春校园”，为了营造校园的美好氛围，五位主持人分别穿上了以天蓝色、纯白色、粉红色以及浅黄色等青春绚丽的色彩为主的、不同式样的时尚校服出现在观众面前，谢娜的红格子短裙、何炅的天蓝色衬衫、李维嘉的白色球鞋……伴随着开场时的《栀子花开》，令人熟悉的场景和旋律仿佛时光机一般把观众带回了那段难以忘怀的校园生活，那段最美好的青春年华。正是节目在主持人服装形象上的匠心独运，使得节目、观众以及主持人之间找到了一个完美的契合点，拉近了观众和节目之间的距离，从而引发其强烈的共鸣。当然，除了主持群服饰形象的整体设计外，每位主持人具体的着装特点和风格也是值得细细推敲的。

作为《快乐大本营》的元老级主持人，何炅的服饰风格定位一直是流行与品质兼具，其着装款式以休闲西装和宽松T恤为主，但都具有设计感，细节处常有流苏、铆钉等装饰提升服装的潮流感；此外，他也经常穿着极具品质感的纯色衬衫，配以时下流行的七分短裤，虽然简单却时尚感十足，与他自身的气质也相得益彰。李维嘉的整体着装与何炅的较为相似，但更注重男性肌肉线条的展现，经常可以看到他身穿不同质地的紧身T恤搭配时尚马甲，来凸显手臂部分的线条感。而吴昕早期经常以甜美可爱的公主裙和小洋装示人，再加以蕾丝、蝴蝶结等极具少女感的装饰点缀，显得既清新甜美又亲切感十足。杜海涛则是典型的潮人装扮，体现时下年轻人追求的“潮服”理念，而这类衣服大都剪裁宽松，恰好符合其身材特征，蝙蝠袖的T恤、嘻哈宽松的卫衣是他最常穿的服装。正是由于《快乐大本营》重视主持人服饰品牌效应，运用新颖、先进的理念对主持人的形象进行设计和包装，注重整体感、系列感和舞台感，才使得主持人的服饰能够为整个节目起到画龙点睛的作用。

综艺娱乐节目主持人服饰设计要特别重视细节，比如在服装的领部、肩部、胸部选取高品质的素材进行装饰，在一台节目有多位主持人时，服饰设计更强调系列感。为了确立主持人的服饰风格，确立主持人的服饰表达重点，设计师需要结合主持人的气质特点、形象特点进行整体设计，从受众的审美心理出发，有针对性地设计；从整个舞台的风格和色调来考虑，在统一中求变化。

（三）影响综艺娱乐节目主持人服饰发展的因素

在综艺娱乐节目尚未实现市场化独立运作的早期，主持人虽为电视节目内容信息的传递者，但其着装、形象被视为节目以外的附加元素，并非增强电视节目表现力的关键。进入21世纪以来，随着电视产业的发展、观众需求的演变，电视节目制作者开始意识到应当将主持人作为节目内容的一部分，对其进行重新定位与艺术化包装。所以，主持人服饰形象单独作为内容模块，得到了更为系统、细致的设计与修饰。这就使得主持人的服饰形象与电视节目的融合更为自然、舒适。

1.观众心理

主持人在主持节目时是直接面向观众的，非常注重与观众的直接交流，吸引观众的参与。综艺娱乐节目本身是电视媒介产品的一种，要达到吸引观众的目的，就必须对观众的接受心理进行分析和定位。我国改革开放以后，社会文化形态发生了巨大变化，随着我国民众价值取向和精神观念的转变，主流文化已经逐步从精英文化转向了大众文化。在这种大众文化潮流中，人们的娱乐意识空前高涨，视觉文化更符合当代人对审美快感的需求，电视观众更倾向于选择收看休闲轻松的节目，希望能够看到新奇有趣的内容，以达到放松心情的目的。另外，我国受众的分化与重组已成为不争的事实，综艺娱乐节目必须面对深度细分的受众。时代的变化，促使综艺娱乐节目板块模式的更新换代。观众的需求在变、鉴赏能力在变，观众是挑剔的，从观众需求出发，满足观众审美心理，是主持人服饰设计的一个重要参照系。

我国电视观众年龄跨度偏大、兴趣取向复杂，每个年龄段的观众都有鲜明的群体偏好。只有把握好不同年龄阶段观众的主流偏好需求，有针对性地调整电视节目的表现形式、内容，才能促进电视产业的协调发展。而具体到主持人群体的衔接、辅助效用，应当对应不同年龄阶段观众的兴趣偏好，改变主持人的着装形式、形象塑造。尤其在拥有大量观众群体的综艺娱乐节目中，主持人的着装应当去繁就简，更为创新化、多元化。在网络综艺娱乐节目《火星情报局》里，主持人汪涵的定位是“情报局局长”，因此在穿着上选择较为端庄的西装，但同时为了不过于严肃，在西装上衣的胸前口袋里塞了一块彩色的口袋巾，简约不简单的服装体现出“局长”的地位，又不失该档综艺娱乐节目的开放的节目风格。“主持人是直接面对受众的，将人际传播的优势与大众传播的优势‘嫁接’到一起，非常注重与受众的直接交流，吸引受众的参与。”[①]所以，在娱乐精神的影响下，综艺娱乐节目的主持人服饰逐渐趋于戏剧化，他们的服饰面料闪闪发光，舞台色彩突出，装饰效果十分显著，不但彰显了年青一代的精神追求，而且发挥了加强节目娱乐效果的功能。

2.流行趋势

20世纪70年代末期，我国国民逐渐转变了传统单调化的服装审美，自此之后，服

① 吴郁.节目主持艺术探析[M].北京：北京广播学院出版社，1997：79.

饰的发展一直和电视文化息息相关。改革开放之后,我国的电视节目与服饰主流均获得了更为广阔的发展空间,由电视节目里得到流行元素的灵感进而展开创作,逐渐变成了中国服饰文化领域的常态。不计其数的电视观众,尤其是青年人群在欣赏综艺娱乐节目的过程中,对主持人所穿服饰同样给予了广泛关注。主持人的服饰艺术推动了普通民众的服装改革,与此同时,普通群众对主流服饰的追随也要求综艺娱乐节目主持人的服饰必须引领潮流、代表流行。

综艺娱乐节目主持的总体风格是亲切、时尚、精致、幽默的,观众会利用电视节目来把握流行元素,也会对主持人的穿着进行模仿,这实际上便是综艺娱乐节目可以引领潮流的一个重要原因,也是能够对观众形成吸引的原因。

节目受众不同,主持人的服饰选择也不同。在面向大众的节目中,主持人的服饰要符合社会各阶层受众的文化要求,符合社会的整体流行趋势。如春节、中秋、元旦等节庆的联欢晚会,主持人多采用民族式的服饰,色彩鲜艳、明朗,彰显时代精神。

3.现场环境

综艺娱乐节目的娱乐属性要求主持人在服装形象方面尽量求新求异,引领潮流,在造型方面可略微夸张,以强化节目效果,凸显娱乐主题。一般来说,综艺娱乐节目的主持人在服饰样式、风格与颜色等方面拥有自由且广泛的选择空间,整体上服饰较为时尚、年轻,视觉冲击力很强。主持人对服装进行选择时,一方面应当匹配个人的体型条件、彰显个人魅力,另一方面应当考虑节目的整体风格与现场环境。综艺娱乐节目的创作初衷在于为观众带去快乐,使观众享受愉悦、轻松、青春洋溢的节目气氛,这类节目的场景安排和其他类别的节目存在显著的不同,大部分是将时尚、流行、前沿、色彩感突出的道具组合在一起来进行场景设计。所以,主持人的服饰造型应当和节目风格保持统一,灵活运用时下的流行元素、样式、颜色,使主持人的服装形象和节目内容主题设定协调一致。

随着综艺娱乐节目形式与类型越发多元,晚会类节目数量急剧增长,并且表现出显著的主题性。一些节目的目的在于对传统节日进行庆祝,一些节目用来对某一事件或者是人物进行纪念,也有部分节目主要是某一领域的颁奖晚会。不管是何种主题形式,晚会类节目的呈现方式、内容设计、场地布置、舞台灯光等必须要比其他类别节目更加严肃、庄重、大气,主持人的服饰应当显露出个人气势,不能被淹没于舞台效果里。比如,颁奖晚会中主持人的服饰无须过于保守,可通过一些时尚的配饰显露个性,如充满设计感的项链、耳环等。如果是节日晚会,主持人的服饰则不但必须和晚会的风格统一,而且应当和节日的特征协调一致,如国庆晚会,它的主题在于民族团结、举国欢庆,所以在主持人着装设计方面要考虑到不同民族的服饰特征。

春节联欢晚会主持人的服装搭配颇具代表性。因为这类晚会是由多个主持人配合主持的,所以主持人的服饰应当在彰显自身特征的前提下,颜色呼应,样式协调。春节联欢晚会着重凸显合家团圆,吉祥如意,所以主持人服装在色彩方面,主要选择一些明度与亮度非常高的色彩,如湖蓝色、大红色等;在样式方面,应当彰显隆重、大气且具备时尚感。随着中国的社会文化环境发展,春节联欢晚会的主持人服饰造型同样作出了创新与调整,使主持人变成引领流行的标杆。如 2011 年春晚,董卿首次身着淡蓝色连体裤礼服,这种创新使春晚主持人礼服越来越出其不意,吸引观众。

当今社会,综艺娱乐节目主持人的着装穿搭已经受到许多青年人的模仿,并且为部分服装设计师提供了设计思路和灵感。所以,主持人的服饰不但应当具备娱乐性以及时尚性,而且应当具备欣赏性与艺术性,使观众能够获得时尚和优美的双重审美体验。另外,应当不断增强主持人对服装形象品牌化观念的认识与理解,使之树立品牌意识,赋予服饰独一无二的价值,这实际上是主持人在主持节目过程中和节目共同成长的一种印记,是独有的,是其他节目不能随便模仿获得的。综艺娱乐节目主持人应当考量节目特征、节目主题与现场的布置,根据个人的外形条件、气质特征以及观众的审美需要等来合理搭配服饰。

二、综艺娱乐节目主持人的化妆造型艺术

化妆是指用人工的方法对面部等部位进行修饰,改变或美化面部及其他部位,以塑造理想的人物形象。①

中国的综艺娱乐类节目凭借着丰富有趣的节目内容与轻松欢快的节目气氛,累积了大量受众。和其他类别的节目有所差别,这类节目主持人的好坏和节目能否获得预期收视成效息息相关。随着信息社会的来临,越来越多的娱乐元素出现,这令主持人逐渐趋向"明星化",综艺娱乐节目的主持人更加注重利用化妆造型、服饰搭配等无形的语言来向观众传输节目的内容和宗旨。现如今,全民娱乐已成为一种趋势,追逐流行、展示个性、表现自我早已取代传统的保守变成时代主旋律。在这样的大背景下,要

① 廖声武.节目主持人教程[M].北京:中国人民大学出版社,2012:107.

想将个性化、时尚化、娱乐化的时代特点融入节目之中,就要在主持人的化妆造型等方面下功夫。

(一)化妆造型展现个性

对综艺娱乐节目主持人而言,其化妆造型可适度夸张,在妆容方面可尝试应用当下流行的颜色和要素,但是不可过分夸张与俗气。现如今,观众对个性鲜明的主持人越发青睐,不接受千篇一律、毫无特色。综观一些节目内容与节目形式不断推陈出新的综艺娱乐节目,其主持人的化妆造型一般都能做到彰显个性、独一无二。

主持人如果希望获得观众的认可与青睐,应当重视自身的形象建设与个性魅力展示。主持人华少是众所周知的"中国好舌头",他最大的造型变化体现在发型上,他早期的刘海式发型较为青春和稚嫩,而如今的发型则多了一丝成熟和稳重。因此,发型对于主持人的个性魅力和节目定位也有着重要的影响。汪涵主持的节目《天天向上》家喻户晓,他突破了湖南卫视何炅等一些清秀类型男主持人的形象,令人眼前一亮。

(二)化妆造型追随时尚、引领潮流

综艺娱乐节目主持人会随着每期节目的风格、服饰的色彩而选择搭配不同的妆容,眼影的颜色不再仅仅是过去常用的黑色、棕色,深红色、银色、蓝色等鲜艳的颜色逐渐被其选用,假睫毛、隐形眼镜等也成为节目主持人化妆的道具,明亮有神的眼睛有利于情感的传递,众多时尚的元素也将现代节目主持人的个性形象体现得淋漓尽致。时尚的综艺娱乐节目主持人总是会引起人们的关注,他们可以代表潮流、引领时尚,依据节目需求,根据当下的流行趋势,给观众以时尚与优美的双重审美体验。比如,湖南卫视《快乐大本营》的五位主持人,其化妆造型经常能够使人眼前一亮,其服饰色系搭配一致,一些时候是宁静祥和的绿色系,一些时候是热情似火的红色系,一些时候是优雅大气的紫色系,整体风格是交融协调的。

主持人带给观众的美感属于一种总体的感受,令人赏心悦目的化妆造型应当和灯光环境等方面的色彩遥相呼应。综艺娱乐节目主持人在着装与化妆时,必须将灯光要素考量在内。灯光对主持人造型效果的影响具有显著的规律性,光色以及物色趋同,物体的整体色调会非常鲜艳,令人眼前一亮;光色与物色互为充补色,则物体的色彩会变得暗淡。唯有明确这一规律,才可以使主持人的化妆造型在灯光的衬托下如同明星那样令人眼前一亮,获得最佳的舞台呈现效果,如综艺晚会类型的节目,灯光布置明亮,主持人的妆容则应当突出亮度,较为厚重。背景对妆容的影响体现在色彩上,譬如绿色背景下主持人妆容尽可能不使用蓝色系的色彩，背景为蓝色时不使用紫色系，妆容和服饰以及发型应当维持协调一致。综艺娱乐节目主持人不仅需要考量节目形式和节目内容设定的区别，而且需要考量服饰样式、妆容造型和舞台背景灯光之间的融合，只有这样，才可以让自己的总体形象大放异彩。

一些人认为化妆仅仅是在人的面部做“秀”，其实，把精神和色彩相融合，让色彩里的语言来对精神内涵加以诠释，才应当是化妆造型的至高境界。对综艺娱乐节目主持人来说，形象是一种由感官至精神上的呈现，是自身修养气质的一种总体的表达。在短期之内，主持人的外在形象能够被塑造出来，而他们的内在，比方说修养与气质等，必须要通过长期的累积才可以上升至一定高度。人的内在修养是优良文化孕育沉淀所形成的精神品德，隐藏在个人的言语、行为等一些微小之处，并通过自身的气质与价值取向得以彰显。

思考题

1.对于综艺娱乐节目主持人而言，体态语的训练要注意哪些方面？

2.简要阐述综艺娱乐节目主持人化妆造型艺术风格的体现。

第八章　网络综艺娱乐节目主持艺术

要点提示：

分析网络综艺娱乐节目的产生及特点，阐述网络综艺娱乐节目的分类，明确网络综艺娱乐节目主持人的角色定位，提出网络综艺娱乐节目主持人语言表达的新态势，为学习者准确认识网络综艺娱乐节目主持艺术提供理论上的借鉴。

网络综艺娱乐节目是在网络电影、网络电视剧探索和形成规模之后的一个新兴品类，市场占比和影响力不断增长，话题和热度持续走高。网络综艺娱乐节目因为其播出平台的特点，题材更加广泛、垂直内容研发、目标群体划分更贴近用户、互动性强，这就要求网络综艺娱乐节目在策划、制作、传播、营销的每一个环节进行创新，从更深层面融入互联网思维，产生新的价值观、新的视频逻辑、新的应用场景。根据艺恩咨询的数据，2014 年，爱奇艺、优酷土豆、搜狐、腾讯、乐视、56 网等国内几大主流视频网站全年网络综艺娱乐节目累计约 150 档，资金投入约 12 亿元，规模比 2013 年增长近一倍，2014 年也因此被称为网络综艺娱乐节目自制元年。2020 年，国产综艺播出总量 206 部，网综数量由 2019 年的 105 档增长至 127 档，台综保持 79 档不变。爆款综艺扎堆于第二季度，《乘风破浪的姐姐》、《青春有你》第二季、《创造营 2020》位列全年国产综艺热度三甲。①

① 2020 腾讯娱乐白皮书[EB/OL].(2021-01-10)[2021-02-15].https://new.qq.com//rain/a/20210109A050L100.

第一节　网络综艺娱乐节目的产生

一、网络综艺娱乐节目产生的原因

自从互联网成为人们日常生活中不可或缺的重要组成之后,“互联网+”模式开始兴起,网络综艺娱乐节目是顺应时代发展的产物。依托互联网兴起的视频网站先后投身创作之路。芒果TV、爱奇艺等平台开始打造属于自己的品牌,进行新节目开发。在阿里巴巴注资优酷土豆、百度控股爱奇艺、腾讯联合华谊兄弟等资本融合与影视行业的结构框架调整之后,网络综艺娱乐节目的数量和投入规模都获得了高速增长,播放点击量更是惊人,激发了用户持续观看的热情。比如2020年芒果TV的《乘风破浪的姐姐》,爱奇艺的《青春有你2》《中国新说唱2》《乐队的夏天2》,腾讯视频的《创造营2020》《脱口秀大会3》《演员请就位2》,优酷的《这！就是街舞》,这些综艺娱乐节目无论是网络热度还是口碑等都名列前茅,受到观众的一致好评。

初始阶段,视频网站就是一个播放平台,它购入国内外电视综艺娱乐节目的独家播放权并在网站上播放,吸引观众,提升自己的点击量,以此获得相应收益。2013年,原国家新闻出版广电总局颁布《关于做好2014年电视上星综合频道节目编排和备案工作的通知》,各大卫视减少了综艺娱乐节目的制作数量,这类节目的总量骤然减少。同时,因为节目收取了巨额版权费,部分收视率有保证的电视台,比如湖南卫视、浙江卫视等都打造了自己的独家播放平台。在此环境下,视频网站失去了赖以生存的渠道,所得利润不断减少。为了和卫视争夺一席之地,获得盈利保证网站生存,有的视频网站另谋出路,开始自己编制综艺娱乐节目。如此,视频网站就可以把巨额的版权购置费用节省下来,甚至有时候还能够自其他平台换得一定的版权费。这样,部分知名视频网站就实现了从“拿来”到“独立”的华丽转身。而这些网站兴起的原因还有一个,那就是原本在电视台任职的知名综艺娱乐节目制作人开始跳槽到其他媒体,他们中有不少人选择了新兴的视频网站。比如,中央电视台的马东就成了爱奇艺的一员,由于《爸爸去哪儿》而被大家熟知的谢涤葵则加入了腾讯。他们利用在电视台累积的丰富经验,在相对宽松的网络环境还有足够的资金支持下,在视频网站制作出了不少网络综艺娱乐节目。

二、网络综艺娱乐节目的特点

网络综艺娱乐节目来自视频网站，是以互联网的全面发展为基础，在互联网思维下开发编制并面对网络观众的节目。假如仅分析制作流程，它和传统的综艺娱乐节目差异并不明显，制作流程依然是：前期策划、录制统筹、后期制作等。所以，网络综艺娱乐节目与传统电视综艺娱乐节目的不同不在于播放方式、制作方等，而在于制作思维。电视综艺娱乐节目都是单向传播的，而网络综艺节目则更侧重于多向传播。网络综艺娱乐节目是针对网络原生代群体开发的，依据受众特点进行针对性传播。而正是这些新颖的节目形式，使网络综艺娱乐节目在和传统电视综艺娱乐节目的竞争中取得成功。

（一）人物形象个性化

个性化是主持人在长期创作实践中逐步养成并表现在节目主持过程中的性格特征。这种性格特征是主持人的语言能力、思维方式、价值取向、审美情趣、艺术才华及气质禀赋等综合形成的一种习惯性行为方式的体现，它制约和影响着主持风格的形成与传达。[①] 主持人以真实的“我”的身份直接参与节目，需要保持和强化自我特征，彰显个性化形象，以突出其个人特色，部分优秀的主持人能通过自己的眼睛去观察，形成自己的思考、传递自己的观点。这些主持人往往以平等亲切的姿态面对观众，将个性化的思维方式和个性化的语言表达融合在一起，或温文尔雅，或热情风趣，或老成持重，或洒脱自如，从而使传播更具吸引力和影响力。

对于一个节目而言，主持人风格和节目定位有极大的关系。爱奇艺推出的综艺娱乐节目《奇葩说》得到成功，与节目人物形象各具特色密不可分。这个节目采用了主持人+导师的模式，主持人马东比较幽默，能够吸引受众；导师高晓松知识渊博、擅长辩论，蔡康永则心思细腻、睿智温和。参加节目的选手也风格各异，能够持续获得观众的注意力。《奇葩说》节目组在挑选角色的时候不断调整“人物画像”，推选出“最会表达的奇葩”。和传统节目打造综艺人物形象的方式不一样，网络综艺大多不擅长煽情，选手不捏造故事，不博取他人的同情，反而更吸引观众。

---

① 王群，曹可凡.广播电视主持艺术[M].上海：上海外语教育出版社，2006：19.

（二）形式内容娱乐化

网络综艺娱乐节目风格偏娱乐化，整体节奏轻快，充满插科打诨式的对话，善于运用网络语言。由芒果 TV 制作的推理探案类真人秀节目《明星大侦探》采用全明星阵容，并以法制节目主持人撒贝宁与综艺节目主持人何炅的联手，确保节目的专业性与娱乐性并举。显然，娱乐大于专业是《明星大侦探》为适应中国观众作出的调整。

爱奇艺提倡“纯网综艺”的理念，不仅在节目制作和传播过程中仅依赖网络，而且还具有“不绕圈子、有杀伤力、观众更趋年轻化”的特点。网络综艺娱乐节目大多强调“好玩”，倡导“可看性”，这就决定了不管其内容还是形式均有娱乐化特点。尼尔·波兹曼提出：“娱乐是电视上所有话语的超意识形态。”《奇葩说》导演牟頔说：“《奇葩说》中娱乐和逻辑六四分成。”而《偶滴歌神啊》更是提出将娱乐进行到底，坚持“不靠谱”原则。

（三）话题设置贴近化

“众筹”一词源于众包，指的是“企业利用互联网将工作分配出去，发现创意或解决技术问题”①。在唱片、影视乃至游戏制作等行业，众筹模式始终存在且发展速度极快。利用这一模式，受众能够把自己的爱好融入节目创作的过程中，成为节目制作的一分子。腾讯视频制作的《你正常吗？》的全部问题和结果都有网友的参与，网络众筹得到指定的题目超过节目总问题数量的半数。节目的生成和传播都有网友参与其中，不仅增强了节目的趣味性，而且让观众更有黏性。

数据思维辐射全程，已经成了网络综艺娱乐节目的一个明显特征。节目从期初的立项到后期的传播、迭代等，均有大数据的参与。这些节目的重点在于思路新，特别是要对用户的做法、态度和讨论等资料给予解析，便于随时改变节目内容传播思路，直到最大限度地符合用户爱好。节目组通过分析新媒体平台中的数据来选择节目主题、人物构成，设置的每一个话题都强调准确贴近现实生活，节目参与嘉宾的选择尽可能契合网生代受众的期望，以此提升受众的关注度和参与感。

如《奇葩说》将百度搜索痕迹与专业模型进行对比，通过云计算抽取其中有价值的资料，对“用户群像”作出合理调整，将受众定位为 80 后、90 后。这一受众群体的特征是：反对权威，向往自由，特立独行。在组织《奇葩说》节目内容的时候，节目组分析

① 胡杨.网络综艺节目传播特点与现状探析[J].新媒体研究，2017(03)：3-4.

网络数据，整理相关资料，总结网友最为重视的话题，结合线下探讨，最终得到和目标受众关注点最为契合的话题。这样一来，用户点击的网络自制综艺娱乐节目犹如为他们“私人定制”的一样，非常符合他们的口味。节目所挑选的话题大部分是社会关注的焦点，和受众的生活关系密切。比如，“催婚是爱还是变态”“高学历女性回归家庭到底浪不浪费”等。在辩论的过程中，很多不一样的观点产生，正是这些多元化和差异化的思维碰撞让《奇葩说》有了不同于电视辩论节目的特色，得到了良好的播出效果。

（四）目标受众年轻化

2019 年之后，视频网站受众变得更加年轻化，这是网络综艺娱乐节目的主要标志之一。爱奇艺出品的《青春有你》《演员的品格》、优酷推出的《以团之名》、腾讯视频发行的《横冲直撞 20 岁》等，得到了年轻观众的一致喜爱，不仅可以获得口碑，而且可以引起话题。如《青春有你》节目在微博中的讨论量突破了 2.7 亿，《横冲直撞 20 岁》在豆瓣上的评分达到了 8.2。网络综艺娱乐节目能将年轻观众锁定起来，这是时代进步的结果。腾讯推出的《创造营 2021》节目能够如此快速地受到观众喜爱，是因为选择青年文化为切入点。一方面，节目对于主流受众而言更容易得到圈层传播的帮助；另一方面，年轻受众更愿意接受多元文化。《创造营 2021》的节目定位是打造国际青年文化交流男团。在这里，“青年文化”是针对青年群体的文化，而这个节目就是要进一步展示青年文化。《横冲直撞 20 岁》制片人多晓萌提出：“横冲直撞首先是一种态度，是为了想做的事情而去闯的态度。其次是个体与集体的相处，是在困难环境中彼此支持、联手共克时艰的新集体主义精神。”而《青春有你》制作方也一样重视节目价值观的树立，“越努力，越幸运”的口号就是想要对青年起到一定的正向引导作用。在逐渐扁平化的社交环境下，年轻人更愿意与兴趣相投的人组群，这有助于小众题材作品的打造，但缺少公众认知。而建立青年文化的导向，能很好地协调社会、群体和个体之间的关系；同时，青年文化能够在一定程度上抵抗“丧文化”，引导社会朝着积极的方向发展。

年轻人是网络使用的主要群体，因此，网络综艺娱乐节目一般都会将年轻人设定为目标受众，在选择节目内容、邀请节目嘉宾、设定互动环节等方面，也主要针对 90 后与 00 后的关注与喜好，力求能够满足年轻受众的需求。这些节目打破传统思维，用年轻人的表达方式探讨年轻人关心的话题，受到了年轻用户的追捧和喜爱。腾讯视频在

2016年5月23日推出了《你正常吗?》第二季,相关数据显示,节目的受众45%为18~24岁人群,25.5%为25~29岁人群,年轻人群属性非常明显。而《奇葩说》作为综艺热点节目,直接提出"40岁以上观众请在90后陪同下收看",虽然这一说法有些夸张,但是我们不得不承认,在网络时代,不同年龄阶层的价值主张、看问题的方式以及表达方式,都存在巨大差异,网络综艺娱乐节目要想更好地占领目标市场,节目的策划设计就必须有鲜明的年轻群体特性。

(五)互动模式垂直化

发挥互联网下的信息垂直化优势,才能让用户在浩瀚的信息中,以尽量少的点击获得目标信息。诞生在网络平台之上的网络综艺娱乐节目具有准确传递信息、与受众进行即时互动的先天优势,受众与节目嘉宾可以通过平台直接进行互动,形成垂直化互动模式。现在,受众可以通过App、手机、PC端等对节目内容与嘉宾的观点进行点赞、留言、投票,或直接参与节目讨论。

垂直化的核心是分众,虽然特定群体受众的需求特点基本一致,但是,不同个体的需求却存在差异性,网络综艺娱乐节目必须针对特定领域受众来设定节目内容,这样才能提供具有针对性的深度信息服务。分众化与精准投放是未来的发展趋势。投其所好形成特色,形成差异化定位、垂直化衍生,促使节目内容、品牌、粉丝全面融合。在互联网环境下,受众群体可以获得更多与节目互动的机会,能够随时参与到节目中,及时反馈节目效果。特别是弹幕技术的出现,更增强了互动的即时性。弹幕最初是由动漫公司引进的,它模仿的是日本网站弹幕的使用方法。当前,弹幕已经是网友交流最为常用的一种手段,在视频播放过程中,网友通过弹幕实时发表意见行使表达权,同时,节目组也可以对反馈信息进行分析和总结,进而改变综艺娱乐节目的内容和形式,提高节目的质量,获得更多观众的关注和喜爱。

第二节　网络综艺娱乐节目的分类

现有的综艺娱乐节目,一般分为音乐类、游戏类、脱口秀类、娱乐资讯类和访谈类等。而随着互联网的快速发展,将会有更多种类的综艺娱乐节目出现在各大视频网站中。网络综艺娱乐节目快速发展的主要原因是电视综艺娱乐节目会受到许多因素的限制,有些内容不允许播出,而视频网站的限制相对较少,节目的内容和制作环境更加宽松,有利于创造出更多类型的综艺娱乐节目。2016年,网络综艺娱乐节目的数量大幅增长,逐渐形成了综合型与垂直型两大类别。

一、综合型网络综艺娱乐节目

综合型网络综艺娱乐节目以满足大多数网民的娱乐喜好为主要目标,通过在“大众化主题”之上叠加“特别元素”,覆盖、吸引尽可能广泛的用户群体,使节目具有新颖独特的气质。比如,同为主打明星牌的网络综艺,《明星的诞生》《流行之王》《国民美少女》等展现了人气偶像的养成之路;《我去上学啦》《偶像就该酱婶》《你好,是鹿晗吗》等将明星的生活体验、观点态度作为核心内容;《尖叫吧! 路人》《约吧! 大明星》《周一见》等通过完成有趣的任务,来实现明星与普通人、粉丝之间的交流互动。

在喜剧搞笑类网综中,《喜剧者联盟》紧贴网络热点,聚焦90后网民生活;《爱笑麻瓜秀》糅合了街舞说唱、角色扮演等多种形式;《欢脱定律》采用单元剧的形式,专门设置喜剧广告版块,开创了广告创意2.0版本;《火星情报局》则以新奇的提案和最能触发网民共鸣的话题引发热议。《偶滴歌神啊》这一档以游戏竞猜来引导的歌唱类节目,通过设置“音痴”“歌神”悬念的形式来吸引受众;《十三亿分贝》则首创“方言”和音乐的混搭,在用方言演绎流行歌曲的同时,也展现了各地的风俗文化。

从目前来看,综合型网络综艺娱乐节目大都选择以脱口秀的形式融合其他流行时尚、社会热点、社交、美食、财经等主题,在内容表达层面显现出淡化仪式感、拥抱世俗化的后现代风格。2016年受到广泛关注与欢迎的“综N代”和新上档的网综节目,皆在题材内容和表现手法等方面锐意创新,不断适应网络用户的兴趣变化。《奇葩说》作为第一档收入过亿的网络综艺,2021年第七季将《奇葩来了》《奇葩大会》《奇葩说》三档节目合一,让大规模选人的过程出现在节目里,最终由网友进行评判。第七季节目在延续之前风格的基础上,以“正直、善良、新知、包容”为底色,对赛制和环节等进行大胆改变和创新,大力拓展辩题的广度,既涉及亲情、友情、爱情等经典主题,也有由社会热点辐射的时事话题,还有“脑洞大开”的非常规性辩题。该节目观点犀利、对抗性强且佳句频出,对年轻观众具有极大的吸引力,可启发其思考,进而完成对主流价值观的传递。通过参与乐视的《我要上蒙面》节目,普通人有了与明星在《蒙面唱将猜猜猜》同台PK的机会。推理元素的加入,不仅使节目更具悬念,层次更为丰富,也极大地增强了观众的代入感。此外,很多网络综艺是通过模仿电视综艺而发展起来的,两者之间具有互通性,而两种不同播放形式的打通,无疑能够形成互补与促进。如我国首档推理侦破类真人秀《明星大侦探》,它是芒果TV推出的创新性节目,融合了角色扮演、悬疑推理、密室逃脱等时下流行的游戏元素,较好地平衡了节目的逻辑性与综艺感,为网络综艺在形式创新的同时兼顾趣味性、思想性提供了新的思路。而孟非首次以制作人身份参与制作的网络综艺娱乐节目《美女与极品》,则采用反套路、反传统的情景实验模式,"先同居后恋爱"的相亲理念极具话题性和冲击性,引发网友对于男女交往、人性真实等问题的热议。该节目也是国内首个登陆戛纳电视节的原创综艺,被推荐为"全球最有意义的20个节目模式"之一。

二、垂直型网络综艺娱乐节目

互联网所具有的分众化特点,使得聚焦于某一兴趣领域、旨在服务特定网民群体的垂直型网络综艺娱乐节目显现出强劲的发展势头。如《奇葩说》《黑白星球》《大学生来了》等节目,专攻小众主题,为辩论爱好者提供了观点碰撞的平台;《爱上超模》还有《超模24小时》两档节目,很好地让时尚一族了解了超模的神秘生活方式与有趣故事;《奔跑卡路里》《拜拜啦肉肉》《香蕉打卡》等专为希望减肥瘦身的人群和健身达人量身定制;《亲爱的我愿意》《魅力野兽》《黄金单身汉》等聚焦渴望恋爱的单身人群;《世界上的另一个我》《侣行》专注于高端有品质的旅行等。

可以预见,未来的网络综艺娱乐节目将迎来大规模的创新,垂直精分成为发展趋势。从欣赏节目的角度来说,非行业内的观众选择收看节目时首先出于对节目题材的好奇,然后是对人情、人性的共鸣性感知。随着娱乐市场竞争的加剧,满足观众审美需求已经成为节目的最基本作用,要使节目具有竞争优势,就必须在细分领域挖掘话题,来吸引更多用户。网络点播是网络娱乐平台的发展趋势,优酷的杨伟东就表示,面对海量信息,选择的时间成本是用户考虑的核心问题。节目必须具有年轻用户所感兴趣的内容才能吸引他们。如优酷的《圆桌派》就是一档垂直性很强的网络综艺娱乐节目,其影响力之所以能超过同类电视节目,是因为选择的话题正是年轻受众非常关心、很感兴趣的。信息时代下,信息最大的价值来自其差异性,对于年轻受众来说,节目的话题与众不同或者角色独具特点,则具有更强的吸引力。差异性综艺所产生的效果,是泛众综艺所达不到的。从2019年的第一季度开始,网络综艺出现了明显的分化。在音乐类节目中,《国风美少年》的国风+唱演、《即刻电音》的电子音乐+竞演,都表现出非常显著的差异性；在真人秀节目中，《高能玩家》的心理行为实验+游戏、《超越吧！英雄》以及《终极高手》的电竞+真人秀，不仅有明确的垂直性，而且将综艺节目的传播力融入小众内容，扩大了这一类内容的影响范围。这两种创新是网络综艺娱乐节目的探索，都产生了一定的市场效应，更重要的是，它们的出现，说明垂直内容对目标受众的吸引才是留下忠实粉丝的关键，为未来的综艺创新提供了思路。

2016年9月25日爱奇艺视频网站上播出的《坑王驾到》，是我国首档大型单口相声体验式综艺娱乐节目，它由爱奇艺与相声演员郭德纲联手打造，节目以小剧场茶馆实景播讲的形式进行呈现。节目播出以后，获得了大量网友的好评，播放量飙升。在节目中，“坑亲王”通过诙谐幽默的语言，将传统故事以另类的形式展现在人们面前，使传统故事获得新的生命。观众观看节目，既可以获得欢笑，也可以学到古代故事和知识，经常意犹未尽。郭德纲曾经感叹传统艺术的没落，认为这种没落来自盲目创新，脱离了艺术规律。所以，他通过这种综艺节目形式对传统故事进行理解，并将传统知识进行普及，具有很强的个人感召力。由此可见，垂直型网络综艺娱乐节目具有强大的话题发酵效果，是平台吸引用户的有效手段。

事实上，直播也成为网络综艺娱乐节目的一种重要表现手法。这类直播节目能够极大地满足观众的好奇心和“窥探欲”，观众可以通过嘉宾细微的表现对其进行深入了解，也可以选择直播通道和观看视角，个性化地参与到节目中，增加代入感。此外，直播不仅从距离上，而且从时间上使观众获得巨大的满足感与快感。如芒果娱乐携手熊猫直播、腾讯视频共同打造的偶像养成类网络综艺《Hello，女神》，就采用49天不间断直播加点播的形式，并融入大量新鲜有趣的直播互动“黑科技”元素。在熊猫直播上，一百多种“道具”为网友提供了与选手进行全方位互动的机会。节目设有“女神超市”，网友可以给自己喜爱的“女神”送衣服、鲜花、水果、零食等，并有权决定她们的最终去留。“直播+点播”的模式，成功整合了熊猫直播与腾讯视频两方面的用户。为避免和直播的内容重复，腾讯视频的点播版还设计了全新的内容环节，融入趣味游戏、偶像养成等热门综艺元素，每期节目以故事化的形式呈现，突出选手在智商情商、表演才艺、生活技能等方面的蜕变。

此外，各大视频网站还积极探索将最新的网络、视频技术巧妙地应用到网络综艺娱乐节目中，为用户带来更为新奇、更具科技感的视听互动体验。例如，爱奇艺的《爱上超模》运用了独立研发的 Video Out 技术，受众可以一边观看节目，一边进行服装体验,点击“超模同款”,就能够把综艺和电商关联起来。腾讯视频与东方卫视联合推出的《我们15个》,是一档大型真实生活实验真人秀,它在录制过程中运用了120台360度全高清摄像机、60个麦克风,配合全球领先的管理系统,通过全天候的拍摄、传播,给用户提供真实的体验感,让他们能够得到一定的陪伴体验。优酷土豆联手新东方教育集团编制《洪哥梦游记》,通过24小时户外全景录像、VR等全球领先的技术进行全程直播,给观众呈现未来极客所采用的生活形式。而芒果TV也开展了直播,通过真人秀《完美假期》,专门设计了一位全影像立体虚拟主持人“女神嘻芮”,与现场主持人马可配合互动,增强了节目的趣味性。

网络直播本质上是互联网向社会生活领域的延伸。在社会需求和资本介入的共同作用下,网络直播凭借实时性、交互性等优势,成为社会交往、信息传播和文化消费的重要方式,并对社会生活、经济发展、精神文明等领域产生深远影响。

第三节　网络综艺娱乐节目主持人的角色定位

中国广播电视学会主持人节目研究委员会理事应天常教授对主持人角色行为特征的解释是:符合节目或栏目主旨的真实的自我表现、自我体现、自我展现、自我实现,但绝不是自我表演。节目主持人的角色表演是演“自己”,是一种非角色的表演。电视节目主持人由于角色的特殊性,是多个角色于一身的复合体。主持人所充当的角色应该是复合的,而非单一的。他的形象应该由下列角色构成:个人角色、媒介角色和社会角色。①

主持人的首要职能是建立传播关系,在当前的新媒体、融媒体环境下,其媒介本质没有改变。然而新媒体的传播多样性,却给主持人提出了新的要求。相对于电视来说,互联网环境较为宽松,网络综艺娱乐节目受限较少,为主持人提供了更大的发挥空间,主持风格更加独特,能够吸引更多的受众。比如在《奇葩说》中,与电视综艺娱乐节目主持相比,马东的主持风格有了较大的变化。在主持的过程中,马东表现出了他的机智,使用的语言更加幽默诙谐。有些电视中不能出现的敏感字词和话语都可以以幽默的方式出现在节目中,扩大了语言的发挥空间。

主持人之前单一的角色定位已经跟不上受众的需求变化,人们想看到多元化、有

① 史富春.电视节目主持人的角色定位分析[J].电视时代,2010(03):33-35.

丰富角色体现的综艺娱乐节目主持人已是一个既定的事实。不管是常规类型的综艺娱乐节目还是各类新出现的真人秀,都要求主持人不断挖掘自身潜能,用更为积极、亲和的态度去面对受众,满足他们更为挑剔的需求。

一、多元化的角色定位

角色有一定的规范,这种规范不仅是角色应当形成的正确认知,而且是别的社会成员对他们的一种预期。主持人角色受到传播媒体的影响,展现出受众内心无意识的心理对照体系。假如与受众理想角色的需求一致,那么主持人角色就可以获得受众的认可、赞同和褒奖。相反,假如主持人角色和受众的需求出现一定的误差,或者不符合其内心形象,那么角色就会被受众抵制、否定等。恰如美国心理学家雅各布·莫雷诺所言,对角色进行清楚、明白的认知和定位对于人际关系的和谐有很大的帮助,它可以让个人系统保持有意识的形态,而且有了准确的定位之后,主持人在节目中也能够主动调整自己的行为,以保证传播效果。这也恰好是主持人角色定位的主导价值所在。

对于网络综艺娱乐主持人而言,多元化的角色定位已经成为发展的必然。随着这类节目数量的猛然增长,很多传统节目主持人也可以转战新媒体,如马东主持《奇葩说》、谢娜主持《偶滴歌神啊》。毋庸置疑,马东和谢娜在网络综艺方面都取得了一定的名气。《奇葩说》作为辩论类节目,引起了各界的广泛关注;而《偶滴歌神啊》则用"非大型、不靠谱"这样的另类口号给网友造成巨大的冲击,取得了过亿的点击量。

优秀的主持人能够为网络综艺娱乐节目的成功提供一定保障;相应的,节目的成功也能够推动主持人自身的成长。同时,主持人能够通过新媒体接触到新内容,掌握受众的真实需求,进而不断提升自己,在行业竞争中占据优势。

传统节目主持人的角色定位常常固化、刻板、平庸、缺乏创造力,而网络综艺娱乐节目主持人在注重自身优势展示的同时还能灵活转变主持角色。比如在《奇葩说》中,马东除了作为节目主要策划人、主持人掌控节目内容,还是调侃者,抓住场下每一个细节调动现场气氛,以诙谐幽默的语言彰显其多元化角色的智慧。在邀请罗振宇做嘉宾的一期节目中,马东调侃罗振宇做《罗辑思维》出售知识产品,罗振宇自嘲道:"卖的时候就讲清楚了,只要有三寸气在,一定上台……"话音未落,马东机智地补充道:"为什么你的气有三寸?"这一调侃引得现场选手与观众捧腹大笑。[①] 马东不仅负责插

① 何洁.谈网络综艺节目主持人的去中心化——以《奇葩说》为例[J],传播力研究,2017(06):99.

播广告，掌控节目的进度，而且还能够把自己的观点表达出来，为某一方辩手提供助力。率性不羁的高晓松和淡定儒雅的蔡康永分别承担正反两方的团长职责，带领两方进行辩论，在必要时可以发表自己的观点以帮助己方，在最后进行总结陈词，主导辩论方向。可以看出，他们三人有着明确的分工和角色定位，却又不像传统的电视节目中那样泾渭分明。他们的主持人角色较为模糊，此处的主导性功能也被弱化，反而更接近之前节目中的选手，通过各种形式对自己的观点做出阐述，以此推动节目的进程。

很多真人秀综艺娱乐节目由于形态特殊，对主持人的功能需求仅仅剩下报幕和感谢赞助商，环节介绍、活跃气氛、起承转合等都可以通过后期的包装、字幕、配音等手段完成，或者通过影响力更大的明星嘉宾去完成。如《中国好声音》由明星嘉宾与选手互动沟通、引出下节内容，《我是歌手》的节目串联任务也交给过不同的明星歌手。以至于后来越来越多的明星跨界主持，他们自带聚焦光环，能在节目中形成一种专业主持人不具备的自然和娱乐感。

二、多重身份的角色定位

从表现角色的层面看，在网络综艺娱乐节目中有部分比较独特的角色，这就要求主持人通过表演来助力主持。在非角色化支持的背景下，坚持真实展现自我原则的同时适当添加表演，通常可以优化传播效果，更好地达成传播目标。真人秀节目没有台本，这是它的节目特征，也和主持人依照台本进行主持的传统程序背道而驰。同时，综艺真人秀尤其是明星参与的节目，聚焦点永远在明星嘉宾身上，从节目制作与观众收看角度讲，一定是将更多的篇幅和精力放在明星身上，因此主持人的角色和功能便一再被简化，甚至被导演代替，如《奔跑吧兄弟》的规则介绍、任务发布都是由导演组和明星嘉宾直接对话进行的。原国家新闻出版广电总局的《关于进一步加强广播电视主持人和嘉宾使用管理的通知》提出主持人需持证上岗，定期注册，各广播电视机构不得使用无执业资格证书(《中华人民共和国播音员主持人证》)和未按规定注册的人员担任主持人；广播电视节目要明确主持人和嘉宾的分工，主持人应承担节目的串联、引导、把关功能，不得设置“嘉宾主持”，嘉宾不能行使主持人职能。这为主持人提供了一定的政策保障。

从节目的层次分析，网络综艺娱乐节目主持人需要对节目宗旨具有更加深入的了解，做出一些满足节目需求的行为。传统的主持人通常饱含深情、声情并茂地将台词串联在一起，这样的方式已经无法满足网络综艺娱乐节目的新需求，无法应对新时代的变化。进行急速的语言应对，把节目要素和观众串联起来构成一个整体，激发受众共鸣，让其进行互动，对编导的意见进行再创作，创造节目高潮，这些都是衡量主持人能力的新标准。在这个方面，蒋昌建在《最强大脑》中的表现极具代表性。因为蒋昌建对节目内容、环节理解得透彻、深入，能够在赛点的关键时刻，引导观众了解选手比赛的难度，从而与节目一起形成跌宕起伏的情感变化。同时，网络综艺娱乐节目主持人必须足够机灵，能够掌控节目进度，保证人员安全。特别是面对突发事件的时候，这种特质更是必不可少。汪涵在《我是歌手》中，面对歌手临时退赛，表现得沉稳而得体，这是他不会被别的主持人取代的关键。

随着网络节目的快速崛起、自媒体的发展，一大批新的网红节目与网红主持涌现。《罗辑思维》的罗振宇、《吴晓波频道》的吴晓波、《萝卜报告》的陈震以及众多拥有百万粉丝的网络主播，他们算主持人吗？从主持人传统的串联组织和交流传播的作用来看，他们确实是主持人，但除此之外他们还拥有众多身份：作家、社会活动家、车评人……主持只是他们自媒体运用中的一种手段。在“人人都能成为主持人”的新媒体时代，主持人必须不断进行角色调整和历练，建立与新媒体价值归属相近的舆论场和资讯源，形成传播的力度和能量。

三、机智控场的角色定位

《奇葩说》的高人气与主持人的优秀是密不可分的。无论是马东、高晓松还是蔡康永，都有自己独特的人格魅力，为节目增加看点。在这个节目中，马东就好比一个大家庭的管家，他能够对现场情况进行准确的判断，并穿针引线掌控节目走向。高晓松则是这个节目充满文化气息的最大功臣，他知识渊博且内心强大，知名度高且具有话题争议性。参与这个节目之初，他感性多一些，对选手多进行启迪教育；到了后期，他变得更加理性，更像是一个导师。蔡康永则有“最会说话的人”的称号，他从不咄咄逼人，而是用谦虚的态度去引导人，犹如邻家大哥一样循循善诱，引领大家树立正确的价值观。他们三人的全力配合犹如产生了化学反应，使节目备受观众青睐。

要成为一名优秀的综艺娱乐节目主持人，不仅要营造氛围，而且要掌控节奏，要和受众共情。然而，现场的氛围节奏的快慢、受众的情绪等都有一定的突发性，主持人必须对各种情况做出及时应对，让节目朝着预计的方向进行。比如，谢娜在为新歌做宣传的时候遇到记者提问:“我想知道娜娜会不会有新的春天?”这是一个非常不好回答的问题,何炅马上帮谢娜解围,他说:“一个多么尽职的记者啊! 问的问题跟唱片完全无关。干得漂亮!”

四、去中心化的角色定位

顾名思义,去中心化就是去掉中心地位。具体到一个节目中,就是主持人要和受众充分互动,与受众处于相对平等的状态,在此过程中,主持人的中心地位逐渐弱化。围绕一个主题,节目的中心可以分化成多个节点,参加节目的嘉宾、受众都能够成为这些节点。这样开放式、对等式的风格成为现代网络综艺娱乐节目的突出特征。也是因为这些特征,网络综艺娱乐节目主持人的角色出现了巨大的改变。主持人必须和嘉宾、受众建立“玩伴”关系,要用最短的时间形成多方互动,继而产生娱乐效应,推动节目进程。这就需要网络综艺娱乐节目主持人具备更多的技能,不仅要能歌善舞,能言善辩,还要有丰富的人生阅历。

网络综艺娱乐节目主持人同观众“台上”与“台下”的相对性趋于淡化。这种相对身份的差异会自然延伸到节目内容中,也直接影响着主持人调度节目的方式。例如在腾讯视频、上海笑果文化联合出品的《吐槽大会》《脱口秀大会》节目中,表演者必须站在舞台上进行脱口秀表演并随时留心观察台下观众的情绪反应,节目主体是脱口秀演员和观众之间的交流互动,节目中的主持人并没有很强烈的“我在台上”的意识。在优酷自制访谈节目《老友记》中,主持人潘石屹同嘉宾的谈话大多选在会所、咖啡厅等相对私人化的场所,营造出一种与节目定位相契合的“朋友聚会”的氛围,现场也不会设置“场下观众”,主持与嘉宾相对而坐,侃侃而谈。受众通过网络观看节目时,获得的是一种类似于围观名流私人聚会的感受。爱奇艺自制脱口秀节目《晓松奇谈》的录制场景可以是景点、会馆、户外等各种地方,甚至是主持人的家里,高晓松坐在相对私人、休闲且没有现场观众的环境中,在事先不设置精细脚本的情况下,手持折扇,围绕某个特定主题发散思绪,畅所欲言。受众通过网络观看节目时,获得的是一种类似于当面听朋友闲聊的感受。总之,网络综艺娱乐节目相对于电视综艺娱乐节目淡化了主持人同观看者之间“台上”与“台下”的相对性,以这种方式给网络用户带来更多闲适的感受。

总之,网络综艺娱乐节目与电视综艺娱乐节目主持风格的差别,一方面来源于现行管理政策为网络综艺娱乐节目留下的多种可能性;另一方面来源于开放、互联等互联网基本特质造就的传播特性与审美特性,对主持人节目调度方式和语言表达方式带来的直接影响。

第四节　网络综艺娱乐节目主持人语言表达的新态势

在网络综艺娱乐节目当中,常常可以看到大量的具有互联网风格的语言,个性张扬、叛逆不羁,非常符合作为网络用户主体的年轻人的喜好。网络流行语的使用,可以有效达到消弭说教感、距离感的目的,例如习近平主席在新年讲话中也会使用"点赞""蛮拼的"等流行语实现亲民、轻松的表达效果。爱奇艺自制综艺《偶滴歌神啊》的节目名称非常口语化、网络化,带有显著感叹色彩,完全不似传统电视节目端庄、内敛的风格。主持人谢娜开场的第一句话是:"欢迎大家来到非大型、不靠谱、伪音乐纯网综艺《偶滴歌神啊》。"这看似是对自我的一种嘲讽,其实却表达出在众多卫视大型音乐类综艺面前的一种特立独行和自信满满,目的在于通过反传统的表达方式拉近与年轻人的距离。在背后支配这种表达方式的,则是互联网解构思维。

一、突出网络流行要素

网络交流是一项高成本的交流,所以信息传递必须争分夺秒,言简意赅,语言符号一切从简。例如,"MM"指"妹妹","JJ"指"姐姐","I 服了 U"是"我服了你"的意思。还有一些形象化的表达,如"欢迎你来灌水"意思是让你发表意见写文章。网络综艺娱乐节目主持人要熟悉网络流行语,因为网络流行语是一种新的交流方式,不管它是否合理、科学,它在网络环境中已经约定俗成并广泛传播。主持人必须熟悉这种语言,理解其含义,才不至于"语言不通"。

互联网的"病毒式"传播经常会在短时间内造就流行句式和词语。然而,引用个别流行语作为点缀,与以互联网式的语言风格组织通篇的表达仍然有着显著区别。在网络综艺娱乐节目当中,常常可以看到这种通篇的互联网风格的语言,个性张扬、叛逆不羁,十分符合作为网络观众主体的年轻人,特别是 90 后、00 后的审美习惯。

二、幽默的互动性主持语言

主持人在节目中往往会遇到这样的情况,比如正在与某些网民就某个严肃的话题进行交流,其他网民会插进来发表一些调侃式的不认真、不负责任的言论;或者当一个意见出现时,就会有人以嘲讽、歪曲的形式跟帖,让前者处于一种被调侃甚至被怀疑的地位。这正表现了网络交流的一大特征,即网民的情绪是自由而轻松的。主持人要熟悉、适应这种交流特征,不能采用与面对面的思想教育相同的态度、方式来开展引导,以幽默的方式表达深刻的内容,有利于广大受众的理解和接受。传统综艺娱乐节目主持人会在录制前准备好主持词,无法与屏幕前的观众直接互动;由于互联网新技术的特性,网络综艺娱乐节目主持人不仅可以与现场的观众即时交流,还能和场外观看节目的受众互动,听取他们的意见和观点。在《吐槽大会》中,主持人张绍刚经常在主持过程中被网友吐槽,弹幕上会出现"张绍刚下台"等语言,但张绍刚却以此为自黑点,巧妙化解了尴尬,又通过幽默的语言表达拉近了和受众的距离,使节目充满趣味性。

作为一个网络综艺娱乐节目主持人,有亲和力、能融入生活,让观众可以从内心接受并信任自己,是非常关键的。而幽默的语言能够缩短和受众的距离。在节目录制的过程中,各种不可预估的情况层出不穷。例如,主持人临场忘词、后台技术失误等,这对主持人的应变能力是一个巨大的挑战。因此,主持人在录制节目的时候必须提前做好准备,不仅要准备好资料,而且要做好心理备案。假如发生意外,要处变不惊,通过幽默的语言来解决问题。

张绍刚在《吐槽大会》第二季的第一期节目开场时与现场观众有这样一段互动:

张绍刚:欢迎大家来到由 vivo 独家冠名的……

众嘉宾:vivo(重复张绍刚的发音,笑)说错了,应该是 vivo。

张绍刚:欢迎大家来到由 vivo 独家冠名的第二季《吐槽大会》。吐槽是门手艺,笑对需要勇气。我是《吐槽大会》的主持人张绍刚,欢迎大家。

(全场欢呼)

张绍刚:是的是我,我又回来了。

(现场笑声)

张绍刚:你们以为还会是谁呢?谁能比我更适合主持《吐槽大会》?

观　众:撒贝宁。

张绍刚：我就怕有人说撒贝宁，所以我为了增加自己的槽点，专程弄折了自己的左腿，对不对，谁能比我狠。

这段张绍刚和现场观众之间的互动，给人感觉非常自然和真实。现场观众中传出不同的声音，张绍刚借此既说明自己腿受了伤的事实，又使开场氛围非常欢快，很好地调动了节目气氛。同时，张绍刚在主持中也将弹幕利用起来，经常回复一些弹幕的言论，以自嘲的方式隔屏与受众对话。

网络综艺娱乐节目主持人的语言越来越契合网络时代的需求，新媒体的本质要求节目应当极具交互性，在通过互动让受众增强参与感的同时也充分满足受众对节目娱乐化的诉求。

三、多样准确的语言特色

优酷制作的《罗辑思维》节目，除了内容吸引观众之外，主持人的语言特色也是亮点。《罗辑思维》节目的主持人罗振宇在自媒体领域是非常著名的主持人，他能够准确把握节目定位，充分发挥自己的语言优势使节目达到最佳的传播效果。

（一）主持语言自然生动、准确传神

互联网是新型的大众传媒，无论是传播效果还是影响力都在不断扩大。网络综艺娱乐节目主持人通过轻松愉快、自然活泼的交流形式和受众沟通，可以获得更好的传播成效。这样的交流模式就好比日常生活中的人际互动，让人感觉亲近，能自然而然地消除陌生感，增加节目的亲和力。罗振宇在《罗辑思维》节目中的主持语言就有这样一种特征，能够缩短他和观众的距离。

《罗辑思维》是自媒体节目，从类型上来看，与脱口秀节目接近，这样的节目所运用的语言通常比较质朴、简单，而且给人亲切生动的感觉。罗振宇仿效脱口秀节目的风格特征，自然不做作的聊天方式让其可以更加轻松地和观众互动，就好比在与老朋友畅聊理想、诉说衷肠，节目整体氛围轻松欢快。在《罗辑思维》开播首日，他的“末日启示、向死而生”的口号成了最有特色的主题。

我们《罗辑思维》选在今天开播，其实已经给了一个关于末日问题的答案，就是我们绝不相信末日啊。但是最近经过媒体的传播，我相信没有几个人会信，都觉得这是“鬼扯”，只不过是商家找一个理由卖东西，我们找一个

理由欢乐一把，仅此而已。但是，我倒是有一个体会，就是其实每一个文明，甚至在它的不同阶段，对于末日的看法，对于死亡的看法，是非常不一样的。比如我们今天，大家会觉得生活太美好了、太精彩了。比如我个人，我之所以不舍得死，不是因为还没活够，是因为我死之后拍出来的电影我就看不着了，对吧。好吃的东西我也吃得差不多了，就是对电影，我实在有点舍不得，我一闭眼，李安再拍一个好电影怎么办呢？确实现在生活太美好了。

在这个节目中，主持人的语言通俗易懂，如与好友聊天一般娓娓道来，充满生活气息。这拉近了主持人和受众之间的距离，让受众能够更加深入地了解节目主题。罗振宇在讲解“世界末日”这个主题的时候，没有急着表达自己的观点，或者是对他人的观点进行抨击，而是利用亲身经历阐述自己的理念。他先指出“世界末日”属于“鬼扯”，但并没有对此观点进行疯狂抨击，转而说自己放不下好看的电影，所以不愿意死。这是一个极为现实的阐述方式，同时也给下面的讲解埋下了伏笔，让受众产生了极大的兴趣，获得了非常好的传播效果。

《罗辑思维》的每次开场，罗振宇都会选择一个比较接近生活体验的方式，利用自己的经历，把个人对本期主题的认知讲解出来。“死磕自己，愉悦大家”是《罗辑思维》的口号，也是其主旨。网络综艺娱乐节目更为关注和受众的互动，所以主持人的语言也应来自生活，自然生动、准确传神，让受众产生心理共鸣，达到良好的交流效果。

（二）评论语言大胆直白、犀利深刻

评论语言是对节目主题进行阐述的语言，通常有一定的倾向性，内涵丰富。和传统电视综艺娱乐节目主持人相比，网络综艺娱乐节目主持人个性更加鲜明，语言更加直接大胆，直白地传递节目的主题。《罗辑思维》提倡“有种、有趣、有料”，而主持人罗振宇的语言风格正好与之相符合。罗振宇在对节目进行点评时，语言有着明显的个性化特征，彰显自身的魅力，同时大胆直白、犀利深刻，让节目的观赏性更强。

就像郭敬明，去年搞了一个《小时代》，我老为他抱不平，很多大人、先生们，原来的“高帅富”们，大V们就骂他，说什么《小时代》不好看啊，说什么“脑残”啊。你管得着吗？你们自己在自己的市场上混不好，你去嫉妒人家郭敬明干什么？很多人说我不是嫉妒，我就是觉得他写得不好。别扯淡了，比郭敬明写得不好的人多得是，你怎么不骂呀？你骂郭敬明不就是因为人家挣钱比你多嘛,人家混得比你好嘛。你原来“意淫”的时候,觉得那些应该抱你的粗腿的观众,现在去了郭敬明的“石榴裙”下,你不爽。说白了,你骂郭敬明的思维,和伏尔泰当年骂卢梭,一样一样的呀。所以说,勇敢地摆脱原来知识分子的生态,找到自己的市场,这就是卢梭的一招。你可能没想到吧,卢梭成名靠的是爱情小说,不是哲学著作。

这是罗振宇针对郭敬明和卢梭成名进行的一段点评,表达十分直接且通俗,“你不爽”等具有指向性的语言能够让受众迅速了解主持人的观点。这样的语言特色也让罗振宇的主持有了强烈的个人特色。自媒体节目大多由个体主持人负责,在互联网背景下,他们的语言可以更加直白,彰显个人魅力。

《罗辑思维》展示了自媒体节目的可能性,罗振宇也展示了如何通过语言风格、主持风格提高节目的品质,获得观众的好评。自媒体节目通过网络平台进行播放,其内容相对而言更加开放,罗振宇在节目中展示自身主持风格的方式还有他对自己形象的塑造模式,不但可以给别的自媒体节目提供参照,而且可以给传统媒体节目和主持人带来一定的启示。

思考题

1.分析网络综艺娱乐节目的界定、特点及分类。

2.网络综艺娱乐节目主持人应具备怎样的特质?

3.你是如何理解网络综艺娱乐节目主持人与受众之间的关系的?

第九章　综艺娱乐节目主持的未来发展

要点提示：

列举当前我国电视综艺娱乐节目存在的问题，预测我国电视综艺娱乐节目的发展趋势；深入思考“泛主持”现象的产生、类型、特征及优缺点，分析其对专业主持的挑战，总结出专业主持的应对办法，得出跨界与专业相融合的必然趋势。

随着经济的快速发展，人民生活水平日益提高，很多人对于新鲜事物的追求和审美情趣也产生变化。人们对于新事物的接受能力、适应能力越来越强，甚至愿意接触更多新鲜又有“营养”的东西。加之生活节奏的加快，压力的增大，越来越多的人在业余时间里主要选择轻松舒适的娱乐方式。近些年，国外综艺版权和创意的不断引进，使得中国综艺娱乐节目数量上出现井喷式的增长，综艺娱乐节目成为荧幕中的“重头戏”，占据了各电视台的黄金强档，同时成为全国各大卫视继电视剧之后抢夺收视率的重要武器。

第一节　综艺娱乐节目的发展

2017 年，我国综艺娱乐节目经过不断更迭翻新，在节目形式上有了巨大的改变：原创节目激增，引进节目大幅下降；“综 N 代”开始显现疲软的态势，如何让节目既保持原汁原味，又可以不断创新，拥有顽强的生命力，依旧是各大卫视要不断思考的问题。同时,文化类综艺娱乐节目开始占主流,2017 年有《见字如面》《朗读者》《儿行千里》等;2018 年初,中央电视台陆续推出《国家宝藏》《经典咏流传》两档文化类综艺娱乐节目,更加注重传统文化的弘扬与建设。近几年,网络综艺娱乐节目迅猛发展,给电视综艺娱乐节目造成了很大的压力。两者虽各有所长,都在谋求不断升级的新形式,但时下趋势到底是竞争还是融合,未来会有何走向,都让人满怀期待。不可否认的是,中国电视综艺娱乐节目的出现与发展,是社会转型期精神需求转变与价值重建的必然结果,经历了快乐—真情—游戏—娱乐—文化四种模式,呈现出全民狂欢、雅俗共赏、交叉性和价值导向增强、主持人泛化与去主持化以及"超级网综时代"来临的发展趋势。

同时,从大量涌现的综艺娱乐节目可以看出其新能量和新改变以及其中存在的问题。

一、我国综艺娱乐节目存在的问题

随着经济的不断发展,我国的娱乐文化产业也得到快速发展,特别是电视综艺娱乐节目,发展得尤为迅速。我国的电视综艺娱乐节目相较于以往,在很多方面都有了一定程度的提高,观众对其的喜爱程度也在慢慢加深。但与此同时,我国电视综艺娱乐节目也存在很多问题。

(一)综艺娱乐节目同质化,现象级综艺数量少

《爸爸去哪儿》的热播带火了"明星育儿"模式,大量明星爸妈带孩子的节目相继出现;《中国好声音》带火了"明星素人同台互选"的音乐节目模式,同样,"导师学员分战队""明星素人共同竞演"的节目也开始层出不穷。综观这些同质化的综艺节目,其形式上都普遍相似,甚至很多节目出现了模型化的情况,即节目的规则、流程等都有相对固定的模式。这样一来,观众看节目"千人一面",这对节目本身的经济价值以及审美价值都造成了一定的损害。同时也能看出,如今的综艺市场更迭快速,"综 N 代"正在呈现明显的颓势,《奔跑吧》《中国新歌声》《极限挑战》等曾经的爆款综艺,收视率都出现了明显下滑。节目的整体数量不能代表什么,重要的是真正优质、达到现象级的节目的数量。面对审美水平逐步提高的受众,面对数量庞大的综艺娱乐节目,如何调整发展策略,寻求创新突破,成为当下综艺娱乐行业要面对、要思考的问题。

（二）广告植入刻板生硬

“植入式广告”让观众感到尴尬、不舒服的情况依旧很多。综艺娱乐节目里经常出现“现场直销”，很多节目的广告赞助商远远不止一家。过分追求商业利益，就难免造成广告植入泛滥。广告数量多且植入生硬刻板，必然引起观众的反感。

其实，对于广告植入的方式，很多节目也煞费苦心，不断尝试让观众欣然接受、甘心买单的方法。一些网综的广告植入方式就比较具有代表性。如《奇葩说》里对于广告的表达幽默风趣；《火星情报局》制作了一个个广告小短片，为广告赞助商创作主题曲，既新鲜又有趣。这些节目都在以直言不讳的方式“光明正大”地打广告，却可以让观众乐在其中，甚至为这种广告植入的方式点赞，其中最大的原因无非是创意与创新得到了受众的肯定。但是，大多数电视综艺娱乐节目的广告植入仍旧生硬，不讲求“策略性”，观众当然不会买账。因此，对于广告植入方式和植入数量的改进，也是综艺娱乐节目应该思考的问题。

（三）韩综影子难以完全摆脱

目前，我国很多综艺娱乐节目借鉴自韩国，而且对于韩综的跟进步伐越来越快。有了韩国原版成熟节目的对比，一部分观众难免先入为主，不会那么容易接受不成熟的“后来者”。节目本土化改造成功、吸收合理固然能够获得好的收益，但东施效颦、适得其反的现象也屡见不鲜。一味地抄袭模仿会使得节目质量无法得到保证，多数仿作者只得其形不得其神，真正成功的案例更是寥寥无几。

我国综艺娱乐节目若想摆脱韩国综艺娱乐节目的影子，恐怕需要的不仅仅是时间和经验，还有回归初心的态度和更多的主动思考。

二、综艺娱乐节目的发展趋势

（一）从重明星到重全民，追求“全民狂欢”

1.嘉宾

嘉宾，尤其是明星嘉宾，作为综艺娱乐节目的重要组成部分之一，在节目中所起的作用越来越多元化。作为真人秀节目中的“领军人物”，明星嘉宾具有庞大的群众基础，一出场便可带来话题与热度。有些卫视不惜重金邀请当红明星，虽然拉高了收视率，但是节目质量却并不尽如人意，这样的节目会长久吗？其实，对于明星而言，自身影响力的加大意味着肩负的责任加重,明星嘉宾在承担部分节目效果的同时,也应具备引导大众的积极意义。综艺娱乐节目要正确利用明星资源,而不是盲目跟风,消费受众的耐心。

近两年来,全明星综艺的势头逐渐减弱,“星素结合”成为新的综艺发展趋势。综艺娱乐节目越来越注重全民性,强调素人元素的增加。例如,《奔跑吧》《极限挑战》等节目都比之前增加了素人的参与。产生这种趋势的原因有两方面:一方面,原国家新闻出版广电总局于 2015 年 7 月 22 日公布了《关于加强真人秀节目管理的通知》,要求真人秀节目努力转型升级、改进提高,丰富思想内涵,弘扬真善美,传递正能量,实现积极的教育作用和社会意义;另一方面,综艺娱乐节目本身更加注重“以人为本”,达到“全民狂欢”的目的,使节目产生更大的影响。所以,综艺娱乐节目想要吸引受众,就要针对时下环境采取相应的策略,既要使节目符合政策规定,又要使节目足够吸引眼球,“星素结合”的方式就成了当今综艺娱乐节目的一大趋势。即便已经有了很多成功的节目案例,但要通过这种方式做出一档现象级综艺,做到别具一格,同时又能传播主流价值观、具有正能量,仍然需要制作者的进一步研究和思考。

同时,在嘉宾选择方面,综艺娱乐节目也开始逐步尝试扩大范围,科学、健康、美食、运动等方面的专业人士都曾被请到节目中来,充实和丰富节目内容,让受众观看过后有所收获。由此,综艺娱乐节目应对明星资源的利用有所把握,对嘉宾的邀请拓宽领域,积极地思考如何带动正能量的“全民狂欢”。

2.观众

在如今的综艺娱乐节目中,观众的参与度越来越高,方式包括现场参与,微博、微信公众平台互动等。观众不再像从前一样,仅仅作为被动的接收者存在,而是成为节目内容的传播者与监督者、节目效果的反馈者,甚至是节目过程的直接参与者。

互联网时代,信息传播速度的加快让世界变得更加透明、更加丰富。在纷繁复杂的综艺娱乐节目市场,“偷工减料”的综艺终究瞒不过受众的火眼金睛,生硬低俗的综艺生存时间也不会过长,只有真正有质量的综艺才会获得坚实的群众基础和好的口碑。因此,综艺娱乐节目需要了解受众的需求,尝试走进他们的内心,实现双向的有效沟通交流,努力做到“全民狂欢”。

3.选手

从前,一提到选手,我们想到的通常是各种竞技类比赛,但是现在,提到选手,可能有人想到《歌手》这档节目:成名歌手相互对决,大众成为明星的评审,角色实现互换;有人想到《天籁之战》和《梦想的声音》这一类节目:明星不再"高人一等",和素人同台竞技,共同拥有选择和被选择的权利,真正实现了"全民狂欢"。同样值得一提的,还有《中国诗词大会》这一系列节目,它们不仅仅赢在宣扬传统文化的节目构思上,也赢在选手的绝对平民化上。这些节目告诉大家,中国传统文化的学习、传承、弘扬与传播,不只是某一个人、某一个集体的事情,也是不分年龄、不分身份甚至不分国籍的每一个热爱中国文化的人的事情。大家同台竞技,不过分注重比赛结果,更注重文化温习的过程,从而在场内场外共同开启一场"诗词热"。

(二)节目类型讲求交叉性、多样化

《奔跑吧兄弟》《爸爸去哪儿》等综艺娱乐节目刚播出时,确实让我们有新鲜感,这是中国综艺从未有过的尝试。接下来的时间里,真人秀节目呈井喷式发展,但是,这些节目的收视成绩却不如从前,"跟风式"综艺注定无法做到"快人一步"。但可喜的是,在现在的节目当中,我们也可以发现越来越多样化的元素。

具有交叉性的节目形式也是创新性的一种体现,在突出了主要特性后,多种附加特性的杂糅增加了观众的兴趣,同时在一定程度上起到互补的作用。例如,《向往的生活》《中餐厅》《亲爱的客栈》等节目,都是集娱乐、生活体验、美食与谈话为一身的交叉融合性节目,观众在观看节目时常常会为黄磊的厨艺所折服:"看到黄磊做饭就会有想吃的冲动并乐在其中。"在观看明星满足"猎奇"心理的同时,也满足了对节目里生活状态的向往。这都是节目交叉性优势的体现。

不同节目类型的交叉,不同创意元素的组合,为综艺娱乐节目的自主创新拓展了空间。新时期的综艺娱乐节目逐步走向多元化,如音乐类、歌舞类、表演类、竞技类、游戏类任意搭配,融入年代感、梦想及情怀元素,产生不同的节目效果。可见,一部分中国综艺娱乐节目在策划上已经有了自己的思考,需要解决的问题虽然依旧存在,但至少现在我们已经走在路上。

(三)重形式更重内涵,注重雅俗共赏

众所周知,电视综艺娱乐节目所承担的社会功能不只是娱乐功能,还有重要的文化功能。作为人们喜爱的一项娱乐内容,具有正确的精神和文化引导也是综艺娱乐节目应具备的基本要素。当一档综艺娱乐节目过度宣扬娱乐,忽视了价值观的导向及文化的注入,便很容易陷入低俗化和庸俗化的误区。"综艺性"不等同于"娱乐性","综艺性”中包含娱乐,却不单单是娱乐。喜怒哀乐,悲欢离合,这些统统是“综艺性”的体现,综艺娱乐节目有了不同情绪的集合,才会变得富有感情。

而关于文化传承,很多真人秀类综艺娱乐节目在策划编排上采用的方式稍显生硬,一些嘉宾反应举动浮夸做作,为了显得具有文化气息而“生搬硬套”,不禁使观众感到尴尬。

但令人欣喜的是,在真人秀节目井喷式出现使观众一度审美疲劳时,文化类综艺娱乐节目开始崛起,并收获了广泛的赞誉。例如,《见字如面》《朗读者》《国家宝藏》《经典咏流传》等专注于传统文化发扬与传承,《极限挑战》《了不起的挑战》等注重对基层行业的体现和展现。这些节目都以中国传统文化为主体,通过观众喜闻乐见的表达方式,无形中传达一种正面的信息和社会主流价值观。优秀的文化类综艺对观众的教化是潜移默化的,它植根于传统文化,从群众中来,到群众中去,让平凡大众走上舞台展现自我、讲述自我,共同体会文化与生活的魅力,最后给人以教育或思考。文化类综艺想要长期抓住观众的视线绝不容易:《国家宝藏》围绕一件件国宝制作的短剧引人入胜,使观众对于历史以及文物产生更加深刻的理解;《经典咏流传》和诗以歌,让经典能够焕发出新时代的生命力,使传统文化得以发扬。这些综艺娱乐节目成功的原因就是以创新的节目形式吸引受众,同时具有能撑起这种节目形式的强大文化内核,明星甘当文化的“绿叶”。现象级文化类综艺娱乐节目都是以文化与价值导向为核心,将明星作为文化传播的辅助手段,在既保证文化性又保证娱乐性的基础上生成的。因此,“娱乐与文化结合并进”也成了当下文化类综艺娱乐节目的新型发展形式。

(四)“去主持人化”与“泛主持人化”

“去主持人化”与“泛主持人化”两种现象的利弊我们不能够一概而论。

不论是《奔跑吧兄弟》《高能少年团》,还是《极限挑战》《全员加速中》等,都没有设立主 MC,而是由固定的明星成员共同承担主持人的功能;之前的《中国达人秀》《中国好声音》等则设立了侧幕主持。在这些节目中,传统主持人的作用被削弱,控场不再由主持人来完成,取而代之的是嘉宾主持,主持方式也变得多元化。“去主持人化”的节目模式给观众带去新鲜感的同时,也使得节目看上去更加自由。但是,这种节目模式存在一定的弊端。观众在看完一期《奔跑吧兄弟》以后会发现,节目中多个人同时承担着主持的任务,却找不到一个人能真正带动节目,即使是站在中心位置的邓超。节目中起到主持作用的更像是节目组现场导演,发布规则的人作为“隐形主持人”而存在。所以,即使“去主持人化”,也并不意味着完全不需要主持人在节目中起作用,他们既应该是游戏的参与者,也应该是游戏过程的引导者,多个主持人之间要足够默契。当然,这给嘉宾主持增加了考验,也为今后综艺娱乐节目主持人的发展加大了难度,提醒着我们要深度思考综艺娱乐节目主持人所应具备的专业素养。

“泛主持人化”现象也同样有积极的一面和消极的一面:它有利于推动主持人进步发展,让稍显“生疏”却平易近人的主持方式和一些不拘一格的主持风格深得人心。但是这样一来,难免有节目组为了“吸睛”而谁“红”用谁,甚至会让节目和观众去适应所谓的明星主持,造成综艺节目主持市场的混乱。

因此,综艺娱乐节目主持人要想得到长足发展,还需要不断提高自身素养与能力,积累经验,厚积薄发。无论是“去主持人化”还是“泛主持人化”,都是对当代节目主持人的一种考验与督促。身处这个不断变化的综艺大环境中,主持人应思考如何使自己得到综合提升,找到最适合自己的风格及定位,做到个性化发展。

(五)“超级网综时代”来临,垂直领域细分化(网台融合趋势延续)

移动互联网的快速发展,使网络综艺娱乐节目有了需求和市场,从而获得了迅猛发展。《2021年中国网络视听发展研究报告》显示,截至2020年12月,我国网络视听用户规模达9.44亿,网络视听产业规模破6000亿元。随着网络视频用户的不断增多,网综市场逐步扩大。据国家广播电视总局监管中心发布的《2020网络原创节目发展分析报告》,2020年,网络综艺上线量稳中有升,共计229部。《中国有嘻哈》《奇葩说》《乐队的夏天》节目都是具有代表性的网综,优秀网综节目的制作水准甚至可与电视综艺匹敌,发展态势如此之好的网综自然会获得更多观众与广告主的青睐。近几年,网综依旧会投入大制作,获得大发展,但是想要在竞争激烈的综艺市场斩获一席之地,还是需要打破同质化,树立新旗帜。

受移动互联网的影响,人们的视听方式发生改变,“小屏时代”,电视综艺正在受到越来越大的冲击。同时,网综比电视综艺少了很多的局限,形式、语言、选题立意更加“大胆”且个性化,很容易吸引年轻人的目光。由于电视依旧具有一定的传播价值,很多综艺节目同时作用于互联网端与电视端,网台界限变得模糊,网台融合进一步发展。

同时,综艺娱乐节目越来越重视垂直领域的发展,正逐步将受众的需求进行细分,由此来满足不同受众的观看需求。很多网综专门针对85后、90后甚至是95后进行节目策划,如以《奇葩说》《晓说》《吐槽大会》为代表的脱口秀类节目,或是《明日之子》《创造101》类的选秀节目等,而《中国有嘻哈》《这!就是街舞》则针对Hip Hop这样的小众文化群体。无论是网综还是电视综艺,都会根据受众年龄、性别、职业、兴趣点等作出越来越精准的定位。

中国综艺娱乐节目正处于发展阶段,适度引进国外成功综艺模式和专业性技术,加之中国化改造,是一种有效方式。但是,中国综艺娱乐节目的成熟和完善归根结底还是要靠我们自身的创新发展。因此,未来我们要更加科学有效地分析了解全球综艺娱乐节目的最新趋势,更好地进行中国综艺娱乐节目的策划、编导、主持和制作,从而将综艺娱乐节目做得更具民族风格和中国色彩。

第二节 “泛主持”现象及对专业主持的挑战

伴随着广播电视管理制度的推进和改革,我国电视媒体行业不断进行新的转变与发展,也逐渐形成异彩纷呈的电视节目形态。随着电视综艺娱乐节目的不断变化,“泛主持”这一特殊形态诞生。与传统的单纯使用专业主持人相比,“泛主持”在综艺娱乐节目中的出色表现受到了人们的广泛关注。

一、“泛主持”概念界定及类型

当前,“泛主持”现象多出现于综艺娱乐节目中,而相较其他类型的综艺娱乐节目,真人秀节目以及演艺选秀节目中的“泛主持”有着较为突出的特点。对于真人秀节目以及演艺选秀节目中的“泛主持”的研究要建立在综艺娱乐节目“泛主持”的研究基础上。所以,接下来我们将对现今我国综艺娱乐节目中的“泛主持”现象进行逐步探析。

(一)相关概念界定

广播电视随着经济社会的发展而突飞猛进,综艺娱乐节目的形式也如雨后春笋般不断涌现。而在这些新兴的节目中,运用“泛主持”的综艺娱乐节目尤为新颖。故此,对于“泛主持”这一概念的研究相较于其他概念浩如烟海的研究而言,显得有些单薄。这也是我们研究“泛主持”的原因之一。确定概念是研究的基础,由于概念界限模糊,我们将对“泛主持”的相关概念进行界定,为之后的研究打下基础。

1.“主持”与“主持人”

在汉语言文学中,“主持”最基本的释义是负责掌握和处理。例如主持会议、主持日常工作等。

而“主持人”不是一直就存在的,它随着电视媒体的产生而出现。随着电视媒体的普及,电视节目逐步走进人们的生活,并且呈多样化的发展趋势。主持人也以多样化的形态发展着,在不同的节目中承担着不一样的职责。所以,对于“主持人”的概念,不同的人有着不同的看法。在《新闻工作者手册》中,于厚礼先生这样诠释“主持人”:“在广播或电视中出场为听众或观众主持各种节目的人,叫节目主持人。主持人不是表演者,也有别于新闻通讯和文章的播报者。主持人是以他自己的身份、自己的个性直接面对听众或观众的人,主持人在节目中处于主导地位,他的职责是组织、串联一次节目的各个部分,但也直接向观众或听众传播信息。”①而在《节目主持人通论》中,俞虹就“主持人”给出了这样的定义:“节目主持人是在广播电视中,以个体行为出现,代表着群体概念,用有声语言、形态来操作和把握节目的进程,直接、平等地进行大众传播活动的人。”②在《电视节目主持人》中,刘洁也给出了不同的概念:“电视节目主持人,是在电视的某一栏目或节目中,以个人身份出面,代表着某个电视媒介机构或某一电视节目制作群体,运用有声语言及伴随语言来组织、串联节目的内容,并掌控着节目进程与节奏,同时直接、平等地向受众传播信息的人物。”③

2.“跨界主持”与“泛主持”

“跨界主持”作为明星跨界的一种主持形式,给人带来了耳目一新的感觉,在兴起之初颇受受众喜爱。在主持人行业,跨界主要有“小跨界”和“大跨界”之分④。“小跨界”指的是在主持人行业内,主持人在不同类型节目中的“串场”。如新闻类主播跨到综艺娱乐节目做主持人,或者生活服务类节目主持人跨到少儿节目做主持工作。中央电视台主持人撒贝宁作为政法类节目的著名主持人,就曾跨界到综艺娱乐节目《我们有一套》。在节目里,他展现了较好的主持台风,并以机智幽默和多才多艺的表现给观众留下了深刻的印象。曾经主持新闻评论类节目《24 小时》的邱启明,也在湖南卫

---

① 于厚礼.新闻工作者手册[M].北京:新华出版社,1987:9.

② 俞虹.节目主持人通论[M].北京:中国广播电视出版社,2004:13.

③ 刘洁.电视节目主持人[M].武汉:武汉大学出版社,2004:5.

④ 王秀军.以《我是歌手》为例浅谈跨界主持人[J].新闻传播,2015(04):78-79.

视跨界主持了《我们约会吧》。“大跨界”主要发生在主持人行业与其他行业之间，表现为非主持行业的人群在电视节目中充当主持人角色或发挥主持人功能。在如今大众文化蓬勃发展的电视环境下，“大跨界”主持屡见不鲜。其中，有从电视内部行业如编导、记者跨向主持人队伍的，也有已有一定知名度的演员歌手转向做电视节目主持人的，还有不少如经济、法律、军事等领域的专家主持一些专业性较强的节目的。

随着综艺娱乐节目的不断发展，受众的审美水平也在逐渐提高，“泛主持”应运而生。“泛主持”与“跨界主持”看似大同小异，却有着本质区别。“泛主持”中的“泛”有“泛化”之意，“泛化”与“细分”相对，即有“广”与“多”的要求。苏州大学王志亚对“泛主持”也进行过相应的研究，其将“泛主持”总结为：因特殊节目形式的需求，在节目的进行过程中，除了节目主持人之外，节目的其他参与者，也可以承担一部分“主持人”的功能：如串联、过渡，控制节目进程，表达节目观点，调动现场气氛等，从而使整个节目效果得到最佳化。“泛主持”强调的是多角色共同参与，除了舞台上的主持人以外，还必须有至少其他两种角色。整个节目就如同一张网，大家可以在这个网中发挥自己的功能，但是又受着一定的控制，要遵循一定的规则，不能随意逾越这张网。①

在进行一系列观察和研究之后，现将很容易与“泛主持”混淆的“跨界主持”定义为：非主持专业人员从自己的领域到主持领域转型的一种职业的跨界。两个领域相互交叉，彼此相容，跨界人员并不专注于某一行业，但有所偏重。

（二）“泛主持”的类型

近几年，我国电视综艺娱乐节目的发展达到了一个异常繁盛的顶峰时期。真人秀节目形式多样、层出不穷，演艺选秀节目也在变换形式当中不断发展。在这两种综艺娱乐节目中，“泛主持”的运用尤为突出，并且以不同的形式呈现在观众面前。

1.担纲主持

在我国的综艺娱乐节目中，出现了许多明星演艺竞技类节目，例如《乘风破浪的姐姐》《披荆斩棘的哥哥》等。在这些节目中，演艺明星担纲主持得到了集中体现。在《乘风破浪的姐姐》中，黄晓明担任成团见证人，以创新的形式带给观众耳目一新的感觉；在《披荆斩棘的哥哥》中，刘涛担任滚烫家族见证人。在这些演艺竞技类节目中，“见证人”往往都是在相关领域内较有影响力的人。

① 王志亚.中国大陆真人秀节目“泛主持”现象研究——以演艺选秀类节目为主[D].苏州：苏州大学，2014.

2.嘉宾主持

嘉宾主持即综艺娱乐节目的非常驻主持人,如《我是歌手》中的古巨基、金鹰节颁奖晚会中的张天爱等。在拥有固定主持人的基础上,节目组邀请演艺明星等与专业主持人一同完成主持任务。

3.真人秀明星主持

以《奔跑吧》为代表的真人秀节目,衍生出了一个新的名词——“常驻 MC”。经过调查研究,现将这个词汇解释为:担任主持功能的常驻嘉宾。这些“常驻 MC”往往有着不同的角色设定以及分工。例如,在《奔跑吧》中,李晨为力量担当、陈赫为智慧担当、邓超带动整个团队、鹿晗吸引人气等。这些嘉宾在参与节目内容的同时,发挥着自己的作用,推动着节目的进程。

4.导师、评委主持

在《中国好声音》《笑傲江湖》《我是演说家》等演艺选秀类综艺节目中,专业主持人的出镜时间很少,几乎只是起到口播广告的作用。在这类节目中,节目的流程往往由评委或导师自行把握。他们通过与选手的直接交流,引出选手的故事,同时引发观众的共鸣,达到节目预期效果。

二、“泛主持”现象产生的原因

“泛主持”是随着综艺娱乐节目的转型而出现的,其产生的原因也是多方面的。“泛主持”是综艺娱乐节目转型的产物,也是综艺娱乐节目创新的具体体现。其具体产生原因有以下几个方面。

(一)受众心理变化的需求

在中国社会转型的大背景下,人们工作强度越来越大、节奏越来越快,因此在生活中更需要娱乐来调剂。而综艺娱乐节目的出现帮助大众缓解了一部分社会压力。有些综艺娱乐节目虽然整体定位追求的是娱乐,但也包含了一些深刻的正能量内核,展现参与者“真实”的状态依然是它的重点。因此,观众对于主持人的关注度大大下降。受众尤其关注参与者的表现,不在意主持人的存在,反而会认为频繁而“套路化”的主持会使节目的情景遭到破坏,打破叙事和收视惯性,造成审美疲劳。

受众心理需求的转变直接导致了综艺娱乐节目主持形式的转型。抓住受众的心理转变是综艺娱乐节目转型的主要动力，只有深化节目内容，灵活运用自身优势，才能创作出优质的节目。所以，综艺娱乐节目要想让受众产生心理认同，就要让嘉宾的魅力充分展现，弱化主持人的作用。

（二）节目设置要求

真人秀在我国兴起之初，其情境就有了明显的规定，即在一个特定的环境中，节目的嘉宾为主角，无须主持人；演艺选秀节目虽然形式也在不断变化，但是一直以选手及导师评委为主要角色，从《中国达人秀》的侧幕主持发展到如今不再需要主持人，其内在原因包括节目形式创新以及培养周期短两个方面。

1.节目形式创新

在很多传统演艺选秀节目中，主持人可能会为了制造节目效果，调动现场观众情绪。然而有时观众当中会出现不一样的呼声，场面一度失控，影响节目评委的客观判断，影响节目的最终效果。在这些选秀节目中，选手展示完，都会由主持人按照台本以采访的方式来问选手问题，阻碍了选手与评委之间的交流，会让观众觉得呆板无趣。而在“泛主持”节目中，评委可以直接与选手对话，两者之间的沟通更加充分，评委可以直接控制现场氛围以推进节目进度。这种创新不仅给观众带来耳目一新的感觉，使节目内容更加自然流畅，而且使节目的录制与制作变得更加便捷，减少了时间成本。我国的真人秀及选秀节目大致经历了抄袭、版权引进、原创等几个阶段，但从本质上来说，它们给综艺娱乐节目市场注入了一大股新鲜血液。这两种节目都强调个人的表现，一旦参与者“真实”地出现在节目中，他们的情感、故事和才艺会立即成为叙事重点、节目要素以及捕捉观众心灵的“看点”。

另外，网络媒体的出现给传统电视媒体带来了很大的竞争压力，网络媒体更加便捷的传播方式导致电视媒体受到的关注度直线降低。主持人作为电视节目的“标志”，所受到的关注自然也随之降低，被弱化、边缘化。但是，一档节目的进度依然需要人来推进，这时“主持”的功能就落到了嘉宾身上，“泛主持”现象也应运而生。

总体来说，节目形式的创新不仅丰富了电视媒体的内容及功能，也改变了大众的审美。

2.培养周期短

现在的综艺娱乐节目正在朝“快餐式”的方向发展——快成形、快消费、快更替。不同的节目定位和类型对主持人的风格和能力有着不同的要求。在综艺娱乐节目

“快消费”的今天，主持人的培养及成形对节目的制作方来说必然是巨大的成本。而在主持人功能被弱化的节目中，嘉宾在出演自身角色的同时间接承担主持的功能，节目方不必耗时耗力刻意培养便可以达到预期效果。

(三)演艺明星自身优势

我国真人秀和演艺选秀节目的嘉宾多由具有较强影响力并且艺术素质较高的演艺明星来担任。这在充实了节目嘉宾阵容的同时，更加强了对受众的吸引力。

1.明星在各自领域内的影响力

明星参加综艺节目担任嘉宾已经是司空见惯的事情：《欢乐喜剧人》中的郭德纲、《我是歌手》中的古巨基、《王牌对王牌》中的沈腾……各节目的制作方根据自己目标受众的喜好请来了相应领域中颇具影响力的人物。从这些节目的收视率看来，明星嘉宾的影响力是不容忽视的。因为每一个具有强大影响力的明星背后，都有着一大群潜在受众，通俗地讲就是“粉丝”。这些“粉丝”足以让一档节目受到的关注明显上升。

同时，这些影响力较大的演艺明星往往表现力强、专业性强，有一定的思想或主见。在需要用语言推进节目或作出评论时，他们可以大胆并且富有张力地达到节目效果，做到吸引观众的注意并调动节目的气氛。明星云集、关注度较高的节目对主持人的要求也是相当严格的，比如台词记忆能力、情感表达能力、临场反应能力、舞台控制能力和心理素质等。在《我是歌手》第三季中，深情地唱完粤语歌曲《爱与诚》之后，古巨基瞬间从情歌王子变成幽默搞怪男，风趣另类的主持风格让现场观众爆笑连连。作为多领域发展的明星，古巨基在情感的把握方面收放自如，而且在语言的表现力上也得到了观众的认可，成为当季《我是歌手》的亮点。

2.声、台、形、表的相似性

随着广播电视事业的发展，节目主持人日渐受到大众瞩目，一些媒体甚至把主持人当作明星进行包装，这在一定程度上反映出主持人和明星的相似性。事实上，除了明星跨界做主持之外，主持人跨界演戏的例子也屡见不鲜。声乐、台词、形体和表演是表演的四项基本功课，这同时也恰恰是一个出色的主持人所应具备的基本素质。在“泛主持”节目中，演艺明星只需要在担任嘉宾时发挥一部分“主持”的功能，这对其来说并非难事。

三、"泛主持"现象的特征及优缺点

(一)"泛主持"现象的特征

"泛主持"随着真人秀和演艺选秀节目进入人们的视野,并慢慢地占据大部分的综艺娱乐节目市场。虽然节目形式内容各有风格,但本质上大同小异。这就形成了"泛主持"现象的普遍特征。

1.专业主持人出镜时间少

在通常的节目中,节目主持人大部分时间都站在台上,推动节目流程、与嘉宾充分交流,并且负责广告的口播,从总体上看出镜时间很长。[①] 而在"泛主持"节目中,节目主持人的出镜时间大大缩短,例如在《中国达人秀》中,主持人只站在侧幕;在《欢乐喜剧人》中,主持人也只是出镜口播广告并穿插在节目中。有研究显示,在采用"泛主持"的演艺选秀真人秀节目中(包括《中国达人秀》《中国好声音》《出彩中国人》),主持人出镜时长占节目总时长的比重平均为3%到5%(见表9-1)。足以见得,在"泛主持"节目中,节目主持人的出镜时间并不多。

表9-1 三档节目主持人出镜情况

节目名称	节目时长	主持人出镜时长	出镜所占比例
中国达人秀(第五季)	86分钟	300秒	5.8%
中国好声音(第二季)	92分钟	200秒	3.6%
出彩中国人(第一季)	90分钟	212秒	3.9%

2.曝光率高,受众广

"泛主持人"因具有高曝光率,所主持的综艺娱乐节目很多时候甚至比专业主持人主持的更具有人气。在众多的跨界主持人中,郭德纲无疑是成功的一个,郭德纲集相声演员、影视演员、主持人、作家、商人等多种角色于一身,具有很高的知名度,保持着高曝光率。因此,由他担纲主持的节目收视率都相当不错。同样,《我是歌手》将胡海泉、张宇、古巨基等明星作为主持人,也是希望通过这些明星的高曝光率来带动节目的受关注度。从《我是歌手》的播出情况来看,节目制作方的这种意愿已经达成了。

---

① 王志亚.中国大陆真人秀节目"泛主持"现象研究——以演艺选秀类节目为主[D].苏州:苏州大学,2014.

(二)“泛主持”的优点

虽然“泛主持”形式在实际的综艺娱乐节目主持过程中存在着许多的不足,但是其发展空间却不容小觑,这种新兴的主持形式对电视台、节目本身以及受众而言还是有很多可取之处的。

1.增强节目专业性

综艺娱乐节目主持人的话语发展经历了“纯文本”阶段、“半文本”阶段、“无文本”阶段以及“即兴”阶段。“泛主持人”的价值正是让主持人的特质和节目的定位擦出火花以达到契合同一的状态,提升节目整体的质量和可看性。很多时候,这是传统主持人难以达到的。“泛主持人”在其主持的节目中,拥有良好的专业性,在信息分享上能够满足受众的需求。在《我是歌手》中,羽泉、古巨基、张宇等人就会用“庄板”“突慢”“和弦”“基音”等非常专业的音乐名词来主持节目,增强了节目的专业性和可看性。

在《我是歌手》节目中,羽泉演唱歌曲《大地》之前,海泉的串讲词是:

这首歌来自 Beyond 乐队,创作于 1980 年。1980 年,对于很多很多离开大陆去往台湾的老兵而言,是期盼已久的年份,他们终于有机会回到大陆老家探亲访友。感念于这种世事的变化如沧海桑田一般,于是,作者写下了这首大气磅礴又充满了人文关怀的作品……

羽泉演唱完这首歌之后,海泉说道:

在唱这首歌的时候,我已经忘了如何控制音色、音高这些东西,脑海里想象着很多年轻的脸庞,被迫上了一条大船,拥挤地离开故乡,再回来时候,已经是白发苍苍,转眼就是四十年。

海泉对歌曲背景非常专业的讲解充分调动了听众的想象力,有助于听者加深对歌曲的理解、对音乐的感受,更容易让人产生共鸣。

再比如,彭佳慧演唱 *One Moment in Time* 之前,海泉说道:

提到 1988 年奥运会,很多朋友都会想到一首歌,是 *Hand in Hand*,《手拉手》。那届奥运会还有一首歌,叫作 *One Moment in Time*,这首歌的原唱是惠特尼·休斯顿,她高亢的嗓音充满激情。据很多人回忆,当时演唱的时候,大家感觉整个天花板都要掉下来了。下面这位歌手,以我对她的了解,大家的确应该小心头上的天花板……

音乐信息的铺陈、音乐故事的烘托会增强人们对音乐的感受、体验和联想,使听众更好地把握音乐的形态美、情态美、意态美,也增强了节目的专业性。

2.带动气氛

在传统的演艺选秀节目中,选手与评委的交流和沟通都需要主持人在现场进行安排与调控:评委什么时候开口,以什么顺序发言,如何使话题紧扣主题,等等。在这种情况下,评委就会很被动,主持人也阻断了评委与选手的互动,削弱了节目的效果。而在"泛主持"的节目中,主持人不需要去控制与安排评委的发言进度,更多是与受众进行互动,为观众代言,替观众发声,也体现出与观众的亲近性。同时,在"泛主持"节目中,节目的进程往往由评委根据自己的发言推动,自然直接地与观众和选手进行交流,拉近了与观众、选手之间的距离,能够带动起整个节目的氛围。① 在第一季《中国好声音》中,刘欢、那英、庾澄庆和杨坤四个人的组合,颠覆了以往"毒舌、煽情、专业"三大评委鼎足而立的模式。其实,在看似模糊的阵线里,四个人也有着明确的分工。《中国好声音》的核心魅力是明星身份的颠覆。节目组宣传总监陆伟说:"在传统的音乐类节目里,明星是一个'评论者';在这档节目里,当评委转过椅子面对选手的时候,恰恰就把明星由一个评论者的身份转变成老师的身份,他们瞬间从居高临下变成了求贤若渴。明星的身份对于普通观众来说是遥远的,但老师是很亲切的,尤其是老师们为了争夺一个优秀的人才而互相争吵的过程更是让人亲切。你想啊,当你发现那英和刘欢都抢着要你,而你还拥有选择权,这种模式多么有魅力!"正如陆伟所说,评委之间这些看似自然实则有序的沟通,在拉近与选手距离的同时,能将现场的观众带入节目当中,吸引观众的目光,从而营造现场的氛围。

3.创新节目的收视视角

当前,我国电视节目的同质化现象严重,创新成为电视台急需破解的瓶颈问题之一,而"泛主持人"创新了节目的收视视角。目前来看,"泛主持人"的视角主要体现为名人视角。电视机构采用嫁接方式推介新节目,依靠名人的公众影响力吸引受众的收视注意力,能够在较短时间更直接地实现受众和社会对节目的高度关注。"泛主持

① 王志亚.中国大陆真人秀节目"泛主持"现象研究——以演艺选秀类节目为主[D].苏州:苏州大学,2014.

人”以名人角度实现对电视节目内容的重新解读。如歌手朱哲琴在旅游卫视节目中进行“民族音乐寻访之旅”，以歌者的角度诠释了原生态音乐旅程的特殊魅力和意义，实现了重构电视节目内容的目的。

（三）“泛主持”的不足

虽然“泛主持”的节目具有很多优点，并且带来了许多积极作用，但其毕竟是一种创新形式，也存在很多不足。

1.主持专业基本功欠缺

专业的节目主持人作为电视节目的一种“标志”，已经在受众的心目中树立了一种普遍的形象——端正大方、控场能力强、语音标准、收放自如。[①] 这些专业主持人所具备的基本特征在“泛主持”中没有得到充分体现。

在传统的主持形式中，主持人标准的发音和专业的语言艺术对于观众来说也是审美上的一种享受。然而在“泛主持”的节目中，有些演艺明星，发音标准谈不上，语言艺术更是不够专业，这会对电视机前的受众产生不良的语言导向。在传统的节目中，虽然主持人往往都是按照台本推进流程的，但其也能够收放自如，恰当地把握节目的节奏。而“泛主持”导致很多没有经验的演艺明星主持无法恰当地把握节目节奏，在遇到突发情况时难以迅速反应救场。

2.表演性过强

这一缺点在“泛主持”的演艺选秀节目中尤为突出。由于节目议程是固定的，评委的自由发挥也会受到一定限制。很多“泛主持”的演艺选秀节目经常会涉及励志与梦想的元素，所以评委在与选手交流的时候就会问“你的梦想是什么？”“说一说你的故事”等问题。通过这些问题来引出选手的故事，把这些故事与选手的才艺关联起来并不是一件简单的事情，所以评委们提出的很多问题就显得刻意和牵强。而且在选手展示完自己的才艺时，不管好坏，评委们大多会频频给予称赞与肯定，而这些肯定的语言不乏虚假表演的成分。

3.资源流失

今天的中国电视业正逐渐步入品牌时代，打造名牌主持、创立品牌节目成为获得市场高回报率、高品质媒体形象的有效途径。“泛主持”化对于延长电视节目的生存

---

① 曾文翰.浅谈综艺节目主持人应该具备的基本素质［J］.视听，2013（08）：61.

周期、提高节目的知名度、带动电视的产业化经营发挥了至关重要的作用。“泛主持人”自身的知名度和影响力可以转变为一种无形资产，吸引观众观看，从而形成一个数量可观且稳定的收视群体，增加电视节目的影响力，最终实现节目品牌化的目的。但是，“泛主持人”与电视台之间是一种短期的“合约关系”，并不具备“排他性”。电视台辛苦多年培养出一个“泛主持人”，他却可以寻找另外的电视台合作，这是一种严重的资源流失。

第三节　跨界与专业相融合的必然趋势

“泛主持”的兴起给综艺娱乐节目中的传统主持形式带来了一定的启示，同时也在一定程度上降低了成为节目主持人的门槛，不仅给专业的节目主持人形成了挑战和压力，更暗示着未来综艺娱乐节目跨界主持与专业主持相融合的必然趋势。

一、对专业主持的启示

“泛主持”的兴起使原本属于综艺娱乐节目核心的节目主持人的职能悄然发生转变。节目主持人不再是节目的主要表达者和控制者，主持人在节目中的角色逐渐被弱化。这对播音主持艺术从业者以及管理者来说都值得警惕、研究和反思。

(一)加强专业素养与综合素质

面对主持人角色被弱化的现实，作为主体的主持人理应积极提高专业素养、主动参与节目发展，谋求职业价值的发挥。主持人应当积极主动地锻炼自己的基本功，提高自己的专业素质，做到普通话标准、吐字清晰、有声语言简练、副语言恰当，力求节目信息有效传达并且建立属于自己的主持风格。同时，在综艺娱乐节目中，主持人也必须具备较强的政治素养、文化素养和道德涵养。浙江卫视主持人华少就因为自己扎实的基本功，在出镜时间极少的“泛主持”节目中凭借口播广告吸引了大众的眼球。

(二)树立自身品牌

“泛主持”之所以会受到观众的欢迎和追逐，除了创新形式带来的耳目一新的感觉之外，在很大程度上得益于明星身上的品牌效应。在《王牌对王牌》中，无论是王祖蓝、王源还是宋茜，都拥有巨大的影响力，这种影响力会转变为观众对其所主持的节目的关注,这无形中就会极大提升节目的影响力。因此,专业主持人也要注重自身品牌形象的建立,让自己成为节目的品牌与形象,这样才能用自身来带动节目的收视,形成良性循环。

(三)加强创新意识

创新意识是一种与时俱进、勇于探索、开拓进取的思想状态和精神风貌,体现在实际工作的方方面面。超越前人是创新,推陈出新是创新,创造性地解决难题狠抓落实也是创新。主持人要强化创新意识,增强事业心、责任感,善于打破条条框框,在舞台上要发挥自己的“才能”,要“放得开”。当今是飞速发展的时代,具备创新意识,才能紧跟发展潮流。

(四)“甘当绿叶”

专业主持人在节目中还应转变以主持为中心的传统意识,树立让位嘉宾、服务节目的全局意识。传统主持人应该处理好三重关系,即传统主持人与幕前主持人、观众和选手的关系。从幕前主持到侧幕主持,从“主导”节目到服务选手,传统主持人应该适时地调整自己的定位、角色和心态。[①] 明确弱化自己的角色,但不代表弱化自己的能力。应该在短短的出镜时间内做到精益求精,认认真真地做好服务工作,“甘当绿叶”,配合嘉宾更好地完成节目。

二、对媒体的启示

真人秀与演艺选秀这两种当下综艺娱乐节目中炙手可热的节目形式,证明“泛主持”的合理运用会给传统的综艺娱乐节目带来新的发展,使综艺娱乐节目的专业性更强、可看性更高、受众面更广。

(一)掌握主动权

媒体应该明确自己的整体风格,开设的栏目和选用的主持人都要为整体风格服务,保持媒体、栏目、主持人风格的一致性。

---

① 高枫.传统主持人在真人秀节目中的功能转向——以广西卫视《一声所爱 大地飞歌》为例[J].南方论坛,2016(03):21-23.

（二）加强“泛主持人”的管理

原国家新闻出版广电总局2015年6月下发通知，要求进一步加强广播电视主持人和嘉宾使用管理：从7月1日起，电视台节目不能出现嘉宾主持人。因为新规定提出嘉宾主持“应当在持有执业证书并完成执业注册的人员指导下从事辅助性主持工作，但新闻、评论和访谈类节目不得设置或变相设置辅助性主持岗位”。

媒体要对“泛主持人”实行动态管理，在考核测评、优化组合的基础上，从考核、奖惩和学习研讨等方面作出具体规定，使“泛主持人”从业规范化、制度化。

（三）扩大“泛主持人”范围

目前，中国电视台出现的“泛主持人”主要集中在各种综艺娱乐节目之中，经济、体育、文化和法律节目中比较少。电视台可以扩大视野，吸收具有目标领域专业知识的人士担任“泛主持人”。“泛主持人”的专业知识不仅可以弥补电视台主持人的不足，还可以填充节目内容。北京奥运会期间，中央电视台和北京电视台就曾选用大量奥运会冠军和退役运动员担任主持人。有专业知识的主持人在比赛空隙，可以信手拈来地讲解一些与比赛相关的知识吸引观众，传递给观众更多的信息。

（四）专业与非专业的融合发展

在目前的综艺娱乐节目中，无论是单纯的专业主持人还是“泛主持人”，其在发挥主持功能时都会暴露一些问题，比如专业主持人的呆板、“泛主持人”的业余等。在这一方面，《我是歌手》作出了全新的尝试，那就是将歌手嘉宾与专业主持人相融合，在普通节目中采用歌手嘉宾来主持，而在重要的决赛阶段则采用专业主持人。这种主持形式的设置，一方面可以保证每期节目都有吸引人眼球的“爆点”，又能保证在关键的决赛中呈现出观众更容易接受的节目形态。同时，采用这种主持方式，还能满足受众的不同需求，形成视觉感官上的冲击力。在“泛主持人”如此受欢迎的形势下，专业主持人该如何应对，如何将“泛主持人”的优势也融合成专业主持人自己的特色，使自身实现多元化发展，是每位专业主持人必须面对的问题。

总体来讲，“泛主持”的出现无疑为节目增加了诸多亮点和热点，也成为节目受到观众喜爱的重要因素。我们也应该看到，虽然演艺明星因其出众的综艺才华、超高的人气而受到越来越多人的肯定，但由于缺乏专业主持技能和内涵素养参差不齐等原因，“泛主持人”发展进步空间依然巨大。《我是歌手》节目中，歌手嘉宾与专业主持人穿插出现的模式无疑是值得关注的,这种模式体现了我国电视综艺娱乐节目向多元化和开放性发展的趋势,也在无形中对专业主持人提出了更高的要求。对这一主持艺术的研究是对综艺娱乐节目主持理论的丰富,能整体提高主持人的专业素质和综合素质,也能对综艺娱乐节目的发展和创新产生现实的指导意义。

思考题

1.简述综艺娱乐节目的最新趋势。

2.什么是“泛主持”现象?它对专业主持有哪些影响?

第十章　优秀综艺娱乐节目鉴赏

要点提示：

通过对《中国诗词大会》《中国达人秀》《奇葩说》《天籁之战》《儿行千里》这五个不同风格的个案进行探讨和鉴赏，深入挖掘综艺娱乐节目及其主持艺术的成功因素，为相关人员的工作和学习提供理论上的依凭、参考和借鉴。

第一节　视听盛宴，文化流香

——《中国诗词大会》的精神向度①

继 2014 年 10 月习近平总书记在文艺工作座谈会上发表讲话以来，中央电视台陆续制作了《汉字听写大会》《中国成语大会》等文化类原创电视节目，特别是 2016 年播出的《中国诗词大会》，在满足观众精神追求的同时，促进了传统文化的弘扬，在主流价值观的传播上起到了一定积极作用，称得上是当代中国原创综艺节目的典范。

一、大众狂欢的精神向度

正如节目主持人董卿的描述，《中国诗词大会》是全民的一场诗词狂欢。巴赫金

① 孙亚茹，张吉武.视听盛宴，文化流香——《中国诗词大会》的精神向度[J].当代电视，2017(1)：46-47.

认为,狂欢是以人民为主,自发的、以民间方式组织起来的整体,外在于并违背它所处于其中的整个现存的强制性社会经济制度,人们生活于其中,没有主体与客体之分,自由地展示自己存在。《中国诗词大会》所展现的内蕴丰富的全民性狂欢文化,由参与节目的四方人物合力支撑。

首先是诗词大会的主持人,即狂欢文化的引领者。主持人董卿具备极高的综合素质,处事不惊、把控全局。上海大学古典文献学研究生宋浩不幸落败,并说"学业不精,愧对师门",董卿马上回应"你还有更长远的治学求学道路,我们也再次把掌声送给宋浩"。凭借这样机智的反应,董卿以富有内涵的语言巧妙地化解了选手的心结,避免了场面的尴尬。正是在这样一个笑容可掬的狂欢文化引领者的带领下,整场比赛更聚民意、集民心,像一场诗词的联欢。因此,主持人董卿对节目主旨的深入诠释,对传播技巧的精准把握,是把诗词大会打造成一场诗词盛宴和全民狂欢的重要条件。

其次是节目中负责点评解析的嘉宾,即狂欢文化的承载者。在选手答题过程中,遇到诗词中的难点或者话题点时,节目组特意邀请的如河南大学教授王立群、南京师范大学教授郦波、北京师范大学教授康震、中央民族大学副教授蒙曼等深受观众喜爱的文化专家,会适时地对诗词创作的社会文化背景进行深入的解读,并且精彩生动地再现诗词背后的故事,为这场全民狂欢赋予了耐人寻味、意蕴丰富的文化色彩。

再次就是节目中的106位诗词达人,即狂欢文化的现场参与者。竞赛类节目中的选手一般都针锋相对,各自为营。而《中国诗词大会》的选手们却惺惺相惜、高风雅量,真正实现了"诗可以兴、可以观、可以群、可以怨"中"群"的社会功用:语文老师夏昆在场上直言通过节目结交了众多诗友;武大才子李四维也坦言有了知心的棋友;留英海归朱文浩落败时自嘲基础没打扎实,并为场上选手加油打气;决赛黑马殷怡航在先赢两题的优势下,为正在和自己对决的蝉联擂主李子琳真心鼓劲……

最后是场外参与节目互动的观众,即狂欢文化的场外参与者。场外观众参与答题赢大奖的环节让狂欢不仅仅局限于在指定场合"人与人之间自由自在、亲切随意的接触"①,与广场外观众适当互动使得狂欢更具吸引力,影响更广泛,更加全面地诠释狂欢的全民性。

这场"赏中华诗词、寻文化基因、品生活之美"的狂欢盛宴,通过对诗词知识的竞赛与赏析,充分展现了中华文化的诗词之美与诗词之趣。

---

① 巴赫金.陀思妥耶夫斯基诗论中的问题[M].曼彻斯特:曼彻斯特大学出版社,1984:122-123.

二、"诗意地栖居"的精神向度

德国哲学家海德格尔认为:"人的栖居本质上是诗意的,也许我们完全非诗意地栖居着。只有当我们保持着对诗意的关注,我们方可期待,非诗意栖居的一个转折是否和何时在我们这里出现。"①海德格尔的诗意除了文学审美意义上的诗意之外,还包括人自身主观能动的构筑和创造。精神需要是人类最本质、最根本的需要,人竭尽全力创造的物质生活条件只是满足精神需求的一种物质前提。

鲁迅先生说,"要改变精神,首推文艺"。传播媒介有义务也有责任帮助受众满足精神需求。《中国诗词大会》给受众以构建自身精神家园的契机,它将诗意阐释给大众,只要深具诗意的和审美的人生态度,一切苦痛、烦恼、不幸的遭遇和经历就可以升华为诗意和审美的回味和体悟,这正是"诗意地栖居"所倡导的核心价值和意义所在。诗意的传播和接收,反映了个人关注自身精神家园的构建,更关注自身精神和心理的健全发展。《中国诗词大会》成功地进行了诗意传播,搭建了受众与诗词之间的桥梁,让每一个诗词大会的观众都能感受自然的真、读懂人情的善、体味艺术的美。受众通过诗歌获得了心灵的解放与自由,培养出"以出世之心,精进勤勉地去行入世之事"的高妙人生态度和在任何挫折与磨难的境遇中都能保持积极乐观、充实宁静的心态。"人生自有诗意",让纯粹至美的艺术与至上的大善和大道相融合,《中国诗词大会》从真正意义上实现了人"诗意地栖居"的精神向度。

三、传统文化的精神向度

《中国诗词大会》整个节目的设计都极具中国传统气息。节目片头展现的是水墨式的中国风,雅致而有韵味。节目屏幕上适时变幻的背景唯美又不失大气,并配有美轮美奂的舞美灯光和贴切的音乐。舞台上的大屏幕以及百人团的一百张小屏幕上同时播放画轴展开的龙在云里翻腾的画面,使得整个舞台极具美感,充分满足了观众视觉以及听觉上的需求,使观众沉浸在意蕴深厚的传统文化意境中。相继而来的开场诗唯美大气,中外朗诵者对中华诗词名作的精确把握和充分表达,简直是一场令人回味的传统文化视听盛宴。

---

① 孙周兴:海德格尔选集[M].上海:生活·读书·新知三联书店,1996:479.

传统文化传播的主体，即节目的参与者涉及工、农、商、学、兵各行各业，最年长者和最年幼者相差近五十岁，选手出身涵盖中外，这充分体现出中国传统文化传播范围的广泛性。在《中国诗词大会》第一季第四期节目中，选手林於明用粤语朗诵了《早春呈水部张十八员外》，随后董卿又用上海话展示了该诗的另一种韵味，之后来自全国不同地域的选手都用自己家乡的方言重新诠释了这首韩愈的七言绝句。这是中国古诗词的一次新颖呈现，选手们共同彰显了节目现场"天南地北中国人，共诵一首中国诗"的大国气韵和大国情怀。第十期节目中，选手王天博谈到网络作家石继航给其讲述过的《指月录》的典故时说："你看这个月亮啊，就是我们伟大的诗词文化，我们的诗词大会就是那根指向月亮的手指，（诗词大会）让更多的人去关注它，去关注、欣赏诗词文化这轮明月。而我们这根手指本身取得什么样的成绩，其实并不重要，有这美丽的月光就已经足够了。"这席话描绘出所有参赛选手传播传统文化的精神追求。

新颖独到、雅俗共赏的问题设置构成了传统文化传播的主要内容。节目设置的诗词题目大多来自中小学课本，观众耳熟能详，所以节目在播出后获得了网友"既有大江东去，浪淘尽，千古风流人物之豪迈；又有雁字回时，月满西楼之飘逸"的美赞。十道题目形式在不断变换，激发受众参与的欲望；层层递进的难度更是让受众欲罢不能，不仅增加了节目的悬疑感和趣味性，还能够丰富受众的文化知识，从而不断激起文化共鸣，提升全民参与的积极性。文化型节目的初衷即向受众传播传统文化，而诗词大会正是以其独特的创新方式完成了传统文化的精神向度。

四、主流文化的精神向度

一档好的电视节目应该是健康娱乐的传播工具，是主流文化的导流器。《中国诗词大会》以弱化赛制的方式凸显以传播传统文化与主流文化为内涵的节目内容。不同于以往竞赛类节目针锋相对的紧张氛围，诗词的丰富内涵在舒缓和谐的节奏中缓缓展现。"充实之谓美，充实而有光辉之谓大"，诗词大会在寓教于乐中所呈现的人文气息正是构建人文新常态的体现。培育和践行社会主义核心价值观在弘扬主旋律、传播正能量的过程中具有不可替代的作用。培育和弘扬社会主义核心价值观的目的在于，使之内化为人们的精神追求，外化为人们的自觉行动。农民诗词爱好者黄明霞在谈到自己治疗癌症的经历时潸然泪下，其勇于挑战困难、坦然面对未来的心态也令在场所有人动容。这是选手在参赛过程中所体会到的至高至善的竞赛心境。人民警察王纪波在一轮答题得分为零的情况下，道出了“一地鸡毛收拾起，三更月色不提防”的心愿，希望路不拾遗、夜不闭户、天下太平，同时也表示“虽然没有得分，但百人团都答对了，说明诗词已经深入大家的骨髓，便没有遗憾了”。诸如此类令人感动的“小插曲”无不反映与引领着社会文化风尚。用文化触碰心灵，用经典激发精神，《中国诗词大会》在满足观众精神文化需求的同时，潜移默化地进行了有效的主流价值观引导。

在电视节目形式一味“引进来”的今天，《中国诗词大会》等原创文化类电视节目终于在中国原创电视节目的探索之路上摸出了一条途径：不仅要创新现有的节目形式，改枯燥为有趣，改古板为新颖，改单调为丰富，还应将节目的娱乐精神与文化品质相融合，创造出更多更好的文艺精品。《中国诗词大会》在传播当代中国主流价值观念、体现中华优秀文化精神方面下足了功夫，堪称一档将思想性、艺术性、观赏性有机统一，反映中国人审美追求的优秀节目。我们期待下一季的诗词大会能够开拓新思路，构想新创意，不断充实与创新，带给节目受众一场全新的文化盛宴，真正实现“龙文百斛鼎，笔力可独扛”。

第二节　《中国达人秀》的侧幕主持艺术①

购买了欧美当红选秀节目《英国达人》版权的《中国达人秀》于 2010 年 7 月 25 日在上海东方卫视首播，10 月 10 日总决赛，历时两个多月，收视率一路攀升。该节目不仅一举成为同时段上海地区收视冠军，在全国 26 城市中同时段收视率也达到第二名。成绩的取得验证了节目总导演金磊的一句话：“达人秀做到了让所有人狂欢。”其中，很多学者认为《中国达人秀》的不俗收视率与其独特的侧幕主持艺术是分不开的。

一、何为侧幕主持艺术

与以往主持人节目中的节目主持人在舞台上进行现场播讲串联不同，《中国达人秀》采用了一种独特的主持方式——侧幕主持，即主持人主要的工作场地不是舞台而是选手上下台必经的地方，也就是舞台侧面的帷幕里。《中国达人秀》导演组告诉主持人，立足本位，好好发挥，别抢戏，给出自己真实的反应，就是完成任务。不错，侧幕

---

① 孙亚茹.论《中国达人秀》的侧幕主持艺术[J].中国报业，2012(10)：27-28.

主持方式使得观众的注意力都集中在评委和选手身上，有着16年主持经验的《中国达人秀》主持人程雷虽名为“主持”，却好像没什么任务，更像一个旁观者。“有人很直白地问我，你是不是跑龙套的？其实就算是龙套，我也能接受，以我的才能这也不算屈才。阿Q一点，我可以说——别人都是主角，那么我就是唯一的龙套。”在节目的不断发展中，我们逐渐觉察到，与先前“龙套”的定义不同，身居侧幕的主持人，实际上更像观众和选手之间的串联人。在节目中，主持人从观众中来，为观众代言；到选手中去，鼓励支持选手。弱化自身，衬托选手，一切以受众为中心，真正实现了以人际化方式进行大众传播，优化了传播效果。

二、侧幕主持艺术的源起和发展

好的主持人是永远的配角，也是不可或缺的配角。《英国达人》的主持人安瑟尼和迪克兰拥有极高的知名度，如同节目的招牌，其作用不可替代。但在节目中他们一改常态，说话十分有限，只是适时地出现在节目现场，除了在每集的开场说出具有代表性的“This is Britain’s Got Talent”和简单地介绍即将出场的选手之外，再没有多余的语言，置身活动当中又不抢占评委和选手的风头，拿捏相当到位。在选手比赛时，主持人总是在不干扰选手的情况下，适时地进入现场，恰到好处地采访参与者。与每位选手交谈时，两位主持人尽量帮助他们放松，即使选手表现很差，也不会嘲笑他们，而是以朋友的身份给予鼓励。这让整个节目看起来极具人情味，大大地拉近了与受众的心理距离。

比国内外秀场主持人更进一步，诞生于上海的《中国达人秀》将“舶来模式”和“本土创意”有机结合，完成了选秀节目的华丽转身。观众心中亲和、机敏的主持人程雷颠覆了以往我国主持人节目中节目主持人在舞台上以有声语言表达为主、态势语言表达为辅起到串联解说作用的惯例，在达人秀初赛中彻底告别了舞台，失去了话语权：“英国专家告诉我，你不要想去说些什么话，你要用情感和那些选手互动。节目中，我是选手上场、下场的互补，上场前给他们鼓励，下场后，不管成功失败，他们总有强烈的情绪，特别激动或者特别悲哀，就可以在我这里释放一下。”

三、侧幕主持艺术的特点

(一)从观众中来

从开场始,《中国达人秀》主持人就真正实现了"从观众中来"。以《中国达人秀》初赛第五场节目为例:节目即将开始,已经座无虚席的演播厅大门徐徐拉开,主持人程雷身着一身休闲服从门外阔步迈进演播厅,从观众席的尾端一直走到观众席的前部,边走边配合鼓动性的手势,充满激情地说:"我们邀请你加入我们!一起来欣赏精彩绝伦的达人秀!好戏还在后头!"

在其他娱乐真人秀节目中,主持人往往以感情饱满的串联、临场的即兴发挥、情绪的调动和组织、与嘉宾受众的互动及机智的现场应变来拓展节目的表达空间,连缀起节目之间、节目内外的情感互动,完美顺畅地驾驭节目的进程,即在节目中起到主导作用。而《中国达人秀》的主持人则更多的是与受众互动,即为观众代言,替观众发声,体现出与观众的接近性。"我自己首先就是一名观众,我主要就是投入地去欣赏选手的表演,感受他们的情绪,用自己的情绪与选手进行互动,然后通过我们的互动激起观众的共鸣。"传播学中有一个"自己人效应",每一位观众都希望在电视上看到与自己有默契的主持人。也就是说,主持人不仅传递的语言、信息是观众需要的,同时他的气质、面貌和着装,他的举手投足能够让观众产生深刻的共鸣,"一种真正相似的感觉会产生喜欢,而喜欢会增加相似的感觉"①。传播学者卡尔·霍夫兰的传播实验证明,"假如传播对象喜欢传播者,就可能被说服。如果接收者认为信息的来源是一个与他自己相似的人——即具有同一性,就更是如此"。主持人具有平民心态,想观众之所想,急观众之所急,与观众一样在第一时间表现出喜怒哀乐,观众就会觉得主持人和自己一样是有血有肉的活生生的人,才会喜欢主持人并接纳他的节目。这样,主持人才是真正走进了观众的心里。

在现场,与其他以明星自居的主持人不同,程雷有着与受众超强的接近性,更像是邻家乐于助人的小二哥。演出进行中,他到舞台上帮张冯喜捡"枪",给蔡岫勍捡鞋,在后台帮着逮大鹅……在播出的节目中,尽管程雷的镜头并不多,但是他就是对节目最感兴趣的观众之一,他目不转睛地看着一旁的监视器,从始至终关注每个选手的表

① 施拉姆.传播学概论[M],北京:新华出版社,1984:227.

演,和观众一样表达自己或惊喜、或感叹、或激动、或遗憾的真实反应,俨然一个普通观众的代言人。

(二)到选手中去

《中国达人秀》的侧幕主持方式很特殊:主持人程雷不是在台上报幕起到串联作用,而是待在所有选手上下场都会经过的侧幕。上场时,程雷会和选手聊上几句,缓解他们的紧张情绪。下场时,他会给晋级的选手以拥抱祝贺,共同分享胜利的喜悦;对被淘汰者给予安慰、鼓励,分担失败的痛苦。程雷觉得自己的拥抱非常有意义:"大多数选手面对评委和观众,表演时很紧张,也非常投入。在表演结束时,他们特别想和别人交流,不管是失落也好,还是兴奋也好,这时主持人给他一个热情的拥抱,其实是给他一个表达的渠道。"①

不错,参与选秀的选手大多是普通人,缺少舞台经验,上台前或多或少有点手足无措。而主持人会努力让他们感觉"我并不孤单",上场前主持人尽量让选手放松,给他们支持和鼓励:葬礼小歌手赵欣瑜上场前,程雷蹲下对她说:"千万别紧张,待会表演唱歌是吗?""不紧张就不会唱得不好了。""叔叔抱抱你好不好?好!放松!加油!"当卖鸭脖的男子讲述夫妻同甘共苦的人生经历,表示自己什么都愿意做,只为了给妻子换取"喊一嗓子"的机会时,评委为之动容,给了他们这个机会。他的妻子在侧幕哭了,程雷劝道:"现在不能哭,走吧(上场吧)!"当"组合力量"以两个"YES"获得晋级机会时,程雷两手竖起大拇指迎接:"这么多人看您锻炼,兴奋啊?谢谢您啊!"自然,下场后选手也乐于和主持人分享自己的内心感受。主持人程雷真正做到了"从观众中来,到选手中去",一切以受众为中心,就连英国方也夸《中国达人秀》主持人把握得好。

《中国达人秀》创造了一个又一个的奇迹:全场一千多个观众齐声高喊"YES"或"NO";"断臂钢琴王子刘伟""鸭脖子夫妇""80后RBP帝寿君超""袖珍女孩朱洁"等都在网络上引起热议……观众热情高涨,"平民偶像"辈出,一路走高的收视率,在一定程度上说明《中国达人秀》中侧幕主持艺术的尝试取得了圆满成功。

"在选秀节目中主持人是一定要被弱化的,主持人的弱化正是为了让观众记住选手。这个阶段的主持人不是在秀自己,而是用自己作为平台,让大众感到兴奋与狂

① 许青红.《中国达人秀》效仿《美国达人》引入侧幕主持[N].京华时报,2010-07-26.

欢。”[1]弱化自身，“从观众中来，到选手中去”，一切以受众为中心，最大限度地架起主持人和观众、选手之间沟通桥梁的侧幕主持艺术看似“龙套”，实为不可或缺的“主角”，无疑为我们提供了一个成功的范本。

第三节 从《奇葩说》看网络自制综艺娱乐节目[2]

我国视频网站的发展在2009年才开始起步，2011年，视频网站逐渐向网络电视行业转型。而今，制作一档具有互联网属性且符合受众文化追求的网络综艺娱乐节目已经成为新时代的风尚。优酷、爱奇艺、搜狐视频等主流视频网站为了寻求新的发展，纷纷推出自制综艺娱乐节目，以形成视频网站品牌差异。

一、网络自制综艺娱乐节目的产生

网络自制综艺娱乐节目作为我国娱乐内容产业生态的一个新兴品类，其产生有以下几点原因。

（一）视频网站在经历版权价格战之后的主动选择

版权的引进使得众多国外著名娱乐节目能在国内进行本土化改造，但多数视频网站难以承受高额的版权购置费用。而视频网站自制网络综艺娱乐节目，则让其负担减轻，且能形成网站品牌风格、凸显网站特色，最后实现由平台向平台和内容生产商的转型。与电视综艺娱乐节目相比，网络自制综艺娱乐节目的生产环境良好，制作流程简单，试错成本较低，因此各大视频网站纷纷转移重心自己制作综艺娱乐节目，树立自我品牌形象以形成差异化竞争。

（二）相关政策的出台给视频网站创造契机

随着《广电总局将加强电视上星综合节目管理》《关于做好2014年电视上星综合频道节目编排和备案工作的通知》《开展网上境外影视剧信息申报登记工作的通知》

① 选自于丹在2010广电交流协会播音主持高峰论坛上的讲话《人际传播时代的主持人定位》。

② 孙亚茹，李婉竹.从《奇葩说》看网络自制综艺娱乐节目[J].齐齐哈尔大学学报，2016(11)：136-138.

相继出台，视频网站获得了较广阔的电影、电视剧的收视市场和自制综艺娱乐节目的创作空间，观众也开始将自己的注意力转移到视频网站的自制节目上，因此，网络自制综艺娱乐节目得到了更丰厚的发展资源。与此同时，众多电视制作团队也开始入驻视频网站，大大重组了传统媒体与新媒体的资源，加速了视频网站与电视台的“网台联动”趋势，给更多视频网站力推的自制综艺娱乐节目和网络影视作品带来契机，同时也吸引了众多广告投资商加盟，拥有了一定的资金保证。

（三）年轻受众观看方式的改变

各大网络媒体平台的兴起，使得部分年轻观众对电视等传统媒体的依赖性降低，对于网络上多元信息和海量资源的需求度提升。这在娱乐需求产业上尤为显著：观众在观看节目的同时还渴望意见的表达，网络自制综艺娱乐节目能使观众的愿望最大限度地得到实现。《奇葩说》不但在赛制设置上保证了正反双方的发言机会，同时在节目现场设置了红蓝键，给予观众足够的选择权和表达权。

二、网络自制综艺娱乐节目的现状

网络综艺娱乐节目经历了用户生成内容、重金购买版权、网络自制节目三个阶段。现今，网络自制节目已经成为视频网站发展的重中之重。在众多的网络媒体平台，爱奇艺推出的网络自制综艺娱乐节目《奇葩说》最具代表性，它在网络上掀起了一阵风潮。《奇葩说》的火爆也大大证明了网络自制综艺娱乐节目已经进入精品化、规模化的运作阶段。

（一）网络自制综艺娱乐节目之喜

互联网的传播速度之快、传播范围之广让众多的网络自制综艺娱乐节目做出了“适者生存”的自我改变。细数当下火爆的网络自制综艺娱乐节目，无一不是制作有质量、输出有平台、宣传有人看。且随着客户资源的不断累积和受众群体的无限扩大，网络自制综艺娱乐节目的发展将更加成熟。

1.互动性强

观众通过视频网站的衍生品——“弹幕”实现了与网络自制综艺娱乐节目的平等交流，这在一定程度上增加了观众的自我认同感。在《奇葩说》中，观众能通过弹幕对节目进行实时点评并与其他观众交流观感。网络自制综艺娱乐节目的传播模式通过互联网自身的技术优势得到丰富。观众可以在微博、微信、贴吧等多种大型社交平台转发感兴趣的节目并与好友进行探讨，此举大大增加了节目的点击率，形成了二次宣传。根据“六度分隔”理论，每个人身边都存在着人际关系网，通过分享的方法，用户变成了免费的推销员，实现节目大范围的病毒式传播，一些节目还通过营销账号的影响，大大增加了用户对节目的观看次数，形成话题，进而增加网络的互动讨论。

2.灵活性强

在广告营销方式上，网络自制综艺娱乐节目较电视综艺娱乐节目而言更为灵活。由于网络自制综艺娱乐节目内容方便调整，因此广告商可以根据节目风格定制精准的产品营销方案。如民营服装品牌美特斯邦威千万冠名第一季《奇葩说》，并续写了史无前例的“三连冠”之后，取得了从商业合作、内容制作到资源运营、整合营销等一系列互联网商业化运作的成功。在《奇葩说》中，主持人马东融合节目内容，塑造了奇葩、个性、年轻、高调的品牌形象，使得美特斯邦威从品牌文化共鸣到后期营销、传播蓄力并行，马东也因此成为主持界念广告的标杆人物。

3.风格活泼

点击率在一定程度上决定着视频网站的收益，网络自制综艺娱乐节目往往会采用夸张的字眼作为标题来吸引观众注意。如《奇葩说》第二季收官之战的标题为《大鹏宣布退出主持界 金星不惧比较》，这一期节目创造了2462万的点击率，并且在节目播出的当晚，登顶微博热搜榜。其实，这些内容只是节目过程中的小设计，但是却能激发观众观看的欲望。

网络综艺娱乐节目的受众主要为年轻群体，因此节目效果更趋年轻化。除此之外，由于播放平台的独特性，网络自制综艺娱乐节目主持人的尺度较传统电视娱乐节目主持人而言更大。在《奇葩说》中，马东可谓激发了他本身的“搞笑基因”和“段子手潜质”，他会说高晓松“没有侧脸”，也会拿自己割了的眼袋自嘲。他是一个非常善于利用网络语言制造笑点的人，因此他的视频节目受到众多90后的推崇。

（二）网络自制综艺娱乐节目之忧

2015年网络自制综艺娱乐节目已有将近200档，而2015年也因此被称为“纯网自制综艺元年”。但是，目前具有互联网代表性的综艺娱乐节目仍然只占少数，存在着大部分“扑街”的节目。原因有以下几方面。

1."三俗"化

"三俗"化,即低俗化、庸俗化、媚俗化。众多的互联网自制综艺娱乐节目在节目制作上缺少内涵沉淀,滋生着大量的恶俗娱乐内容。受众或许可以从中得到短暂的感官满足,但却得不到真正的审美享受。许多节目虽有特色的服装道具和大牌明星的加盟,但却因低俗化的倾向而使得节目品质大打折扣。较传统的电视节目而言,网络自制综艺娱乐节目虽然更容易创造眼球效应,但是由于节目属性被媒体放大,观众对节目的要求也变得更加苛刻。对媒体而言,娱乐化元素的过度渗透会导致社会功能的退化甚至异化,而媒体的功能(监测环境、协调社会、传承文化)也会减弱。网络媒体一味降低娱乐标准,忽视应该承担的社会功能,必然会带来公信力持续下降、经济长期低迷的恶果。

2.同质化

同质化,即差别不易分清,无差异现象。由于缺乏原创、过多购买版权,我国网络自制综艺娱乐节目同质化的现象已经十分明显。各大网络平台播出的娱乐节目大同小异,往往一个节目内容在多家视频网站里反复出现。长此以往,必然会导致网络自制综艺娱乐节目自主创新能力退化。且随着复制次数的不断增加,其追随者和点击率是递减的。"追随策略"的泛滥使用严重破坏了网络自制综艺娱乐节目的生态环境。除了《奇葩说》等几个现象级节目之外,网络自制综艺娱乐节目仍然缺乏代表作。国内节目研发机制不完善,具备自主版权的节目模式并不多。国外的成功模板虽然在前期打开市场相对容易,但也面临着版权纠纷或者节目制作受限制的风险。

三、网络自制综艺娱乐节目的发展方向

从搬运传统电视台的节目模式,到重金购买节目模式版权,再到自制网络综艺娱乐节目,在激烈的市场竞争中爱奇艺出品的《奇葩说》树立了自己的品牌,也给众多的网络自制综艺娱乐节目确立了发展方向。

(一)以用户为中心,让用户决定一切

在内容为王的时代,用户最期待的就是参与节目内容生产过程甚至改变节目结果。网络自制综艺娱乐节目恰恰做到了让用户全方位、多角度参与互动、决定节目内容与流程、决定节目的发展与走向,简而言之,就是让用户决定一切。《奇葩说》与用

户的互动方式在众多的网络自制综艺娱乐节目中可谓典型,它开启了弹幕互动的新时代,建立起了最大限度上的线上线下互动模式。从线上来看,《奇葩说》每次的节目话题都由网友投票选出,这一点大大增强了节目与观众的联系。从线下来看,节目组会组织《奇葩说》选手现场见面会、《奇葩说》衍生品发售会等。这种类似于"粉丝营销"或"病毒式感染"的传播手段与传统电视台相比,是颠覆性的变化。相较于此类营销方式,电视观众相对被动,只是节目内容的接收者,在节目内容制作上起不到决定性作用,也无法拥有核心地位。不难看出,网络自制综艺娱乐节目处处都离不开用户,到处都需要用户深度参与。

(二)真人秀不作秀,返璞归"真"

应相关部门要求,越来越多的真人秀节目开始以真感情、真流露和真反思、真探讨来对节目主旨进行宣扬,避免了之前节目中出现的低俗化和娱乐化。其中,《奇葩说》坚持"真实"的做法得到了大众的认可。

《奇葩说》使辩手们成为独特的"这一个",辩手从自己提出的独特观点中找到了自我,定位了自我,这才是《奇葩说》的价值,即从"奇葩"的观点回归本真的自我。《奇葩说》的赛制决定了节目的"真",正反选手投票、观众投票两轮投票方式使得最后的结果由跑票的数量决定。而跑票制的核心,就是观众评审。节目不存在作秀,而是用"票数"说话,最后得出的输赢结果不是最重要的,也不能代表节目立场。最为主要的是,在节目进行中受众能够感受到各方观点的交锋、各种思想的碰撞,从而产生多元化的思考。

(三)引爆社会话题,从现象级综艺上升为社会级综艺

《奇葩说》提出了许多看起来理所当然的问题,而经过各位辩手娱乐化的辩论,观众会去思考曾经深信不疑的事情,从而不被既有的观念催眠,摆脱根深蒂固的成见束缚,抛弃掉曾经产生的傲慢、偏见与歧视,去学习真正的关心、理解和尊重,包括尊重节目中呈现出来的每一种价值观。这也使得网络自制综艺娱乐节目更具有社会价值而不是只停留在综艺娱乐层面。受众学会了在快节奏的娱乐消费时代停下来思考,从而推动思想上的进步,实现了主题上的升华。这样就使《奇葩说》具有了更大的品牌价值,成为网络自制综艺娱乐节目中异军突起的新力量。

除此之外,面对当前网络自制综艺娱乐节目的"三俗"化、同质化现象,我们的网络媒体必须在节目中承担起文化传播的责任,务必使节目趋于正规化,避免低俗

化倾向，在节目配置上向正统的电视娱乐节目靠拢，不断地提升网络自制综艺娱乐节目在视觉、听觉等方面的技术，制作出更多质量上乘的节目。与此同时，网络自制综艺娱乐节目制作者需要拥有更高的文化自觉，而文化自觉的建立主要在于：对文化传播主旨的找寻与继承；对节目中所存在的恶俗现象的批判与纠正；对今后发展趋向的规律把握及持续指引。网络自制综艺娱乐节目制作者只有拥有了更高的文化自觉、承担起更多的文化传播责任，才能把握住正确的网络自制综艺娱乐节目的文化导向，走出一条成熟且稳定的网络娱乐之路。

第四节　音乐真人秀节目的奇观与狂欢①

——以《天籁之战》为例

邀请素人歌者向华语乐坛顶级唱将发起挑战的《天籁之战》是一档由东方卫视自主原创、倾力打造的全新大型棚内音乐挑战节目。素人歌者与歌唱明星站在平等的位置，用音乐来切磋、交流，这形成了电视音乐真人秀节目中的一个奇观，带来了全民狂欢的娱乐效果，产生了正能量的价值导向。

一、《天籁之战》的奇观形式与价值导向

（一）星素对阵

每一集《天籁之战》中，会有7位素人挑战者争夺最多4个挑战席位，而由明星担当的天籁唱将从中选择一位挑战者，并演唱由其指定的曲目，再由素人挑战者演唱；当素人挑战者演唱结束后，由现场400名大众评审投票。如若素人挑战者的支持票数多于明星，素人将直接替换明星获得黄金话筒并进行“加冕”仪式，成为被挑战者，还拥有了下周指定挑战的机会。在节目中，明星歌手既不是“评委”，也不是“导师”，而是站在与素人平等的位置，接受素人的挑战，随时面对着被淘汰的可能。被挑战的歌手曹格在后期采访中说：“不管她（挑战者）今天挑战是成功还是失败，其实我都会跟她说，我会记得她。因为不是每一天，我们当歌手的都有机会被素人在一个舞台上挑战，这个是不容易的事情。”而在半决赛中，同样的塔底等待，同样的争夺挑战席位，挑战

① 孙亚茹.音乐真人秀节目的奇观与狂欢——以《天籁之战》为例[J].当代电视，2018(03)：27-28.

者与天籁唱将的身份却实现了反转。由此可见,被“加冕”的既可以是权威、明星,也可以是挑战者、素人。这不仅娱乐了观众,也实现了素人的梦想。

(二)反转选歌

相较于其他音乐类节目,《天籁之战》的出发点更偏向于素人,而弱化明星的权利。在每一期节目中,节目组都只提供限量歌单,由挑战者为天籁唱将指定演唱歌曲,这为明星唱将的“反选”环节增加了双重悬念——挑战对象不确定,挑战曲目也未知。于是节目中相继爆出让莫文蔚演唱《大王叫我来巡山》、华晨宇选到《我的滑板鞋》这样的惊喜反差。对于明星来讲,摈弃论资排辈,站在平等的位置上,利用24小时将曲目改编创作成完全不同的曲风,可谓前所未有的挑战。如莫文蔚和杨子对《一生所爱》的不同诠释,华晨宇重新演绎《我的滑板鞋》《西游记》,张信哲翻唱《五环之歌》,杨坤对《舞娘》进行全新改编和再创造……这一个个看似并不协调的组合却赋予原曲以全新的生命。摄像机24小时跟拍所记录下的明星与素人的共同努力,证明了每个人的成功都是辛苦得来的。

国内音乐节目发展至今,从“毒舌评委”到“转身导师”,明星一直处于“指点江山”的地位。即便以选手身份进行音乐上的较量和切磋,最终的荣耀仍归属于明星。《天籁之战》则给了素人歌者们一次向明星发起挑战的机会,明星与素人之间的权利彻底反转,现场观众的直接票选决定明星和素人的去与留,全新的节目形式极富“吸睛”效应。

二、《天籁之战》的狂欢式表现

巴赫金把“狂欢式的世界感受”概括为:随便而亲昵的接触、插科打诨、狂欢式的俯就关系、粗鄙四个范畴。程正民先生认为,“狂欢化理论也甚至体现出一种平等对话的精神,一种更替和更新的精神,一种民众的快乐的哲学”①。在《天籁之战》中,这样的狂欢表现俯拾即是。

(一)接触——拉近理想与现实的距离

巴赫金认为,加冕和脱冕仪式是粗鄙化在狂欢节中的表现。《天籁之战》通过金字塔的“加冕”把狂欢仪式的象征性具象化。明星在节目中不只是被仪式性地“加冕”,更随时面临着被“脱冕”的困境;与明星的“脱冕”交替进行的,则是素人被“加

① 程正民.巴赫金的文化诗学[M].北京:北京师范大学出版社,2001:224.

冕”的奖励,这种仪式打破了明星的权威,表现了狂欢式的交替更新,体现出狂欢节最重要的价值:“颠覆等级制,主张平等的对话精神,坚持开放性,强调未完成性、变易性、双重性,崇尚交替与变更的精神,摧毁一切与变更一切的精神,死亡与新生的精神。”①在《天籁之战》的网易云音乐用户票选的歌单中,《我的滑板鞋》《大王叫我来巡山》《五环之歌》《张士超你到底把我家钥匙放在哪里了》《黑猫警长》等“网络神曲”赫然在列,完全无视明星以往的个人选曲风格,营造了节目戏谑的气氛,现实和理想的距离似乎拉近了。

(二)插科打诨——嘉宾互动、智慧主持

“插科打诨——这是狂欢式的世界感受中的又一个特殊范畴,它同亲昵接触这一范畴是有机地联系着的。”②《天籁之战》中,嘉宾的构成可以用“丰富”来形容:小哥费玉清、女神莫文蔚,新声代歌手华晨宇、不老唱将杨坤……不同性格、不同人设的嘉宾在台上互相打趣,创造了爆棚的娱乐感。例如,女孩田园遭遇四位天籁唱将哄抢,每位不同的花式套路着实令人忍俊不禁。

主持人程雷也在节目中发挥出色,利用幽默智慧的主持词及垫话,成功制造了整个节目的气氛,引领全场进入火热的狂欢。如莫文蔚用自己的编曲方式演唱了中国风歌曲《卷珠帘》后,程雷打趣地说:“莫文蔚老师的表演,让我都不敢把自己心里话说出来,如果硬要形容这种感觉,就像是贾斯汀·比伯娶了白晶晶……”既巧妙地评价了中西合璧的音乐曲风,又提到了由莫文蔚塑造的成功影视人物形象,可谓一语双关。

(三)俯就——星素相惜

《天籁之战》中,明星不止一次被素人成功挑战。面对这一结果,杨坤开玩笑地说自己可以被载入史册了,因为他成了“第一个被‘做’掉的歌手”。杨子以305票小胜莫文蔚的303票,成功挑战“不败女神”。莫文蔚将“金话筒”递给杨子,却依旧笑容满面:“我能从你的歌里听出你的爱。恭喜你,我等你很久了。”华晨宇甚至为自己的挑战者范媛媛被淘汰而感到惋惜,并建议节目组设置复活赛来让她重新回归。正如巴赫金所说:“在狂欢中,人与人之间形成了一种新型的相互关系,通过具体的感性的方式,以半现实半游戏的形式表现了出来。”③这种明星权威与素人歌手间的惺惺相惜,

① 巴赫金.拉伯雷研究[M].李兆林,夏忠宪,等,译.石家庄:河北教育出版社,1998:614.
② 钱中文.巴赫金全集:第五卷[M].白春仁,顾亚铃,译.石家庄:河北教育出版社,1998:162.
③ 钱中文.巴赫金全集:第五卷[M].白春仁,顾亚铃,译.石家庄:河北教育出版社,1998:161-162.

双方真诚的欣赏和帮助的俯就关系,真正实现了以人为本的终极狂欢。

《天籁之战》的成功,不仅是一档综艺娱乐节目的成功,也是综艺娱乐节目自主创新的一次成功尝试。这种创新,并不是传统意义上的更新,而是以“人”为核心,以大众为出发点的具有人性化的革新,旨在引起受众共鸣、激发受众激情、掀起狂欢浪潮,唯其如此,才能将“全民狂欢”的思想成功地寓于节目所展现的奇观景象之内,继而自然地达到全民娱乐的狂欢效果。《天籁之战》中既有提倡明星素人平等、鼓励草根实现梦想的正能量主题;又有胜者为王、败者脱冕的严格赛制。两相结合所展现的奇观使明星与素人都向受众展示了最好的自己与最好的音乐,达到了中国原创综艺娱乐节目创新与收视典范的全民狂欢之效。以《天籁之战》为代表的电视综艺娱乐节目,体现了创新创优的电视制作理念,彰显了电视娱乐文化以人为本的人文精神与价值取向,实现了奇观与狂欢的有效结合,对于树立电视栏目品牌和媒体公信力具有十分重要的意义。

第五节　《儿行千里》:情感教育两相融　弘扬中国好家风①

《儿行千里》是由湖南卫视推出的一档原创家风类文化节目,旨在传播中华民族优良传统,将父母与儿女相隔千里的牵挂串联起来,展现家国情怀,弘扬属于这个时代的中国好家风。节目每期邀请两组素人嘉宾,分享自己的家风故事,在两个嘉宾之间穿插主持人向现场观众提问环节,然后,由素人嘉宾读自己写的一封信,并投入信箱。最后,由复旦大学教授、著名文化学者钱文忠教授进行解读。《儿行千里》“没有明星、不撕不炒”“不靠煽情靠走心”,在各社交平台上都得到了广大受众的好评,豆瓣网友毫不吝啬地给这档节目打出了9.2分的高分。《儿行千里》将内涵丰富却缥缈无踪的家风精神,转化为真实鲜活的正能量故事,并用电视手法展现出来,得到广大观众特别是年轻观众的认可,产生了良好的传播效果。这一切取决于节目在传播内容、传播形式、传播者和传播渠道等方面的深入打磨。

一、传播内容:根植家风

家庭是社会的基本细胞,是人生的第一所学校。不论时代和生活格局怎样变化,

① 孙亚茹.《儿行千里》:情感教育两相融　弘扬中国好家风[J].电视研究,2018(07):42-43.

人们都要重视家庭建设,注重家教、家风。《儿行千里》在很大程度上“唤醒了人们的家风意识”。

(一)家风意识的传承

家既是我们每个人的归宿,也是社会的基本细胞。在一个家庭之中,对孩子影响最大的是父母,影响最长久的是家风。以“儿行千里,家风随行”为理念,《儿行千里》展现了在祖国每个不可或缺的平凡岗位上默默耕耘者的家风、家教故事:在第一期节目中,哈佛博士、麻省理工博士后何江的父母以陪伴的方式来教育两个孩子。在湖南宁乡的一个小山村里,何江一家四口围在小方桌前读书,看谁坐得最久。孩子上学期间,父母不打牌、不外出打工,选择陪在孩子身边。而在孩子们一个个都走出了山村之后,年迈的父亲才出去打工供孩子上学。孩子们亦心怀感恩,不管离家多远、平时有多忙,每天都会跟父母视频通话,连续十二年几乎从未间断。《儿行千里》十期讲述了二十个故事,如“利在一身勿谋也,利在天下必谋之”的钱永刚;一家三代人致力于治沙而甘愿倾家荡产,30 年将 63 万亩沙漠变成绿洲的张立强;奔赴战场经历了生离死别的战地记者陈序;一心想帮助薛县人民共同富裕,父亲鞠躬尽瘁,死而后已,子承父业的王婷;为母亲变着花样做饭,700 天基本不重样的李爱军等。在他们身上,受众可以感受到爱国、智慧、坚持、大爱、奉献、孝顺等家风教养,感受到他们无言而淳朴、无形却有力的家风传承,给受众奋发向上的精神力量,潜移默化地影响着受众的价值观、人生观。

(二)家国情怀的延伸

“家风”中的“家”,不仅仅指“家庭”,更指“国家”。将小家汇聚在一起,凝结成的就是“中国”这个大家。在第二期节目中,何炅的学生陈序在父亲的支持下,远赴中东做战地记者,签下了“对以色列国防军军事行动的承诺书及对媒体公司的警告免责书”这样的战地生死状。

在陈序及其同事看来,我们每天上下班,在楼下平平常常地吃一顿早餐,是再幸福不过的事情,因为这个世界上还有许多人连安安静静地吃一顿普通早餐的机会都没有。陈序说过一句发人深省的话:“我们真的没有生活在一个和平的世界,我们这个时代也并不和平,我们只是有幸生活在一个和平的国家。”节目中还有女儿出生四天就离开家的海底驯龙师和他的团队,维和的边防警察,从事援非铁路建设的父子等,他们把小家之爱拓展到民族之爱、地域之爱、人类之爱,在勇于承担大国的国际责任、塑造大国国际形象的同时，也表现出“只有国家日行万里，她的子女才能远行千里”的无处不在的中国骄傲。

二、传播形式：跨越时空

（一）跨越时间的仪式

《儿行千里》每一位嘉宾都会以子女的身份分享自己的家风故事，也会以父母的身份写封家书并读给未来的孩子。这种精神接力的仪式跨越时间及地域，继往开来。透过节目，我们不仅看得到家风对故事主人公这一代人的影响，更能看到优良的家风将要传承至下一代人的希望，这是节目最为鼓舞人心之处。

如重庆企业家钟丛荣写给儿女的信真实、自然，严父对子女深沉的爱和殷切的希望跃然纸上。“忠厚传家久，诗书济世长”，不同家庭背景嘉宾的不同成长足迹和励志故事以及其在现场给后代留下的家书，都值得观众细心品味和感悟。

（二）跨越空间的情感

《儿行千里》取自诗句“儿行千里母担忧”，名称简单直白，讲述的就是寻常百姓家普通却珍贵的故事。千里之行，始于足下，每位千里之外的人都有一个共同的出发点——家。儿行千里母担忧，道出家人最真实的牵挂，在情感上唤起了所有离家和曾经离家的人及其家人的共鸣。节目现场的每一位观众胸前都有一个数字，这是他们离家最远的距离，这些大小不等的数字在节目里被很直观、很立体地通过虚拟场景呈现出来。每个人离家的远近虽有不同，但对家的牵挂与关怀都有着可以跨越任何空间的神奇力量。

《儿行千里》的舞台空间设计得新颖别致，呈现出温暖的氛围。舞台背景是一辆缓缓行驶的列车，象征着离家远去；呈半圆形的舞台两侧环绕着的暖黄色小灯，犹如万家灯火，照亮回家的路；主持人何炅从舞台后面走过来的路蜿蜒曲折，地屏上铺满了各种字体的“家”，从暗到亮……这样的舞台设计和节目内容紧密融合，使节目主旨更加鲜明，也让观众能够在最短的时间融入节目所传递的情感之中。

三、传播者：特色主持

优秀的主持人是一档节目成功的关键因素之一，《儿行千里》主持人何炅表现出的亦庄亦谐,细致洞察、点滴关怀,成为节目的点睛之笔。

《儿行千里》的第一位嘉宾是刚从美国归来的湖南宁乡博士后何江,第一次录节目,何江不免紧张,何炅亲切地用家乡话说:“我也有点小紧张,跟有学问的人聊天。”嘉宾说到父母让他不要吝惜长途话费,多和家里联系时,何炅一脸羡慕地对比说:“我们家都说电话费、长途费那么贵,就不要打了。”轻松化解了嘉宾的紧张。在何家团聚之后,何炅不忘提醒节目组迅速结束录制,把宝贵的时间留给好不容易团聚的家人。节目的第二位嘉宾是治沙人张立强,他的治沙领路人——母亲牛玉琴听力不好,何炅贴心地准备了提问的小卡片,用文字和牛玉琴慢慢交流。牛玉琴虽然听力不好,但能听得清一个五十年来随身携带的铃铛发出的声音,并在节目中首次摘下。当何炅得知这是老人跟丈夫的“定情信物”时,急忙半蹲在地上为老妈妈系好铃铛,这一细节让场内外观众感受到节目传递的暖流。

除了在传播内容、传播形式和传播者上深入打磨外,《儿行千里》在传播渠道上也下了一番功夫。节目不仅通过官方微博分享家风故事,还登陆人民日报客户端、光明日报融媒体,或在喜马拉雅 FM、荔枝 FM 等征集节目素材,加之金鹰 955 电台实现同步转播,芒果 TV 再行直播或点播,实现了全媒体网状传播和台网联动,不仅有助于节目策划、选题、制作,而且方便了受众提供素材、观看节目、后续讨论,使受众不再是被动的接收者,而成为主动的创造者、参与者,必然会带动节目收视。

思考题

1.中央电视台综艺娱乐节目有哪些特点及创新?

2.文化类综艺娱乐节目的发展趋势如何?

3.如何在“寓教于乐”中发挥综艺娱乐节目的文化导向?

4.谈谈你喜爱的一档综艺娱乐节目以及节目中的主持人。

参考书目

曹可凡,王群.节目主持人语言艺术[M].上海:上海人民出版社,2005.

陈振,杨浩.主持人节目驾驭艺术[M].北京:中国广播电视出版社,2001.

陈虹.节目主持人概论[M].北京:高等教育出版社,2013.

郭庆光.传播学教程:第二版[M].北京:中国人民大学出版社,2011.

胡智锋,张国涛.内容为王——中国电视类型节目解读[M].北京:中国国际广播出版社,2006.

胡智锋.电视节目策划学:第二版[M].上海:复旦大学出版社,2013.

李思思.未名湖畔的玫瑰[M].北京:作家出版社,2007.

雷蔚真.电视策划学[M].北京:中国人民大学出版社,2008.

刘洋,林海.综艺娱乐节目主持概论[M].北京:中国传媒大学出版社,2007.

廖声武.节目主持人教程[M].北京:中国人民大学出版社,2015.

罗莉.当代电视播音主持教程:第二版[M].北京:中国传媒大学出版社,2016.

陆锡初.节目主持人导论[M].北京:中国传媒大学出版社,2013.

陆锡初.中国主持人节目学[M].北京:中国广播电视出版社,2014.

梅文慧,何春耕.综艺大本营——《快乐大本营》娱乐模式[M].北京:中国传媒大学出版社,2007.

苗棣.美国经典电视栏目[M].北京:中国广播电视出版社,2006.

任金洲.电视策划新论[M].北京:中国广播电视出版社,2002.

石长顺.电视栏目解析[M].武汉:武汉大学出版社,2008.

孙宝国.中国电视节目形态研究[M].北京:新华出版社,2007.

覃晓燕.电视栏目策划[M].北京:北京师范大学出版社,2014.

谭天,王甫.电视策划学[M].北京:中国国际广播出版社,2003.

王小丫.一路欢歌[M].武汉:长江文艺出版社,2004.

王群,曹可凡.广播电视主持艺术[M].上海:上海外语教育出版社,2006.

吴郁.主持人思维与语言能力训练路径[M].北京:中国广播电视出版社,2005.

吴郁,李金荣,尹力,等.电视节目主持人的综合素质研究[M].北京:中国广播电视出版社,2007.

吴郁.当代广播电视播音主持[M].上海:复旦大学出版社,2005.

吴郁.主持人的语言艺术[M].北京:北京广播学院出版社,1999.

徐莉,毕凤飞.主持人口语表达艺术[M].北京:中国广播电视出版社,2003.

尹鸿,冉儒学,陆虹.娱乐旋风——认识电视真人秀[M].北京:中国广播电视出版社,2006.

俞虹.节目主持人通论[M].修订版.北京:中国广播电视出版社,2004.

曾志华.中国电视节目主持人文化影响力研究[M].北京:北京大学出版社,2009.

赵忠祥.岁月随想[M].上海:上海人民出版社,1997.

张小琴,王彩平.电视节目新形态[M].北京:中国广播电视出版社,2007.

张颂.广播电视语言艺术——中国广播电视语言传播研究[M].北京:北京广播学院出版社,2001.

宗匠.电视娱乐节目:理念、设计与制作[M].北京:中国广播电视出版社,2003.

施拉姆,波特.传播学概论[M].北京:新华出版社,1984.

中国传媒大学播音主持艺术学院.电视节目播音主持[M].北京:中国传媒大学出版社,2015.

中国广播电视学会节目主持人委员会.主持人技艺训练教程[M].武汉:武汉大学出版社,2003.

后　记

2002年,我在齐齐哈尔大学中文系毕业并留校任教。2009年末,我选择转到播音与主持艺术专业。2010年初,我到华东师范大学播音与主持艺术专业做访问学者,师从现传播学院副院长陈虹老师。由此,我将节目主持艺术和综艺节目作为我的研究方向。

从2011年上半年到2021年,"综艺娱乐节目主持概论"课程已经开过十一轮。我和大三下学期的学生们在一起,先是学习一些综艺节目的理论知识,从源起、发展到现状、分类,从策划到编辑,主持到制作、鉴赏。在学习过程中,我们不断发现新的问题并加以探讨,如"综艺娱乐节目的文化导向""网络综艺娱乐节目的价值导向""综艺娱乐节目的分类""综艺娱乐节目主持人的素质和作用""综艺娱乐节目的最新趋势""泛主持与去主持""央视节目的创新之路"等。感谢我的每届学生,他们以年轻人融通中外的视角,杂学旁收,兼收并蓄,总能启发我产生新的想法和思路。

本书分工如下:第一、二、四、七、八章为于宝莹老师编著,共130千字;第三、五、六、九、十章为孙亚茹老师编著,共167千字。由孙亚茹老师负责统稿。书成之际,首先,我要感谢全媒体时代,传媒行业得到了长足的发展,传媒实践给广播电视理论研究提供了丰富的素材,广播电视理论在广播电视实践的基础上得以丰富和发展。其次,感谢我的学校齐齐哈尔大学,我从上大学到工作,一直都在这里,这里给了我很多光环和荣耀,是我的依靠和动力源泉;感谢我的各位老师,不仅传道授业解惑,还陪伴我成长、激励我奋进;感谢我的学生,尤其是2014和2015级学生,不仅激发我灵感,还帮我收集了许多宝贵的资料;感谢本书责任编辑赵欣、高卓毓老师,她们对书稿的专业建议和精心校对,使书稿避免很多谬误,更趋完善。最后,感谢我的家人,他们以一贯的包容和付出,让我能有足够的精力和体力,一路向前。

在广播电视领域,理论总是滞后于业界实践的。我们只是在现有综艺娱乐节目的基础上,进行了一些理论上的梳理与展望,还存在很多不够全面、系统之处。我国的综艺娱乐节目还很年轻,收视越高、责任越大,除娱乐作用以外,综艺娱乐节目更应承担社会责任和教育功能,对青少年进行正面引导。

未来,一切终将更好!

孙亚茹

2021年5月于鹤城

图书在版编目(CIP)数据

综艺娱乐节目主持概论 / 孙亚茹,于宝莹编著.—北京:中国传媒大学出版社,2018.8（2025.6重印）

普通高等教育“十四五”规划教材·播音与主持艺术专业核心教材

ISBN 978-7-5657-2388-9

Ⅰ.①综… Ⅱ.①孙… ②于… Ⅲ.①文娱活动—电视节目—节目主持人—高等学校—教材 Ⅳ.①G222.2

中国版本图书馆 CIP 数据核字(2018)第 202081 号

综艺娱乐节目主持概论

ZONGYI YULE JIEMU ZHUCHI GAILUN

编　　著　孙亚茹　于宝莹
策划编辑　赵　欣
责任编辑　高卓毓
封面设计　拓美设计
责任印制　李志鹏

出版发行　中国传媒大学出版社
社　　址　北京市朝阳区定福庄东街 1 号　　**邮　　编**　100024
电　　话　86-10-65450528　65450532　　**传　　真**　65779405
网　　址　http://cucp.cuc.edu.cn
经　　销　全国新华书店

印　　刷　三河市东方印刷有限公司
开　　本　787mm×1092mm　1/16
印　　张　15
字　　数　297 千字
版　　次　2022 年 4 月第 1 版
印　　次　2025 年 6 月第 3 次印刷

书　　号　ISBN 978-7-5657-2388-9　　**定　　价**　56.00 元

本社法律顾问:北京嘉润律师事务所　郭建平